MARC MEYERBRÖKER MONI MÜCK ANNA PFAU ERIK RÜFFLER

SOKO WISMAR

EIN REISEFÜHRER ZU DEN TATORTEN

HINSTORFF

VORSPANN

Moin und willkommen in den lebendigen Kulissen
einer sehr beliebten Krimiserie.

„SOKO Wismar – Ein Reiseführer zu den Tatorten" lädt ein, die Hansestadt und ihre Umgebung sowie das SOKO Wismar-Universum näher kennenzulernen. Der erste Teil des Buches widmet sich ausführlich den Schauspielerinnen und Schauspielern der Serie, bietet persönliche Einblicke in ihr Leben und ihre Rollen. Ergänzt werden diese Seiten durch exklusive, bisher unveröffentlichte Fotos.

Ganz unkonventionell führt diese Publikation in ihrem mittleren Abschnitt anhand von 31 Tatorten, die in der Vorabendserie eine Rolle spielen, durch Wismar und die Umgebung. Auf der Stadt- und der Landkarte in den Klappen sind alle Schauplätze eingezeichnet, sodass man schnell einen Überblick bekommt, wo sich diese befinden.

Zusätzlich sind auf den Seiten der einzelnen Tatorte die passenden Staffeln mit den dazugehörigen Episodennummern angegeben. So können in der ZDF-Mediathek vorhandene Folgen bequem und gezielt zu Hause angeschaut werden. Dabei gilt es zu beachten, dass das ZDF die Mediathek in regelmäßigen Abständen aktualisiert und nicht immer alle Folgen abrufbar sind.

Den Abschluss des Buches bildet ein Making-of. Hier wird kurz und exemplarisch von der Produktion einer einzelnen Episode berichtet, dann folgen zahlreiche Fotos, die einen Blick hinter die Kulissen der SOKO Wismar ermöglichen und die Macher bei ihrer Arbeit zeigen.

Allen Beteiligten an dieser Stelle herzlichen Dank für die gute Zusammenarbeit. Insbesondere den ZDF-Redakteurinnen Michelle Rohmann und Petra Erschfeld sowie der Produzentin Wilma Harzenetter von der ausführenden Produktionsfirma REAL FILM Berlin.

HAUPTCAST

TATORTE

im Umkreis der Hansestadt Wismar

TATORTE

im Stadtgebiet der Hansestadt Wismar

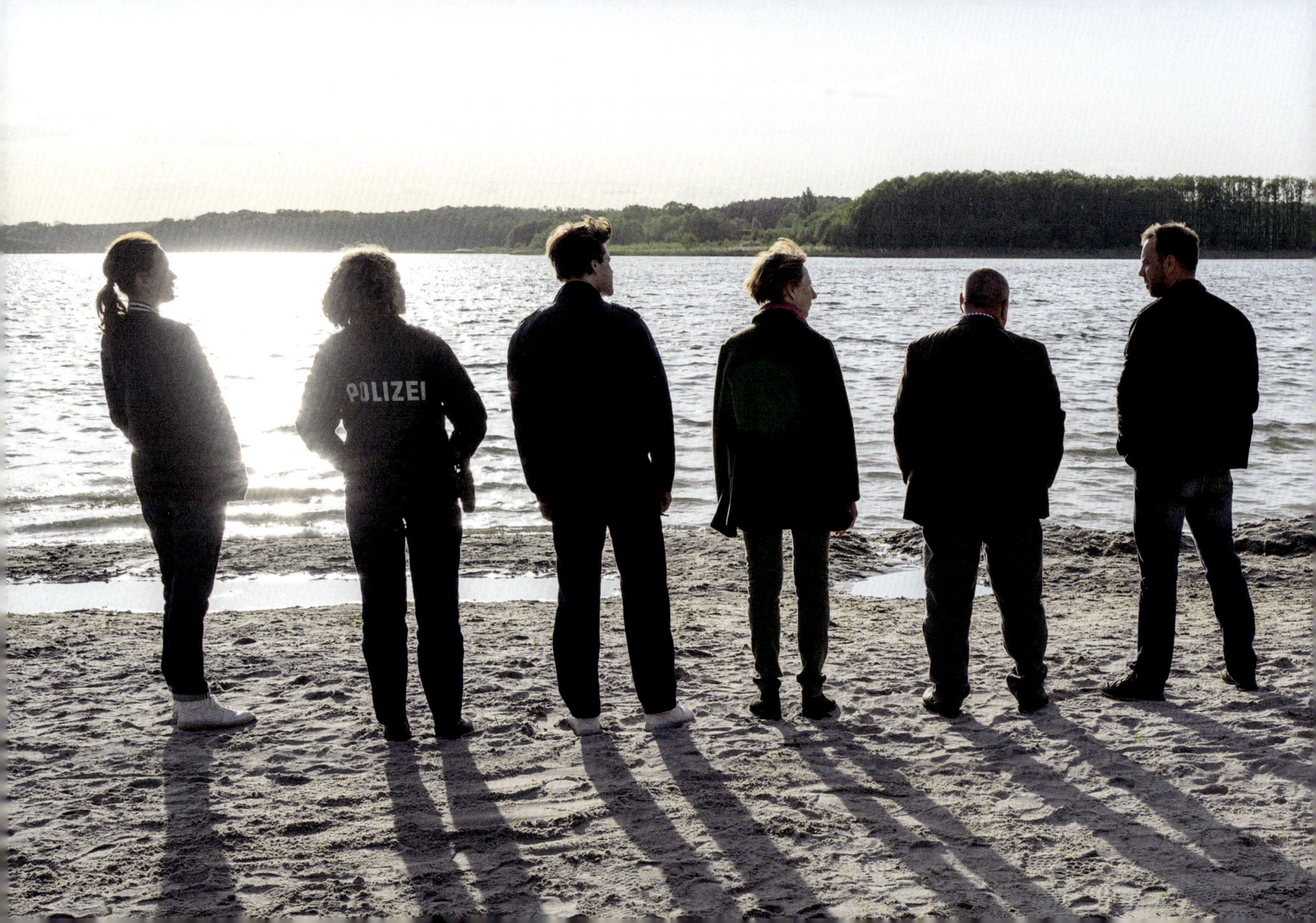
POLIZEI

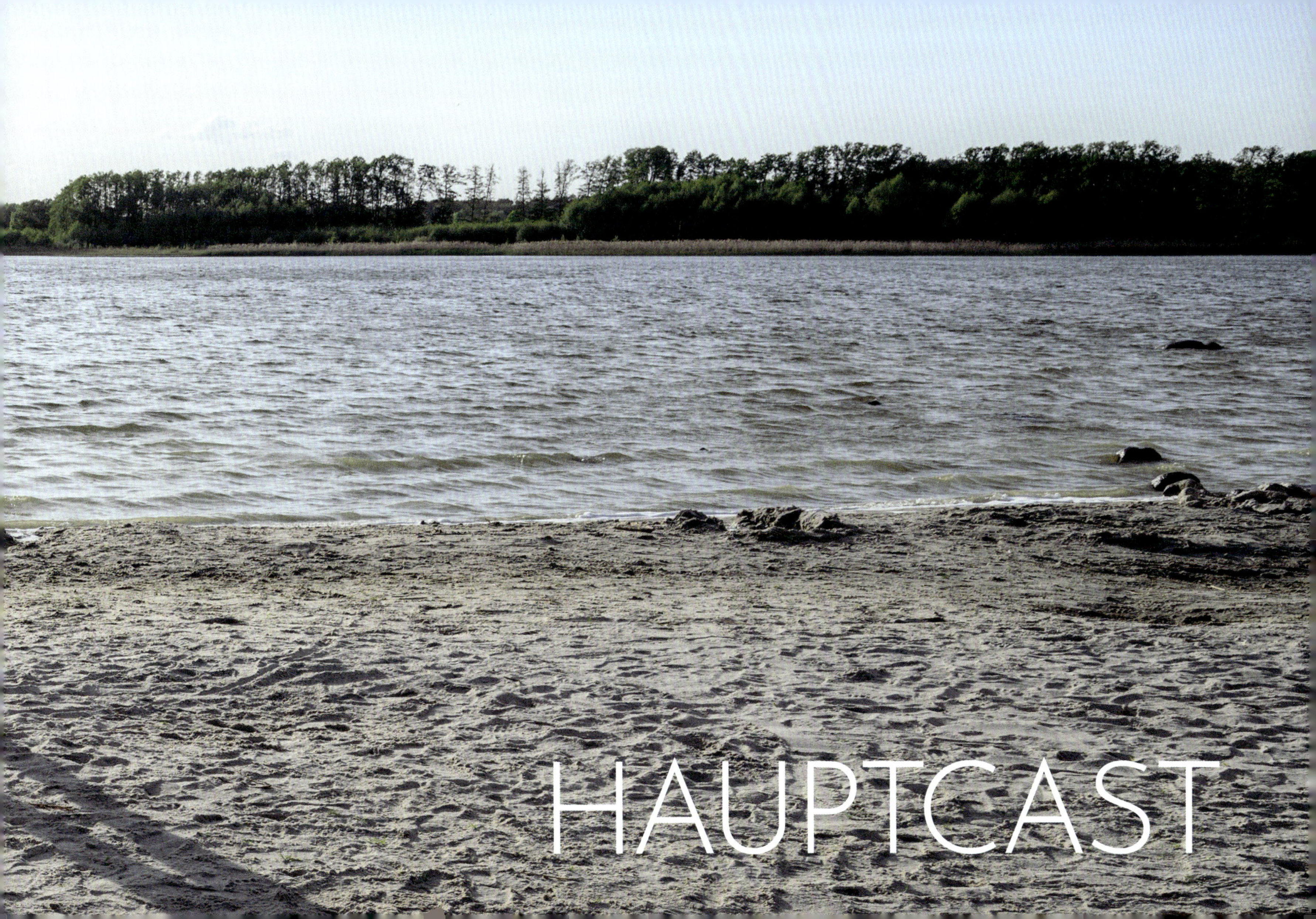

HAUPTCAST

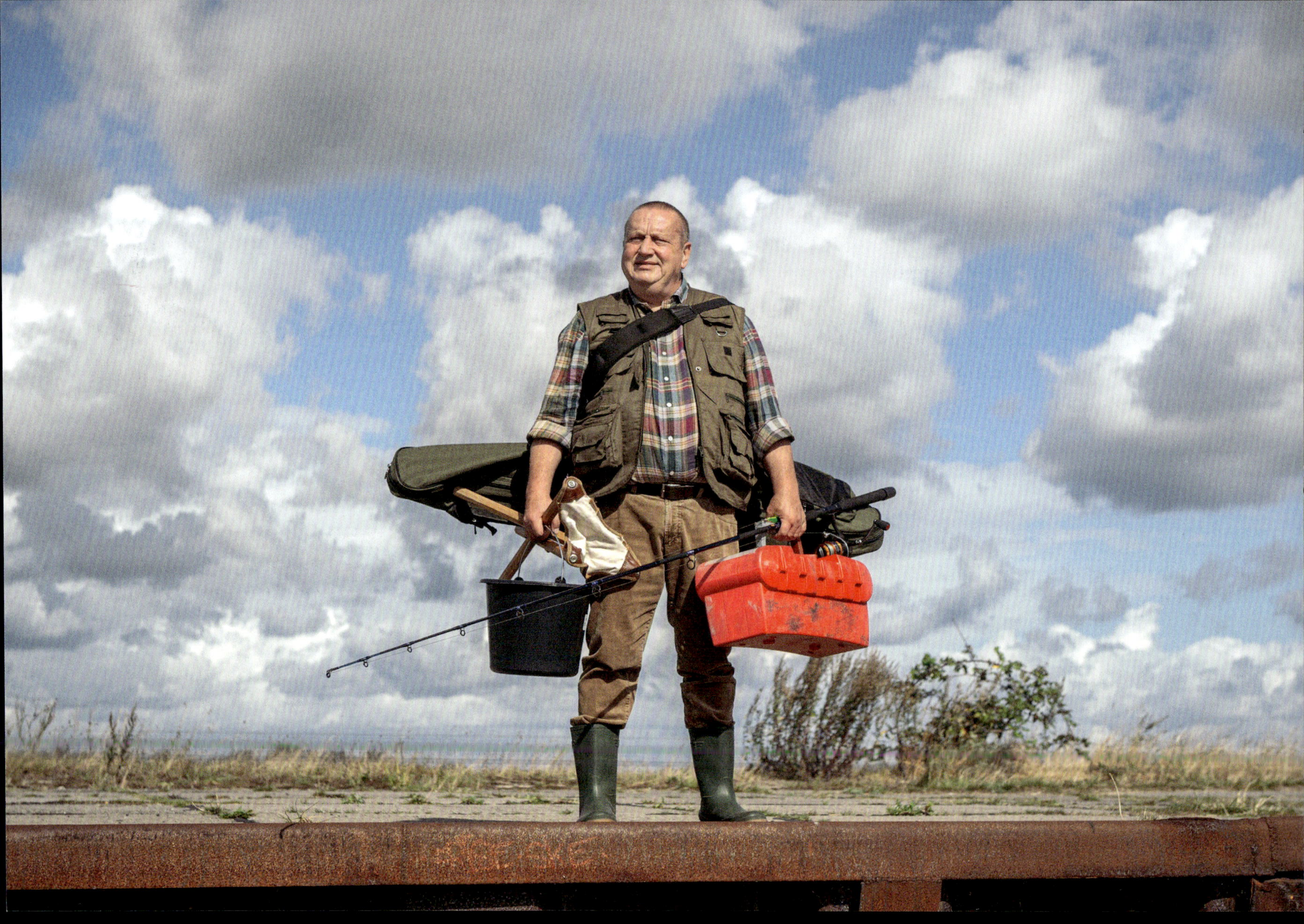

UDO KROSCHWALD

Jan-Hinrich Reuter

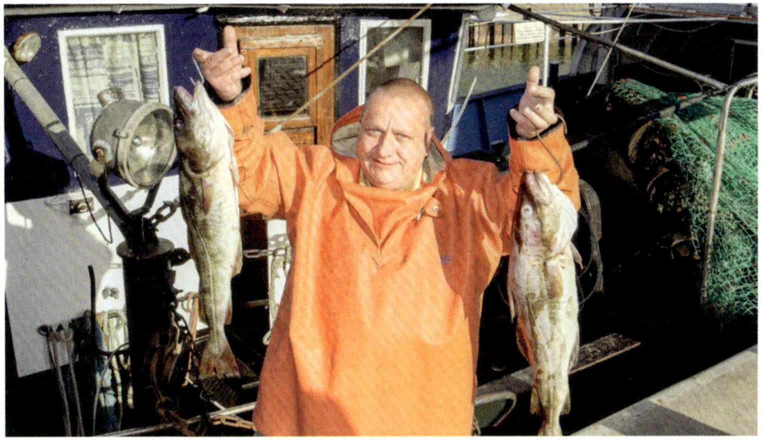

Udo Kroschwald ist ein sehr guter Beobachter, der sein Gegenüber studiert und interessiert daran ist, was in anderen Köpfen vorgeht. Im Lauf der Jahre übernahm er ein Stück der Mecklenburger Seele von Jan-Hinrich Reuter. Hat man ihn einmal für sich gewonnen, ist er eine treue Seele, die vielleicht am Anfang einen etwas ruppigen Eindruck macht, aber über ein großes Herz verfügt. Udo Kroschwald hat schon vieles gesehen und erlebt. Außerdem weiß er als Schauspieler Geschichten zu erzählen und Bilder zu erzeugen. Da muss man unwillkürlich lachen oder ist ergriffen – in jedem Fall erzeugt dieser Mann Emotionen, im realen Leben wie auf der Bühne.

Zum Schauspiel ist er über Umwege gekommen. Zuerst studierte der in Sachsen Geborene Kybernetik. Das Interesse an dem Vorgänger der heutigen IT kam durch die Liebe zur Musik und damit einhergehend der Auseinandersetzung mit der Technik: dem Interesse an der Steuerung von Soundsytemen. So richtig reingekniet hat er sich jedoch nie in das Studium. Folglich kam es sehr gelegen, dass eine Freundin ihn mitnahm zu einer Studentenbühne. Dieses Zusammentreffen von Freigeistern zog ihn sofort in seinen Bann und so verbrachte der junge Udo Kroschwald die nächsten zwei Jahre als Teil des umherziehenden Ensembles.

Mit den Fahrrädern folgten sie dem Pferdegespann, auf dem das Theatermobiliar transportiert wurde, spielten während der Tournee jeden Abend in einem anderen Dorf. Es war eine wunderschöne Zeit, sagt er, und schaut dabei ein wenig wehmütig in die Ferne.

Der Entschluss war gefasst. Udo Kroschwald brach sein Kybernetik-Studium ab und begann stattdessen eines an der Schauspielschule in Leipzig. Doch statt Spaß zu erleben, wurde dort das Handwerk exerziert. Er beschreibt es als eine sehr komplexe Angelegenheit, die keine Freude bereitet habe.

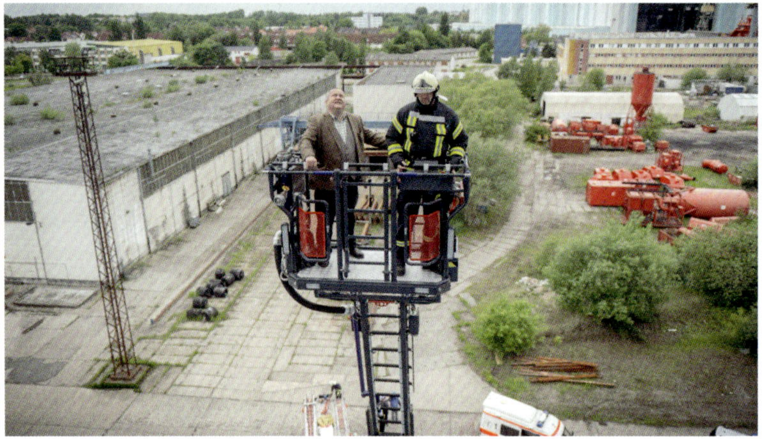

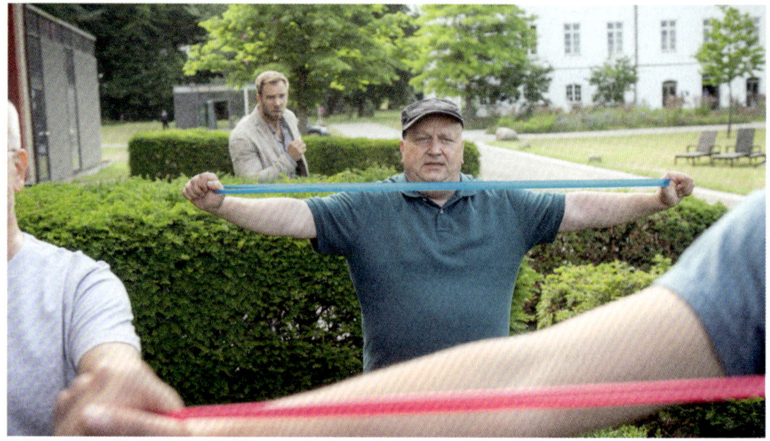

Den Sinn dieser Art der Ausbildung hat Kroschwald erst Jahre später begriffen. Heute sagt er: *„Ich wollte damals unbedingt in den Beruf, habe von Anfang an gespürt, das ist meins. Ich musste mich immer wieder beweisen. Mir wurde Desinteresse und Disziplinlosigkeit vorgeworfen. Ich konnte jedoch schließlich meine Lehrer von meinem ernsthaften Willen überzeugen."* Er ist dabeigeblieben. *„Diesen Beruf – den muss man mit Haut und Haar leben, denn da kommt ja noch viel mehr an Demütigungen und Enttäuschungen,"* sinniert er fast 50 Jahre später.

Bis heute liebt Udo Kroschwald seine Arbeit und geht ihr jeden Tag mit einer lockeren Bereitschaft nach. Er lässt sich gern auf das Agieren der Kollegen ein, ihm gefällt es, wenn etwas zurückkommt, mit dem er selbst weiterspielen kann. Verschmelzen Fiktion und eigene Identität auf der Bühne oder vor der Kamera, macht ihm das einen Heidenspaß.

Seit 20 Jahren spielt Udo Kroschwald nun schon den ersten Kriminalhauptkommissar und Dienstgruppenleiter der SOKO Wismar, Jan-Hinrich Reuter. Er mag die Stimmung der Serie sehr und hat viel Freude bei der Arbeit.

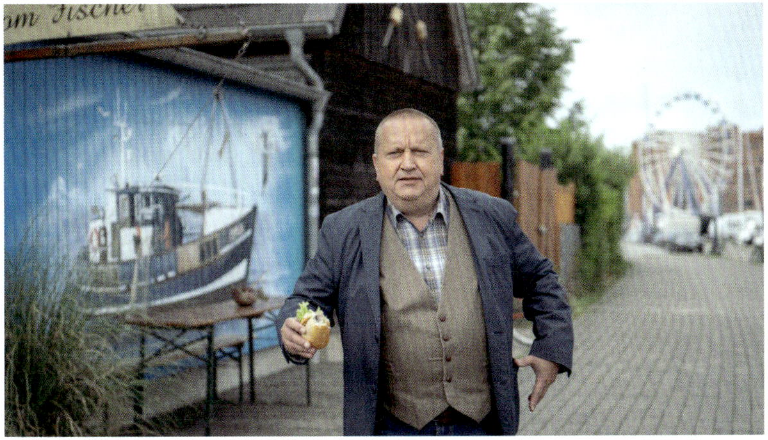

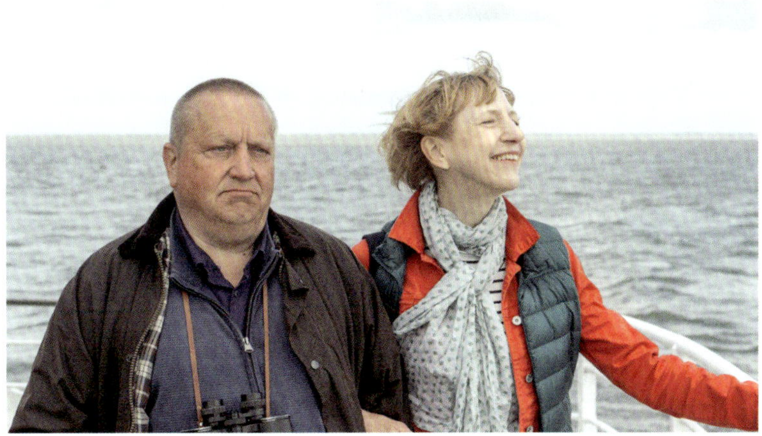

Die Grundmatrix war von Anfang an ein gutes Miteinander. *„Das Team freut sich aufeinander, die Atmosphäre blieb immer erfrischend und freundlich. So war es von Anfang an schnell möglich, Vertrauen zueinander zu fassen. Das hat sich bis heute nicht geändert.“*

Wismar kannte Kroschwald zwar schon vor Beginn der Serie, aber durch die SOKO besucht er es nun regelmäßig, wenn auch viel zu selten. Seine Rolle als Reuter ist leider eher die eines Bürohengstes – und die Innenaufnahmen werden in den Studios in Berlin-Adlershof gedreht. Wenn er jedoch in die alte Hansestadt kommt, ist er bekannt wie ein bunter Hund.

Seiner Meinung nach war die politische Wende 1989 das Beste, was dem Ort passieren konnte, und das zum richtigen Zeitpunkt. Er mag die kleine Stadt sehr. Ob die alte, nun liebevoll sanierte Bausubstanz, die Backsteingotik oder den Marktplatz, der in seiner Bauweise aus Kroschwalds Sicht sehr durchdacht ist. *„Nirgendwo kommt dort Wind durch. Das haben die sich damals schon gut überlegt.“* Und dann natürlich die Umgebung. Sei es die hüglige Eiszeitlandschaft, im Frühjahr in das Gelb der Rapsfelder getaucht, oder sei es die Ostsee, die einen ganz besonderen Platz in seinem Herzen hat. Denn *„wenn ich die See seh, brauch ich kein Meer mehr“*, rezitiert er ein wenig gedankenverloren.

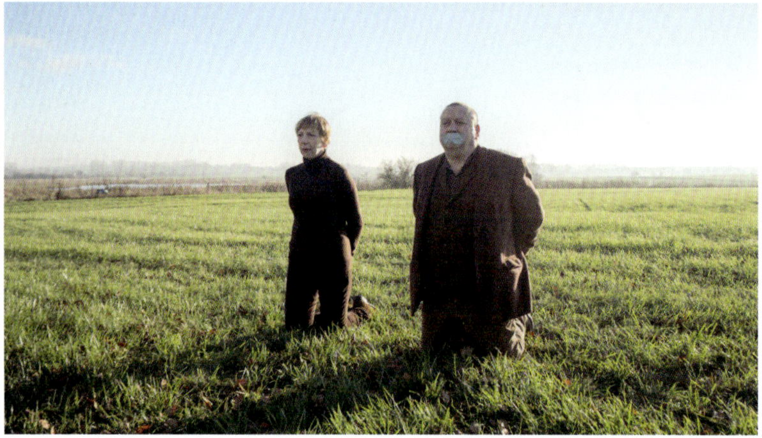

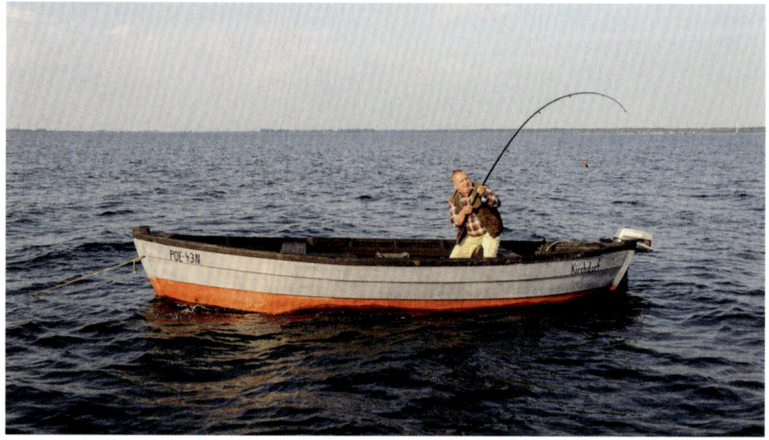

Eine spezielle Frage drängt sich noch auf: Was ist denn nun mit Reuter und Helene? Kriegen sie sich endlich? *„Na, das werde ich doch jetzt nicht verraten. Wo bliebe denn dann die Spannung“*, lautet die Antwort. Man muss vielleicht dazu sagen, dass Reuter, was Frauen anbelangt, so einiges erlebt hat. Darunter die eine oder andere Enttäuschung. So kommt es, dass er dem anderen Geschlecht gegenüber äußerst vorsichtig ist. Doch davon wird sich Helene nicht abhalten lassen…

Fragt man Udo Kroschwald nach seinen Wünschen, denkt er einen Augenblick nach: *„Zufriedenheit mit mir selbst, Ruhe und Seelenfrieden.“*

Man kann ihn sich dabei gut vorstellen, den Blick im Gegenlicht gen Westen gerichtet, in die Ferne.

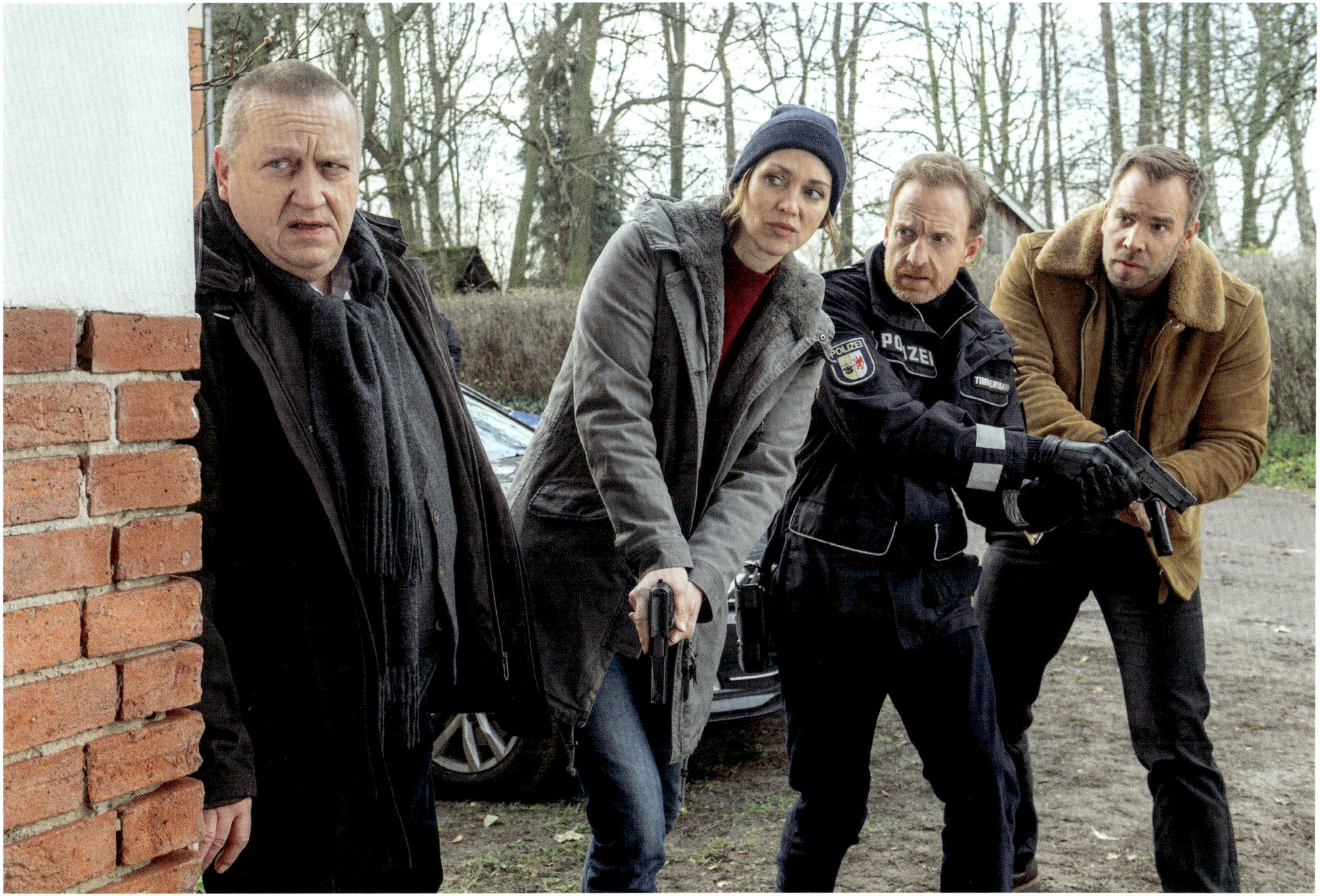
POLIZEI
POLIZEI
TIMMERMANN

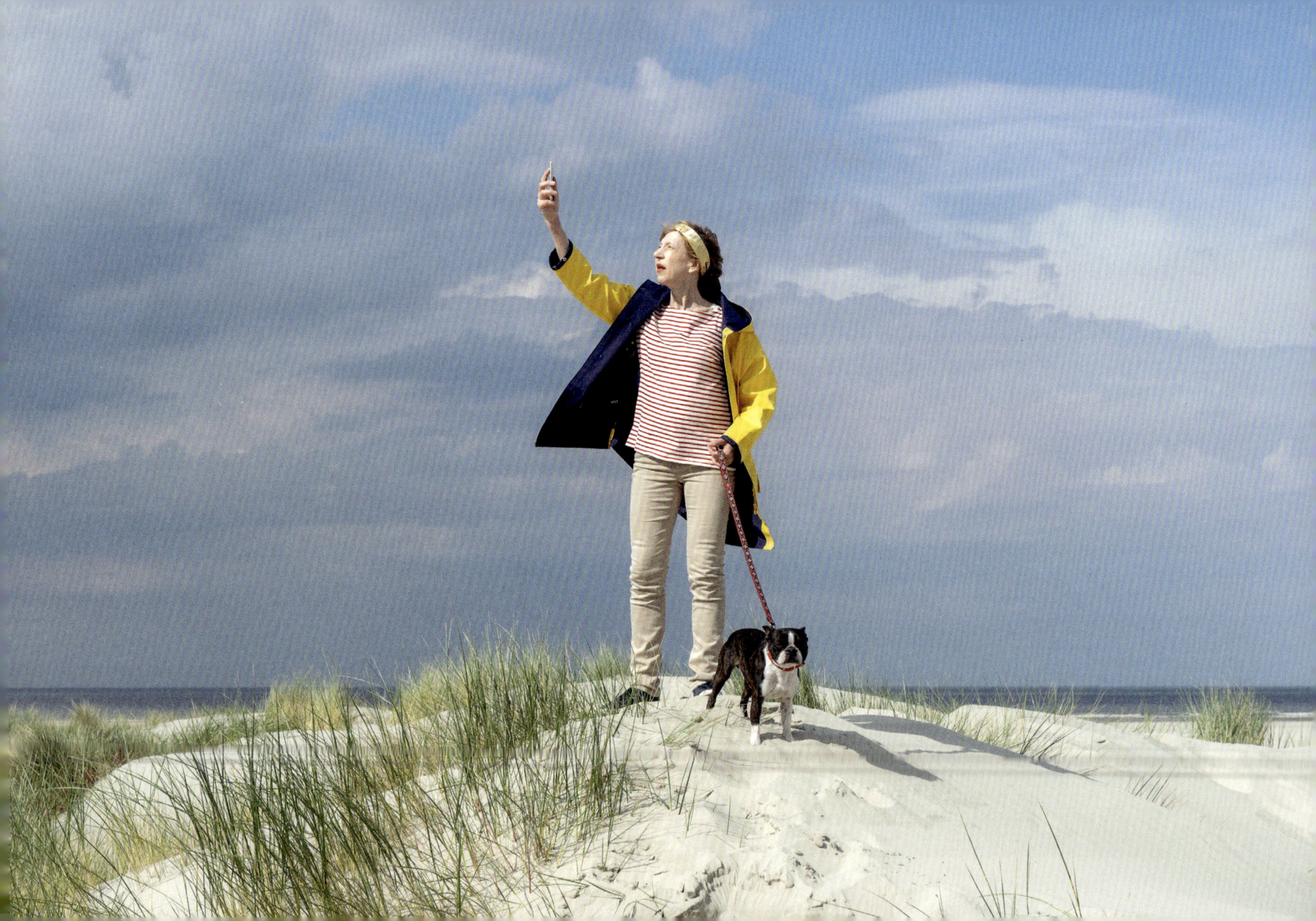

KATHARINA BLASCHKE

Dr. Helene Sturbeck

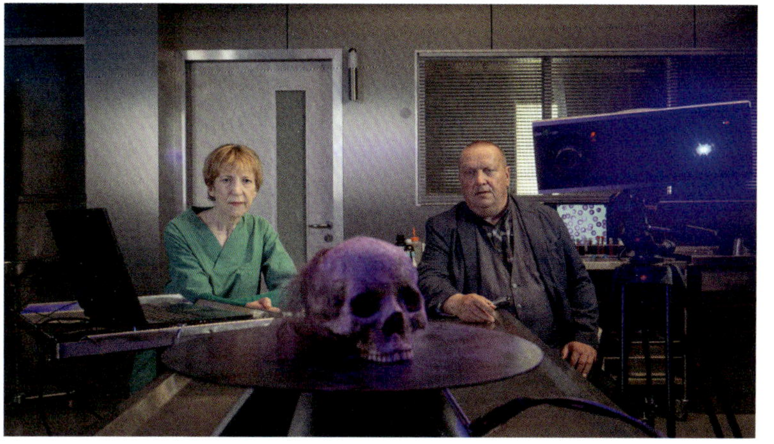

Katharina Blaschke ist wie ein Schwamm. Sie saugt alles auf, ist interessiert und fragt nach. Da kann es in einem Interview tatsächlich passieren, dass die Fragende fast denselben Redeanteil hat wie die befragte Person. Erfrischende Neugier macht Katharina Blaschke aus, neben ihrem Humor und ihrer Offenheit. Im Gespräch merkt man schnell, wie viel Erfahrung in dieser Frau steckt, und das Schöne ist: Sie lässt daran teilhaben. Spricht von der Seele weg. Das bereitet sehr viel Freude.

Für die junge Katharina Blaschke war das Schultheater am Gymnasium in Hamburg das, was ihr am meisten Vergnügen bereitete, wofür sie sich ein Bein ausgerissen hat, wie sie selbst sagt. (Wobei, so ganz stimmt das nicht, denn außerdem war Latein ihr Lieblingsfach.) Während der Proben quatschte sie dann munter allen in ihre Rollen rein, zeichnete Kostüme, prökelte an Übersetzungsdetails herum und hielt mit ihrer großen Klappe nicht hinterm Berg. Vielleicht war Theaterregie ja das Richtige für sie? Man empfahl, als Basis dafür Theaterwissenschaft zu studieren. Da das so in der Hansestadt nicht möglich war, zog sie nach München.

Schon nach kurzer Zeit landete Katharina im Regie-Praktikum. „*Dort*“, sagt sie, „*trafen sich immer jene, die bei den Theaterwissenschaften, also in der Theorie, eigentlich falsch waren und lieber zum Theater wollten.*“

Die junge Norddeutsche brauchte ein paar Semester, bis sie den Mut aufbrachte, sich an der städtischen Otto-Falckenberg-Schule zu bewerben. Eigentlich hatte sie es auch dort auf den Regielehrgang abgesehen, aber wegen der Kürze der Vorbereitungszeit entschied sie sich für die Schauspielbewerbung. Man muss schließlich auch den Darstellern sagen können, wo es langgeht … Die folgenden Jahre verbrachte Katharina auf den verschiedensten Bühnen, von freien Theatern bis zur Landesbühne.

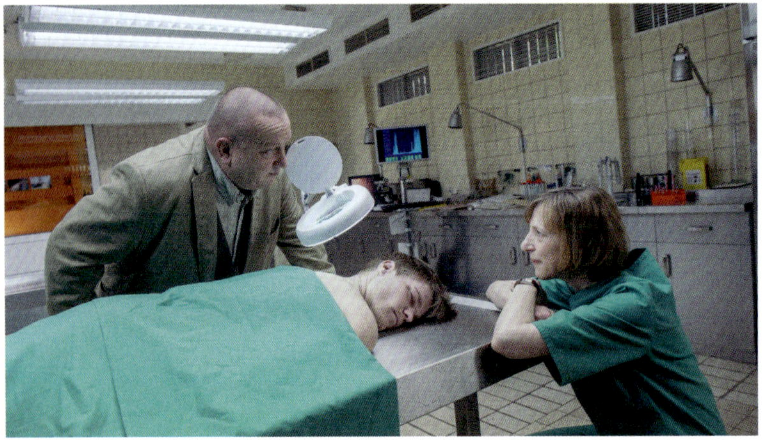

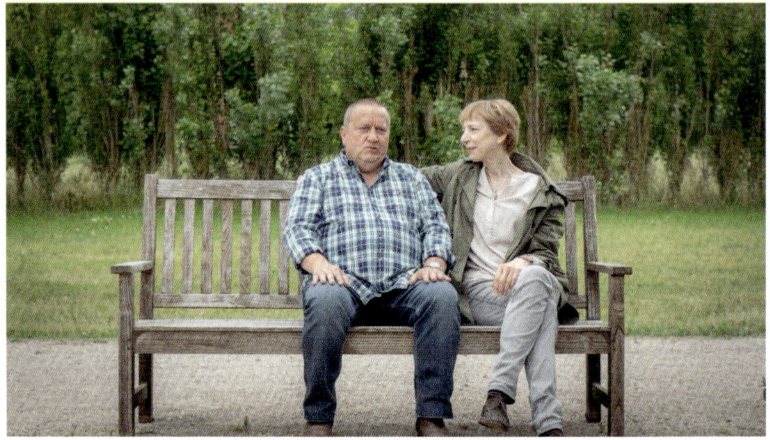

Mit Mitte dreißig kam dann die erste richtige Krise und der Gedanke: So, das war's. Herausgeholfen hat ihr die Alexander-Technik. Dabei handelt es sich um eine pädagogische Methode, die hilft, im Umgang mit sich selbst und den eigenen Gewohnheiten zu mehr Gelassenheit und Zuversicht zu finden. Katharina Blaschke lernte, dass sie in ihren Möglichkeiten auf der Bühne nicht ganz so eingeschränkt ist, wie sie immer dachte. Am Ende verhalf ihr das, wie sie meint, menschlich und künstlerisch zu größerer Offenheit und Freiheit.

Ihr erster Job vor der Kamera war die Schlachtersgattin in der Kino-Krimigroteske „Der tote Taucher im Wald" von Marcus O. Rosenmüller – eine unvergessliche Freude.

Film war ihr damals völlig neu, und so übertrieb sie munter. Als sie bei den Proben vor einer Aufnahme das Filmteam zum Lachen gebracht hatte, legte sie beseligt noch eine Schippe drauf – bis ihr der inzwischen verstorbene Dieter Pfaff, als fürsorglicher Kollege, zuflüsterte: *„Weniger, weniger"*.

Zur SOKO Wismar ist Katharina Blaschke 2005 gekommen. Die eingefleischten Fans werden sich erinnern, dass sie anfangs noch als Notärztin agierte. Aber die Fiktion und einige „Weiterbildungen" machten es möglich und die Rolle der Rechtsmedizinerin Helene Sturbeck war geboren.

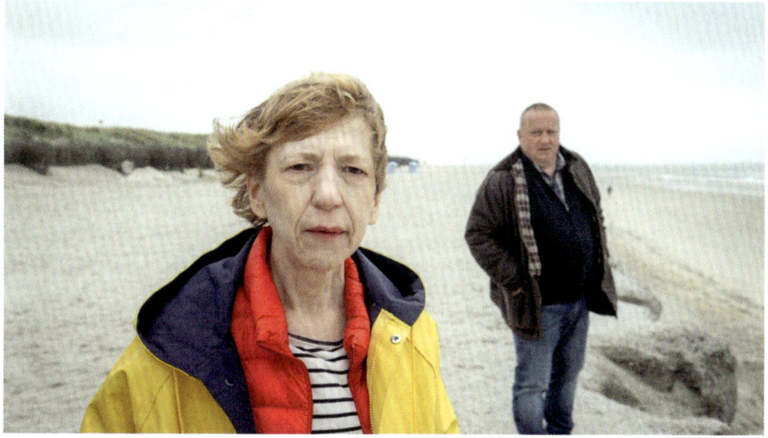

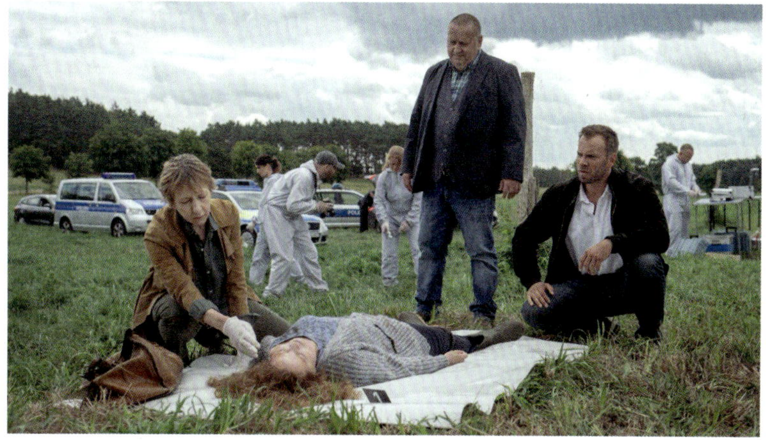

Helene zu spielen ist für Katharina mittlerweile etwas ganz Natürliches. Wobei sie zugibt, über einen gewissen Startvorteil zu verfügen, da ihr Vater wie auch ihr Bruder Ärzte sind beziehungsweise waren. Und so kann es bis heute vorkommen, dass ihr Bruder die Drehbücher Korrektur liest und auf fachliche Fehler prüft. An ihrer Rolle mag Katharina das Spröde, Helenes Leidenschaft für den Beruf – und dass sie sich ausgerechnet den nicht gerade zugänglichen Kriminalhauptkommissar Jan Reuter als den von ihr Angebeteten ausgesucht hat. Das findet sie klasse. Wie zwei Planeten, die umeinander kreisen.

Wenn es einmal etwas drehfreie Zeit für Katharina Blaschke in Wismar gibt, stattet sie, die an Geschichte Interessierte, gern dem Stadtgeschichtlichen Museum Schabbell einen Besuch ab oder ist mit dem Rad Richtung Poel unterwegs.

Dann darf auch gern ein Krimi mit im Gepäck sein, denn lesen gehört zu ihren liebsten Freizeitbeschäftigungen. Danach gefragt, sprudeln nur so die Buchvorschläge und Inhalte aus ihr heraus.

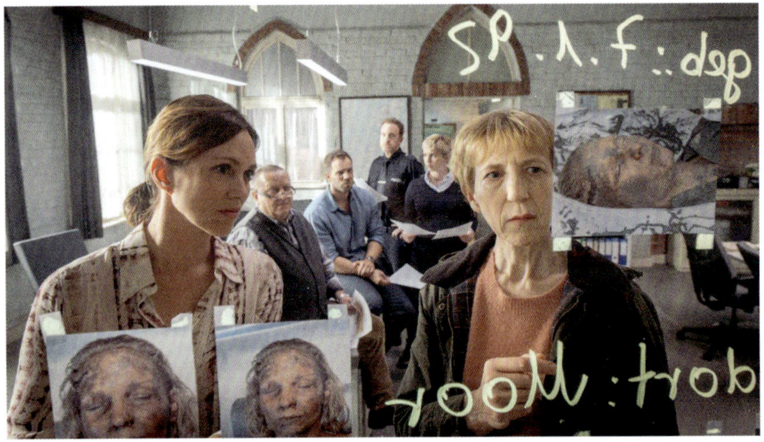

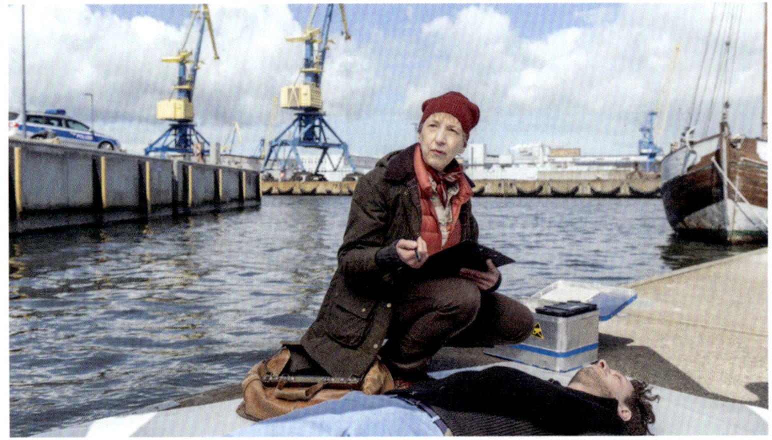

„Gerade englischsprachige Krimis finde ich grandios. Die dürfen gern schon etwas älter sein und skurril. Meistens sind die außerdem zum Schreien komisch. Die lese ich dann auch am liebsten im Original.“ Zum Beispiel Simon Brett mit seinem abgehalfterten Schauspieler-Detektiv Charles Paris oder Alan Bradley mit seiner elfjährigen Flavia, deren Leidenschaft für die Chemie (vor allem für Gifte) ihr beim Aufklären von Mordfällen ungemein hilfreich ist.

In puncto Liebe zu Kriminalfällen haben Helene und Flavia einiges gemein. Und Katharina? Die saugt die Geschichten auf, lässt sie in ihr Tun mit einfließen und uns so daran teilhaben.

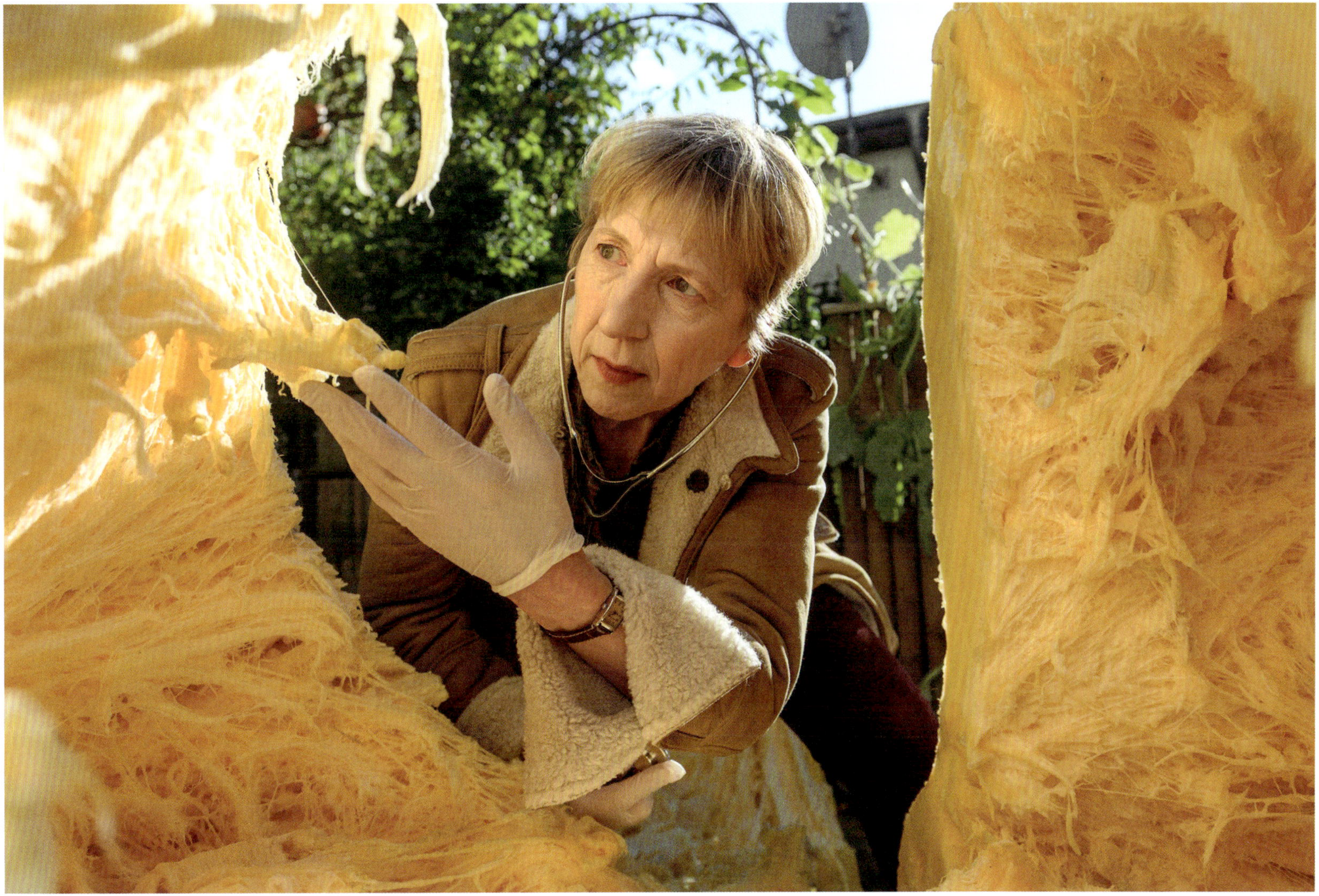

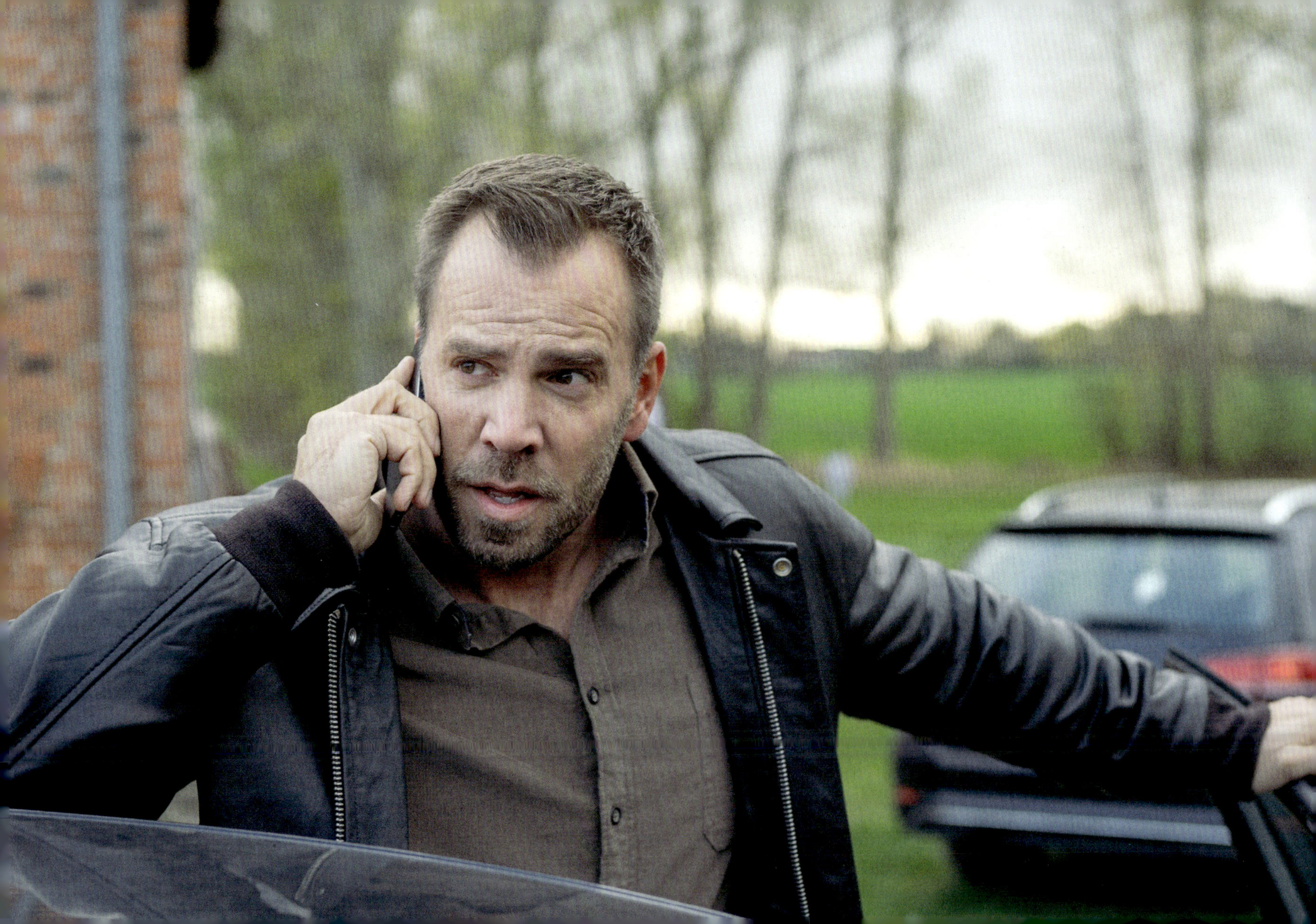

DOMINIC BOEER

Lars Pöhlmann

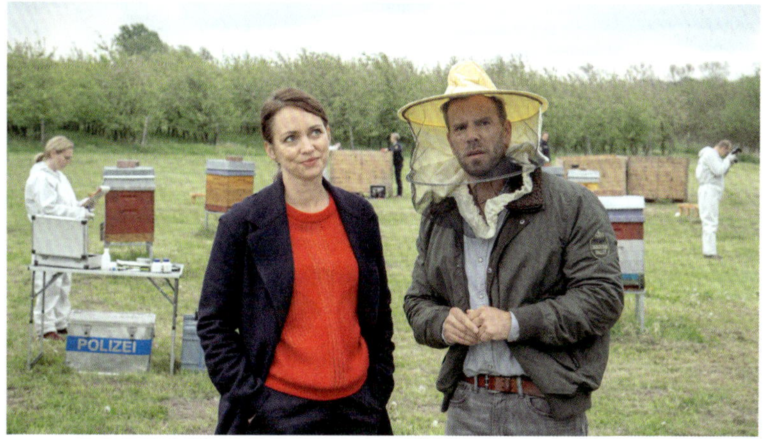

Dominic Boeer ist ein sympathischer Teamplayer mit Herz, dem man heute kaum noch anmerkt, dass er, anders als der von ihm gespielte Kriminalhauptkommissar Lars Pöhlmann, nicht aus dem Norden, sondern aus Nordrhein-Westfalen stammt. Ihm sind zwischenmenschliche Beziehungen wichtig, er möchte, dass man sich wohlfühlt, ob beruflich oder privat. Spürt man sofort.

Und dennoch beschreibt er sich selbst als nicht ganz einfachen Typ, als Einzelgänger. Die Prioritäten sind klar gesetzt: Sein Sohn und die Familie kommen an erster Stelle. Da werden keine Kompromisse gemacht. Auf der anderen Seite ist die SOKO Wismar gleichfalls Familie. Auch hier ist Boeer harmoniebedürftig und berichtet, dass er mit jedem Einzelnen der Crew und des Casts befreundet ist. Wenn man ihn im Umgang mit seinen Kolleginnen und Kollegen beobachtet, glaubt man ihm das sofort.

Schon in jungen Jahren startete Dominic seine Schauspielkarriere. Im Alter von 8 Jahren gab er den Mogli aus dem Dschungelbuch. Es folgten verschiedene Rollen. Mit 18 verfasste er sein erstes Musical, über eines seiner Idole – Elvis Presley. Boeer spielte selbst die Hauptrolle, Gesang inklusive. Selbstverständlich ohne Playback.

Als er einmal zu Hause bei seinen Eltern alte Tagebücher durchschaute, fand er tatsächlich auf jeder Seite einen Eintrag zum Thema Theater und einen zu einer weiteren Leidenschaft, dem Fußball. Die Begeisterung für beides hat sich bis heute gehalten.

Und trotzdem wurde Dominic Boeer erst beim Durchblättern bewusst, dass das Theater schon immer einen großen Platz in seinem Leben eingenommen hat. Und nicht, wie er selbst oft in Interviews erklärt hatte, so nebenbei lief. Manchmal braucht es etwas Abstand, um klarer zu sehen.

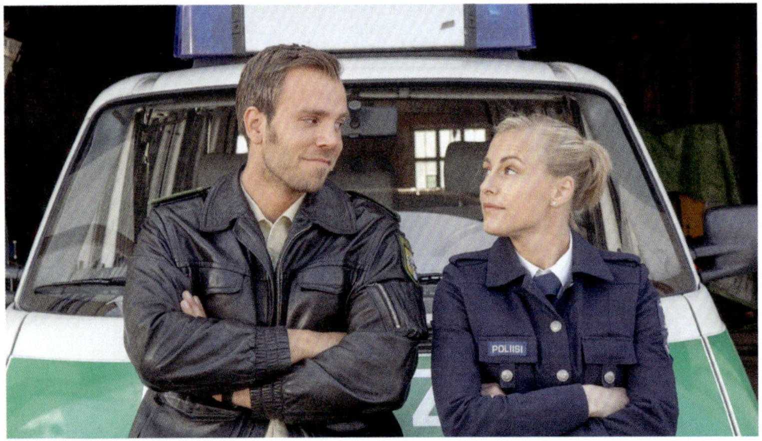

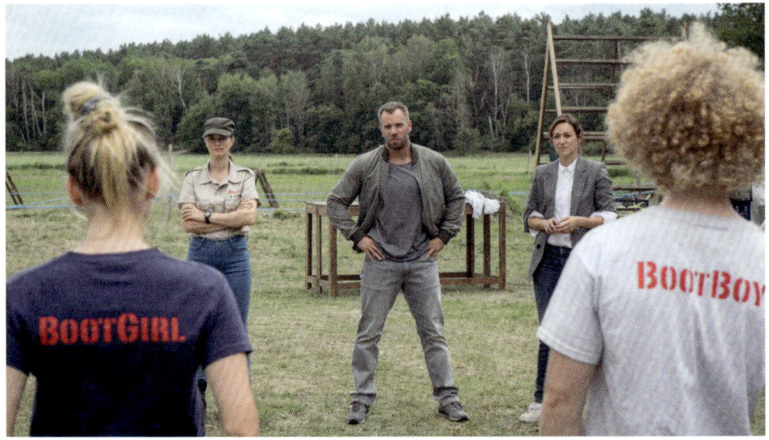

Sein Mentor, der ihn während der Schulzeit förderte, war ein Professor der Bochumer Folkwang-Schauspielschule: Martin Horn. Er mochte den jungen Dominic, sah schon damals viel Potential in ihm. Nach dem Abitur haben er und Horn ihre Köpfe zusammengesteckt und überlegt, wie kann es weitergehen für den Schulabgänger? Vom Älteren kam der Tipp, es einmal mit dem Drehen, dem Schauspiel vor der Kamera zu versuchen. Auf der anderen Seite gab es das Interesse des Abiturienten am Journalismus. Sein Vater und seine Schwester arbeiten beide in diesem Metier. Kein Wunder, dass jenes Berufsfeld ihn ebenso reizte. So kam es, dass Dominic Boeer nach Köln zog, um dort Politologie mit Spezialisierung auf Transatlantische Beziehungen zu studieren und nur nebenbei zu schauspielern. Ein eher ungewöhnlicher Weg, schaut man sich in den Reihen seiner Kollegen um.

Er schmunzelt, wenn er über diese Lebensphase, seine erste, gerade 24 Quadratmeter große Wohnung und die damaligen Rollen spricht. Mit der Zeit nahmen die Angebote zu, die eigentliche Nebentätigkeit forderte zusehends mehr Zeit.

Boeer kann sich noch gut an das Telefonat mit seinem Vater erinnern, während dem er ihm seine Entscheidung mitteilte, es hauptberuflich mit der Schauspielerei zu versuchen. Sagen wir es einmal so: Im ersten Moment hielt sich die Begeisterung am anderen Ende der Leitung in Grenzen. Das sollte jedoch nicht von Dauer sein.

Die Politologie hat ihn trotz Studienabbruchs nie ganz losgelassen. So arbeitete er im Verlauf seines Studiums in

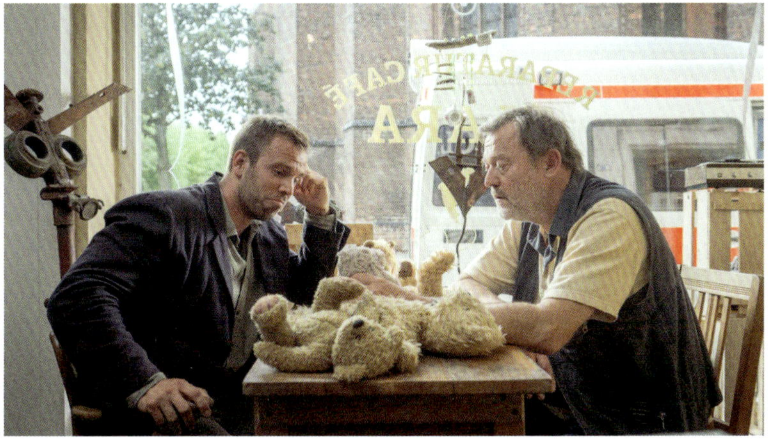

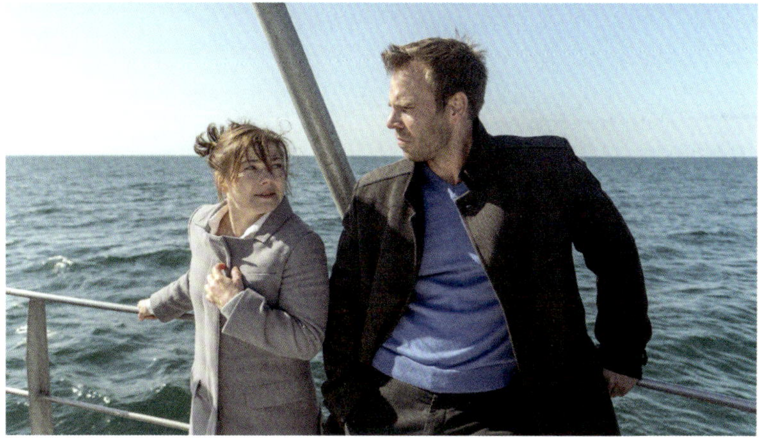

einem US-Wahlkampf-Team und danach für einen Ministerpräsidenten in Deutschland. Politik begeistert ihn bis heute und folglich wundert es nicht, dass, wenn die Zeit es zulässt, er sehr gern für große, überregionale Zeitungen schreibt.

Aber zurück zum Schauspieler Dominic Boeer. 2007 bekam er die Einladung für das Casting der SOKO Wismar in einem Berliner Studio. Damals gab es noch keine E-Casting, man musste antreten und zeigen, was man kann. Rund 30 weitere Schauspieler warteten mit ihm, darunter solche mit gestandenen Namen. Das war schon ein wenig einschüchternd für den jungen Schauspieler und sorgte für Aufregung.

Er sollte vorbereitete Szenen darstellen. Es lief gut, ziemlich gut. Dominic erinnert sich, dass ihm ein Regisseur, mit dem er bis heute dreht und den er sehr schätzt, damals ins Ohr flüsterte: *„Also für mich bist du's."* Zumindest meint er das gehört zu haben. Ein paar Tage später kam der Anruf: Ja. Wir wollen dich! Also nicht verhört.

Dann ging alles recht schnell. Dominic Boeer wurde zu Polizeihauptmeister Lars Pöhlmann und lernte seine Kollegen kennen. Es klickte sofort. Das Team passte und der Neuling genoss das Spielen sehr. Die größte Herausforderung zu Beginn war für den Westfalen die norddeutsche Mundart. Er sprach eher einen Ruhrpott-Slang. Geholfen hat Lotto King Karl mit „Hamburg meine Perle" auf Dauerschleifen.

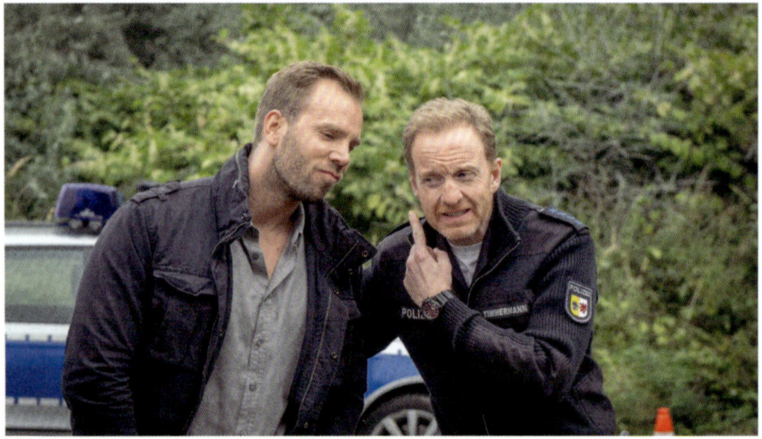

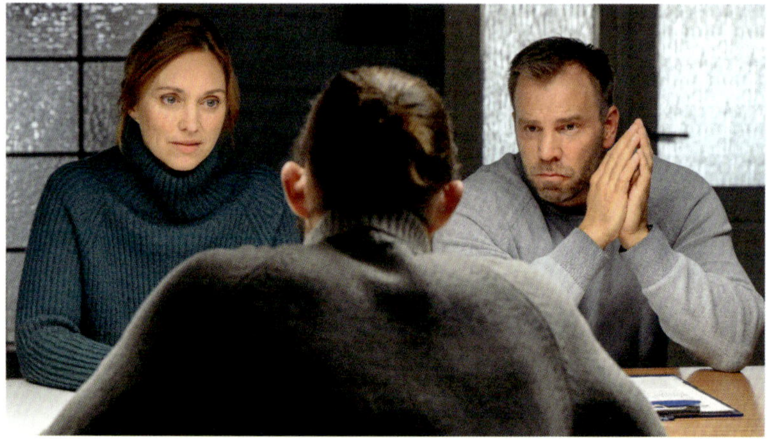

Und das Unterwegssein in Wismar. Mit den Einheimischen ins Gespräch kommen. Das liebt er bis heute. Nimmt sich Zeit für die Fans der SOKO.

Eine große Freude bereiten ihm auch alte Filme. Er kennt im Grunde genommen jeden Western aus den 50ern. Wirft mit den Namen nur so um sich. Seine Augen beginnen zu funkeln und sein Wissen ergießt sich in Form eines Redeschwalls, der mitreißt. Aber nicht nur Western, insgesamt sind die 50er und beginnenden 60er Jahre jene Zeit, die ihn filmisch fasziniert. So ist bis heute einer seiner Lieblingsfilme „Manche mögens heiß“, die Liebeskomödie von 1959 mit Marilyn Monroe, Tony Curtis und Jack Lemmon. Ein wahrer Klassiker.

Von seinen Filmhelden hat Lars Pöhlmann den typischen Stand, der einem Cowboy ähnelt. Daumen rechts und links in der Schlaufe des Gürtels.

Bevor er in Wismar für die SOKO drehte, kannte Dominic Boeer die Ostsee nicht. Er war an der Nordsee groß geworden. Die Eltern schickten ihn jeden Sommer nach Wangerooge in ein Schullandheim. Mittlerweile kennt er die mecklenburgische Hansestadt gut. Mag es, an drehfreien Tagen Sport zu machen und sich danach ein Fischbrötchen an den Kuttern am Alten Hafen zu gönnen. Und abends vielleicht ein Getränk mit Kollegen an einer der Kaikanten. Denn mit ihnen verbringt er in Wismar am liebsten Zeit, fühlen sich die Dreharbeiten doch manchmal an wie eine Klassenfahrt.

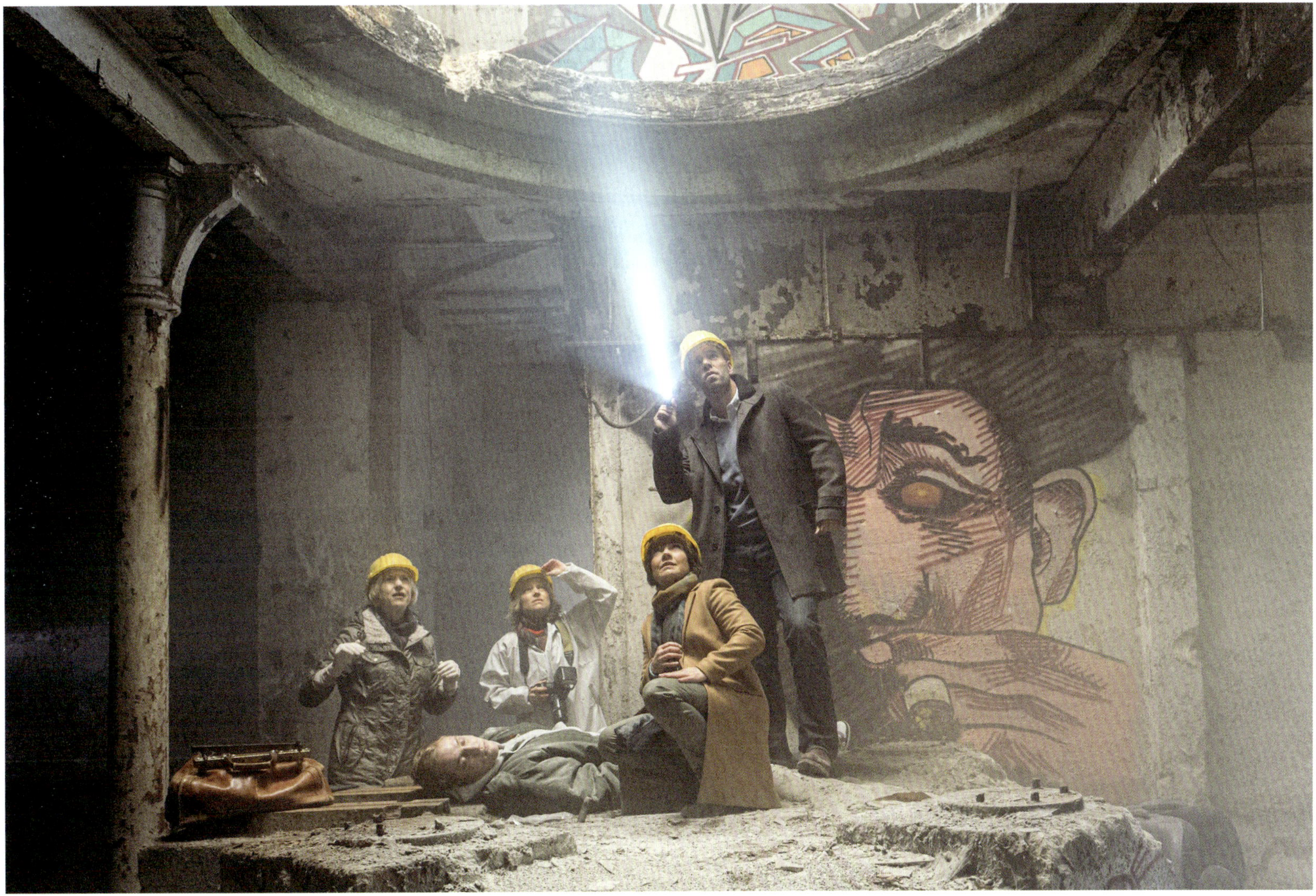

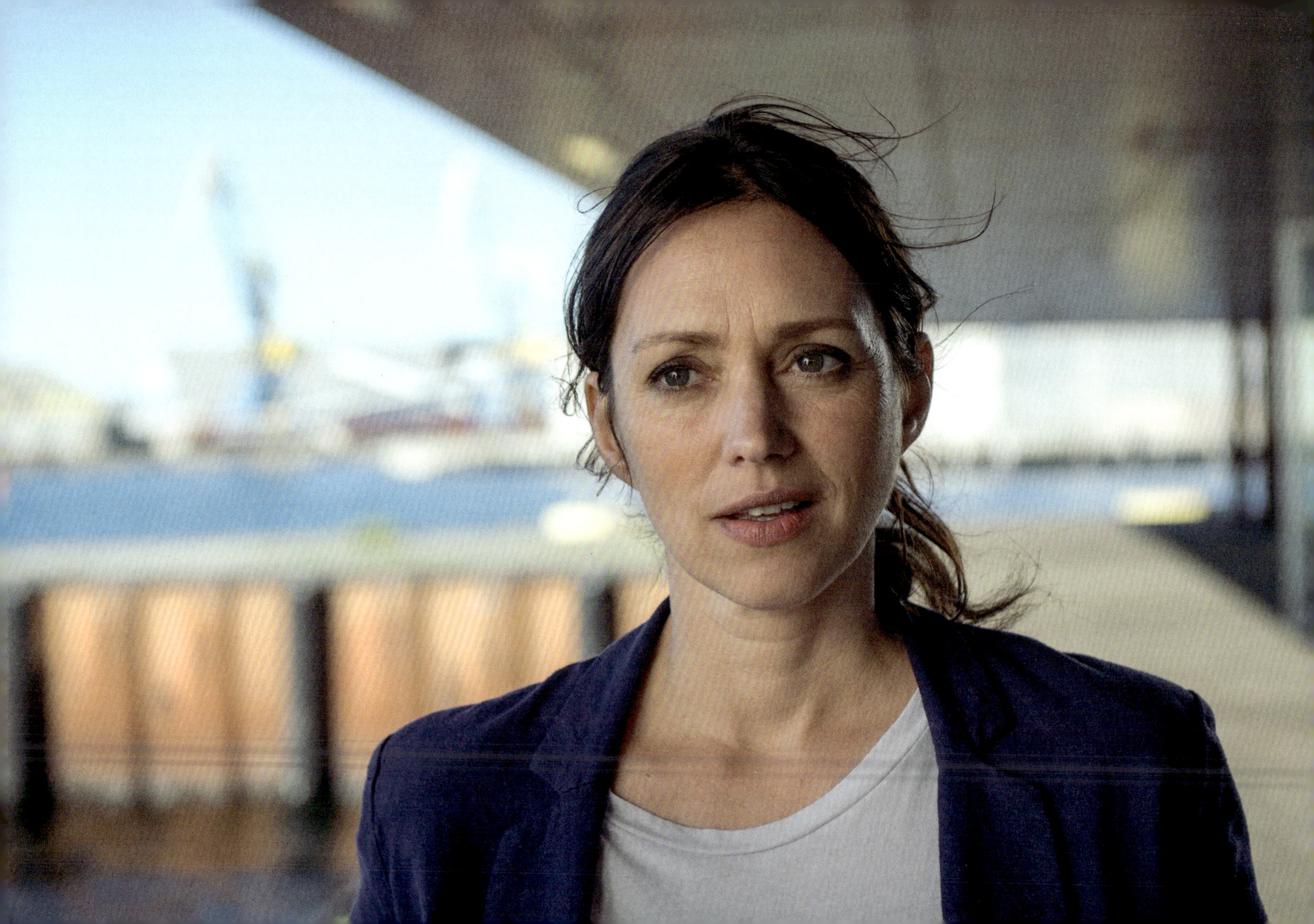

NIKE FUHRMANN

Karoline Joost

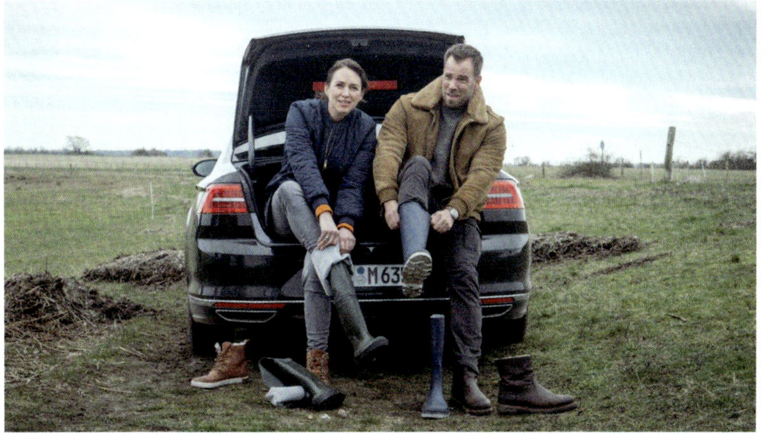

Nike Fuhrmann ist eine offene und herzliche Person, mit der man gern stundenlang am Wasser sitzend über das Leben philosophieren würde. Das liegt wohl auch an ihren vielen Interessen und der damit einhergehenden Neugier, die sie schon seit der Kindheit hat. Die gebürtige Münchnerin ist auf dem, wie sie selbst sagt, langweiligen Land groß geworden. Dort gab es nicht viele andere Kinder, ihre Schwestern waren auch noch zu klein – und so las Nike sehr viel. Aber nicht nur das. Sie entwarf Klamotten, malte, sägte, leimte, baute ständig irgendetwas.

Den Kontrast bildeten die Besuche bei ihrem Vater. Er war Theaterschauspieler und hatte wechselnde Engagements. Zahlreiche Umzüge inklusive. Für die junge Nike die Chance, das Landleben mal gegen das in der Stadt einzutauschen. Und Theaterluft zu schnuppern. Sie verbrachte Stunden an der Seite der Souffleuse und sah dieselben Stücke unzählige Male.

Zurück auf dem bayrischen Land, in einem eher konservativen Gymnasium, wollte der Teenager Nike Fuhrmann dann zur Theatergruppe. Dort trafen sich die Freigeister. Mit 16 durfte sie endlich und genoss es in vollen Zügen. Die Leiterin, eine Schauspielerin mit dem Talent, die Rollen vortrefflich zu besetzen, tat dazu ihr Übriges. Nach kurzer Zeit bekam Nike Fuhrmann eine erste Hauptrolle.

Sie spielte Lysistrata im gleichnamigen Stück des griechischen Dichters Aristophanes aus dem Jahr 411 v. Chr., das die Geschichte von Frauen erzählt, die im Peloponnesischen Krieg den Frieden erzwingen: Indem sie sich ihren Gatten, den Kriegern, sexuell verweigern. Eine mutige Stückauswahl für ein konservatives Gymnasium, aber der Erfolg sollte der Leiterin der Theatergruppe Recht geben.

Die Entscheidung, wie der Vater Schauspielerin zu werden, traf Nike Fuhrmann, nicht bewusst, sondern gemeinsam mit dem Leben. Sie hätte sich auch vorstellen können, nach Italien zu ziehen und Schuhdesign zu studieren. Aber es sollte anders kommen.

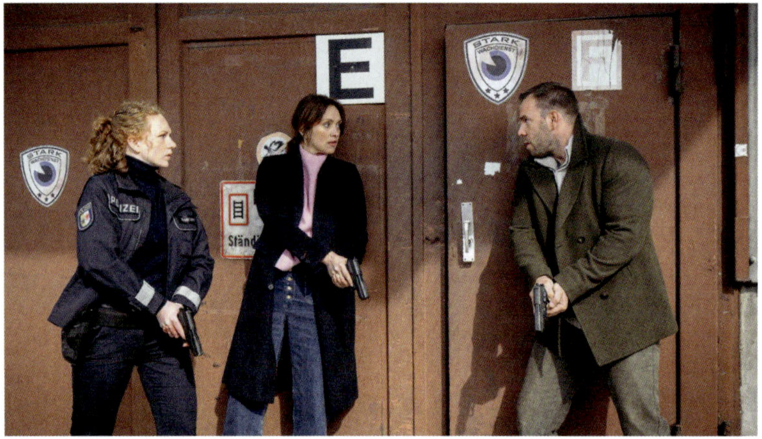

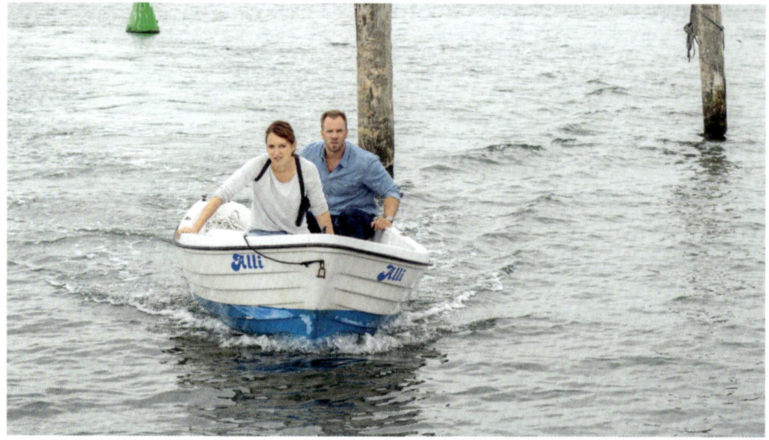

Nach der Schule arbeitete sie ein Jahr in einer Castingfirma. Irgendwann fehlte ein Model und Nike stand plötzlich statt hinter vor der Kamera. Das sollte fortan so bleiben. Neben Jobs für die Werbewelt spielte sie beispielsweise in der Daily-Soap „Marienhof" mit. Nach einiger Zeit meinte dann jedoch ihr Vater: Du kannst es so machen, aber ab dreißig wird das nicht mehr funktionieren. Dann brauchst du eine Ausbildung. Und so kam es, dass Nike Fuhrmann mit zwanzig nach Hannover an die Schauspielschule ging und sich auf eine berufliche Laufbahn als Schauspielerin fokussierte.

Szenenwechsel. Nike Fuhrmann hatte vom Theater zum Fernsehen gewechselt. Es lief gut, die Anzahl der Rollen wuchs und Nike wurde im Fernsehen immer präsenter.

Aber sie hatte Lust auf größere Herausforderungen und beendete nach fünf Jahren ihren festen Part als Dorflehrerin im „Bergdoktor". Nike Fuhrmann sprang ins Ungewisse, und da war plötzlich erstmal Ruhe. Nichts. Mitten in diese Zeit fiel dann ein offenes Casting für die SOKO Wismar. Was sehr ungewöhnlich für die Branche in Deutschland ist. Statt eines vorgegebenen Textes sollte improvisiert werden.

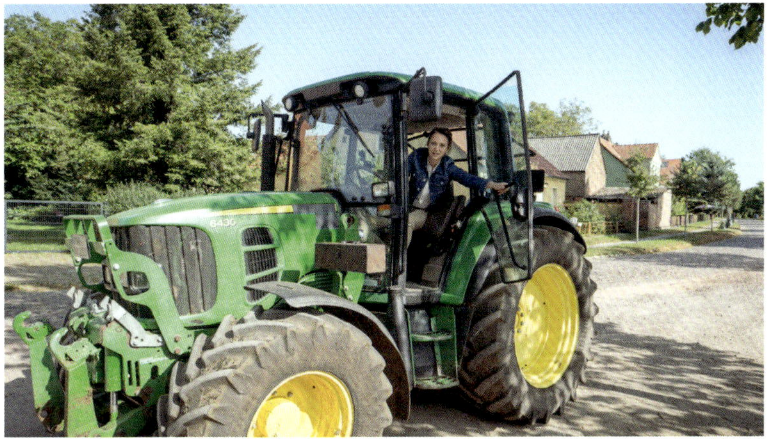

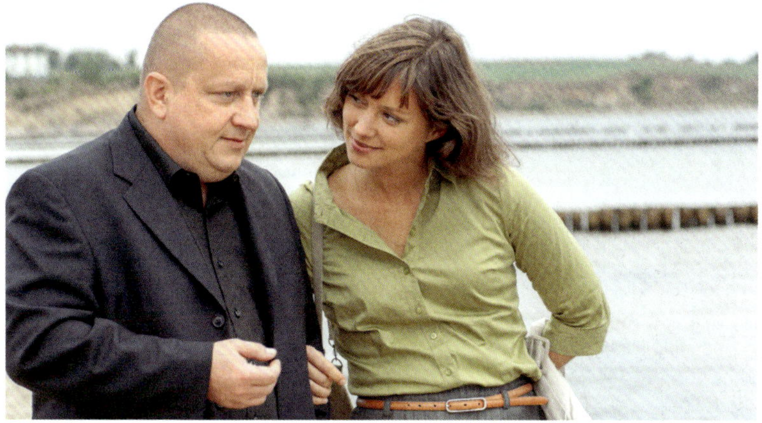

Nike überlegte. Entschied sich dagegen. Wachte nachts auf und hatte die Idee für eine mögliche Szene. Der Castingprozess zog sich über Monate. Am Ende hatte sie die Rolle der Kriminalhauptkommissarin in der Tasche. Dann musste es schnell gehen. Die Mutter von zwei Kindern wohnte zwar schon in Berlin, dennoch wollte ihr Leben völlig neu organisiert werden. Denn die SOKO dreht im Schnitt neun Monate für eine Staffel.

Nike durfte ihren Charakter Karoline Joost und die Backstory mit entwickeln – die Münchner Vergangenheit, die Liebe zum Trenchcoat und ihr Krimi-Vorbild Sherlock Holmes. Vom Team der SOKO Wismar war sie sofort begeistert. Alle nahmen sie herzlich in Empfang. Unterstützten und halfen.

Mit ihrem Schauspielkollegen Dominic Boeer teilt sie sich einen Wohnwagen. Zwar hat jeder seinen eigenen Raum, aber in der Zwischenwand befindet sich ein kleines Fenster zum Quatschen. Und das machen die beiden viel und gern.

Ein Fun-Fact am Rande: Es ist bereits der zweite Auftritt für Nike Fuhrmann bei der SOKO Wismar. Schon in der 2. Staffel spielte sie in der Folge 17 „Blind Date“ mit, als eine Heiratsschwindlerin, die von Reuter persönlich überführt wird.

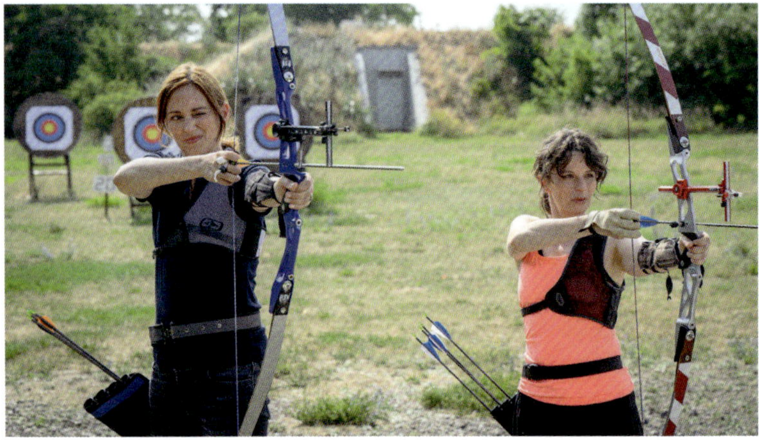

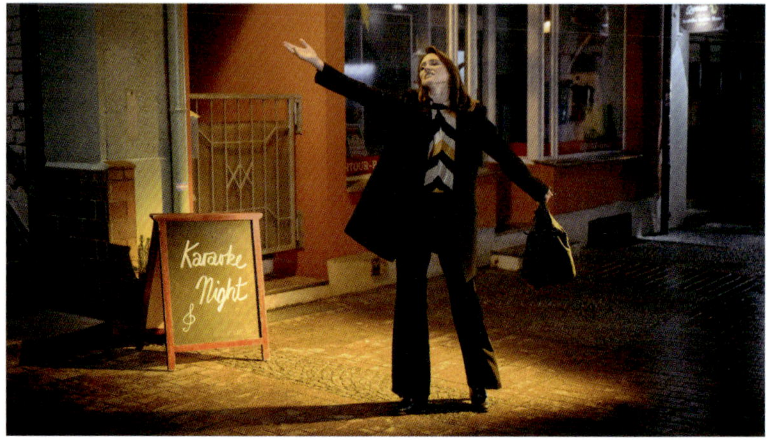

Wenn in Wismar gedreht wird, fährt sie am liebsten mit ihrem Klapp-E-Bike zum Set. Nike Fuhrmann ist gern in Bewegung, mag Aktion. An drehfreien Tagen verschlägt es sie und ihr Rad nach Zierow oder Hoben. Zwischen Meer und Feldern, das gefällt der Berlinerin landschaftlich sehr. Sind ihre Kinder und ihr Mann in der Hansestadt, darf es auch gern der Tierpark sein, eine Gewölbeführung in der Nikolaikirche und abends ein Besuch beim ukrainischen Eckrestaurant „Natalka".

An Wismar mag Nike Fuhrmann neben den Menschen und der Landschaft die Farben der Stadt und die vielen Gässchen. Insgesamt stromert sie gern, entdeckt Neues.

Da ist es nicht verwunderlich, dass sie über sich selbst sagt, sie könne sich viele alternative Leben vorstellen. Aber vielleicht ist Schauspiel deshalb genau das Richtige für sie und vielleicht ist die Neugier auch der Grund für ihre sympathische Persönlichkeit und ihren beruflichen Erfolg.

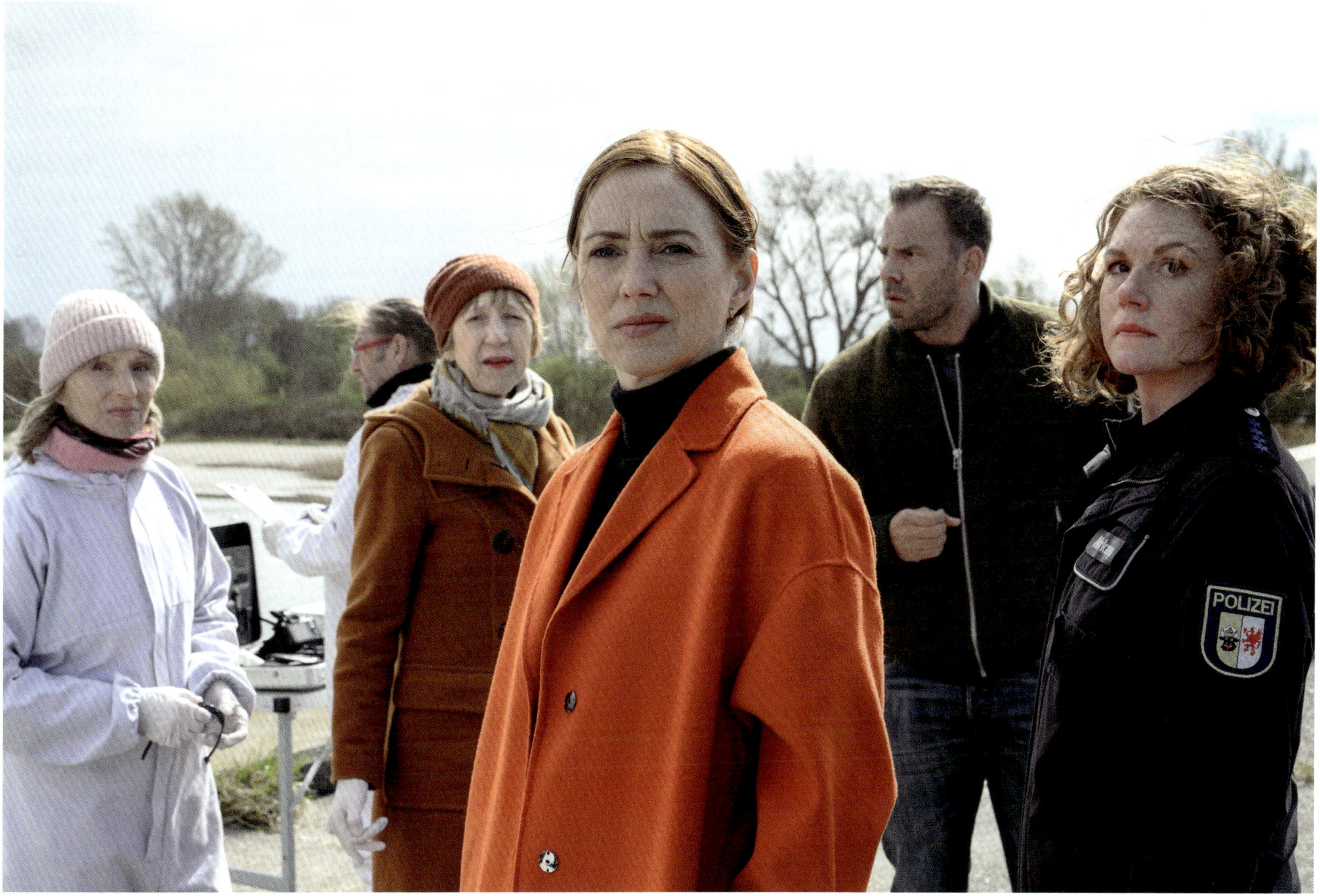
POLIZEI

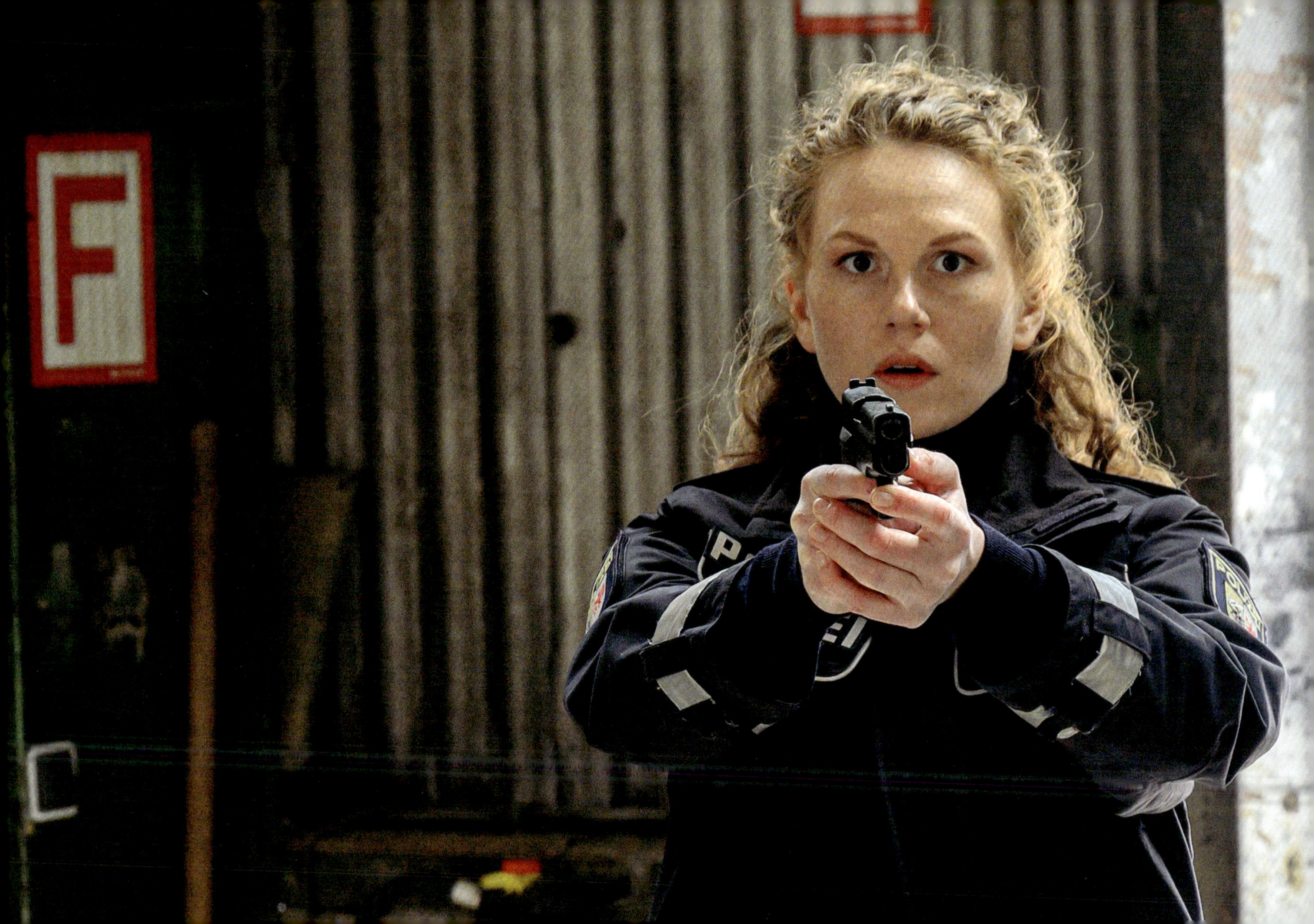
F

STELLA HINRICHS

Paula Moorkamp

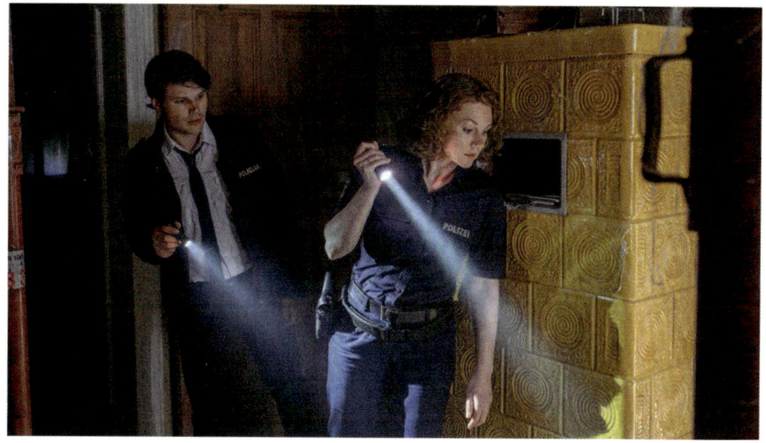

Stella Hinrichs liebt die Natur. Sie verbringt so viel Zeit wie möglich draußen, gibt, wenn sie kann, der ländlichen Umgebung den Vorzug. Überhaupt macht Stella einen sehr reflektierten und herzlichen Eindruck. Sie, eine aufgeschlossene Frau, ist gern unter Menschen und schätzt ebenso Zeit für sich allein.

Stella Hinrichs wurde in Göttingen geboren. Ihre Eltern sind keine Schauspieler und deshalb kam Stella erst in der Schule über eine AG mit dem Theaterspielen in Berührung. In den Vordergrund hat es sie dabei nie gezogen. So erinnert sich die junge Frau mit dem Rotschopf an das weihnachtliche Krippenspiel zur Grundschulzeit, bei dem sie das Jesuskind verkörpern wollte. Das stellte sie sich schön und entspannt vor, im Stroh liegend. Stattdessen geschah das Gegenteil: Stella wurde als Maria besetzt, konnte die Hauptrolle aber noch abwenden und verkörperte am Ende den Erzengel Gabriel. Als Gabriel überzeugte sie – und ohnehin war es dann doch spannender als in einer Krippe zu liegen oder nur neben Josef zu stehen.

Während ihrer Schulzeit spielte sie auch am Theater in Göttingen. Das Theater ist für sie immer ein besonderer Ort, an dem es Menschen gibt, in denen sie sich wiederfindet. Die Spaß an dem haben, was sie tun, und es gleichzeitig auch ernst nehmen.

Stella Hinrichs fand im Theater ein Zugehörigkeitsgefühl zu einer Gruppe, das sie bis heute stark schätzt.

Als dann das Abitur in Sicht kam, spielte sie mit dem Gedanken, es mit einem Schauspielstudium zu versuchen. Unterstützung fand sie dabei in ihrer Familie. Stella begann in Berlin zu studieren, was anfangs eine harte Sache war. Berlin im Kontrast zur niedlichen Studentenstadt Göttingen und zudem das Studium, das forderte. Dennoch empfand sie es von Anfang an als Luxus, diese Ausbildung machen zu dürfen. Allein die Bandbreite – Fechten, Bogenschießen, Steppen, Gesang und vieles mehr gehörte damals zu ihrem Alltag. Es war ein riesiger Spielplatz mit Höhen und Tiefen, der Stella zwischendurch auch ein wenig zweifeln ließ.

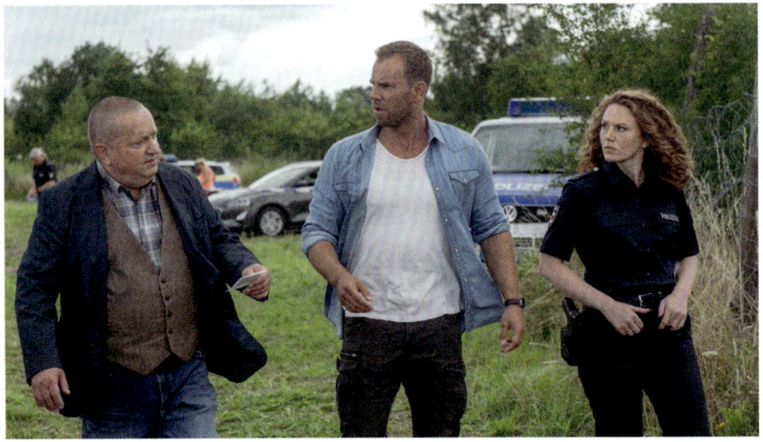

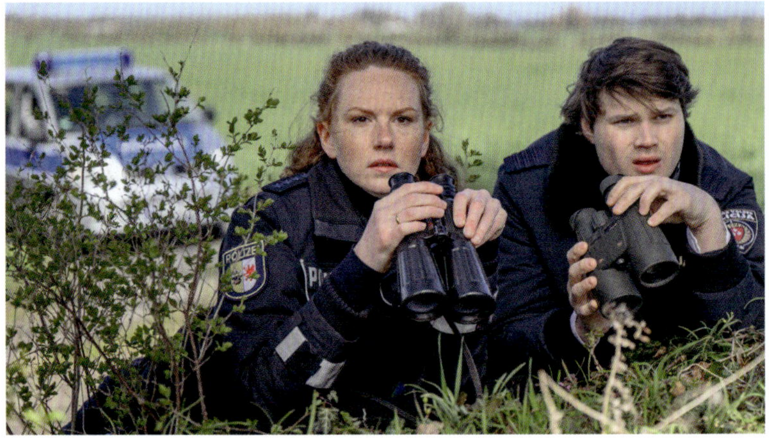

Denn eins kann man als Schauspielerin definitiv nicht: sich selbst aus dem Weg gehen. Man setzt sich viel mit sich auseinander, wird von den Dozierenden gespiegelt. Das kann mit Anfang 20 natürlich heftig sein. Heute ist sie dankbar für das gelernte Handwerk, vermag dieses mit ihrer Intuition zu verknüpfen. Nach dem Studium erhielt Stella ein festes Engagement am Schweriner Theater und zog in die Landeshauptstadt von Mecklenburg-Vorpommern. So kommt es auch, dass sie Wismar bereits vor ihrem Start bei der SOKO kannte.

Was ihr vielleicht auch beim öffentlichen Casting in die Hände gespielt hat, das 2020 und 2021 stattfand. Gesucht wurde ein nordischer Typ mit trockenem Humor. Als Stella das las, dachte sie, das könnte doch passen.

Für sie war es der erste lange Castingprozess. Fast ein halbes Jahr hat es gedauert, bis feststand, dass sie die Rolle bekommt. Noch heute strahlt sie und ist stolz, wenn sie von dieser Zeit in ihrem Leben spricht. Und dann ging es auch schon los. Fernsehen war für die junge Schauspielerin eine völlig neue Welt. Alles wirkte aufregend und spannend.

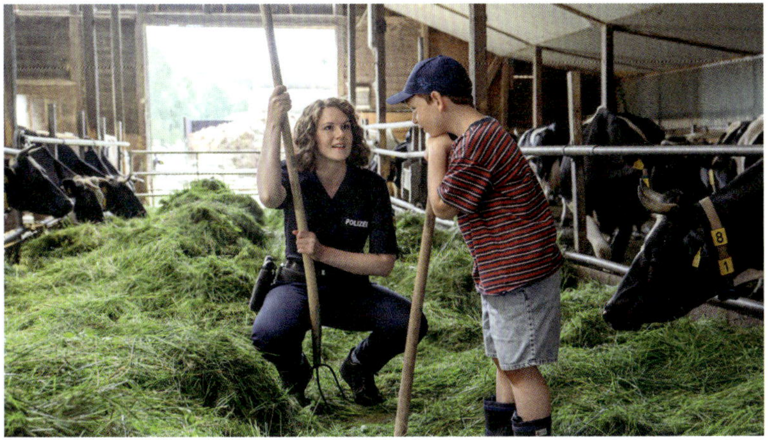

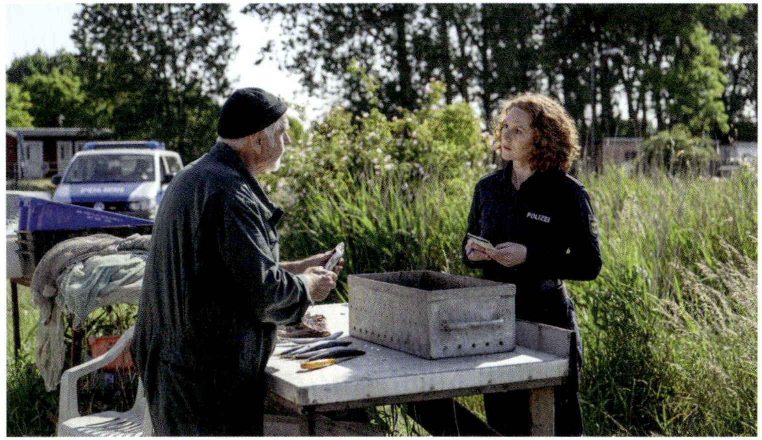

Gute Vorbereitung ist für Stella Hinrichs wichtig: die Drehbücher für den nächsten Turnus (filmisch wird hier von einem Block gesprochen, der vier Episoden enthält) frühzeitig lesen, schauen, ob alles schlüssig erscheint oder ob es Fragen gibt. Szene für Szene geht sie durch, macht sich Notizen. Dann werden die Drehbücher ein bis zwei Wochen weggelegt und erneut gelesen.

Und am Set, wenn gedreht wird, gilt es, sich auf die Vorbereitung zu verlassen und offen zu sein für alles, was im Moment passiert. Das ist das Schöne am Spielen: das Im-Moment-Sein.

Seit 2021 verkörpert Stella die Rolle der Polizeihauptmeisterin Paula Moorkamp. Mittlerweile hat sie sich, wie sie selbst sagt, die Beziehungen zu den anderen Rollen erarbeitet. Es gibt feste Routinen – und dennoch ist jede Leiche, jeder Tatort für die von ihr verkörperte ehemalige Verkehrspolizistin etwas Besonderes. Ein Ereignis.

Apropos Leichen – Stella Hinrichs mag Wasserleichen. Die Aussage wird fassbar, wenn man einen Augenblick darüber nachdenkt.

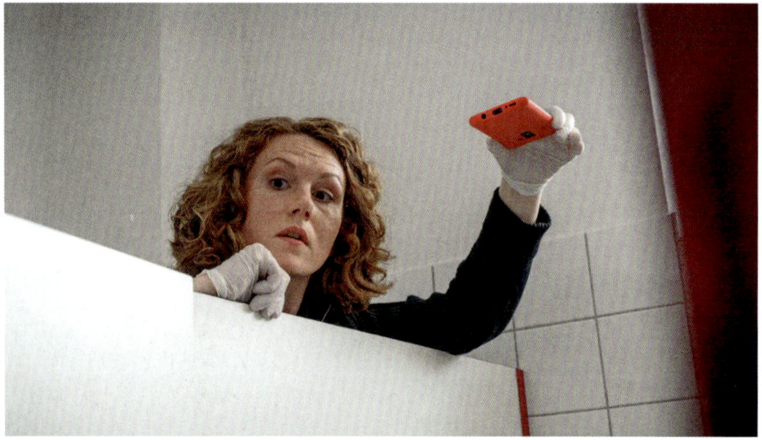

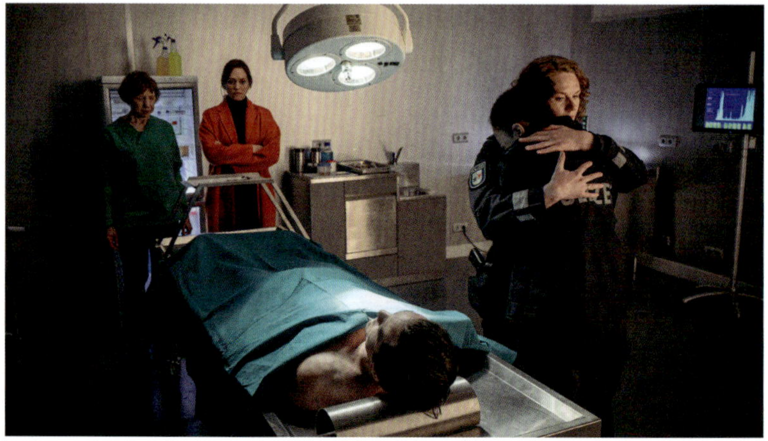

Denn logischerweise sind Wasserleichen nur am Wasser anzutreffen – und das sind meist sehr schöne Orte an der Wismarer Bucht. Da schmeckt der morgendliche Kaffee vor Drehbeginn gleich doppelt so gut.

Und wie begeht sie einen drehfreien Tag: Am Anfang steht ein ausgiebiges Frühstück. Dann heißt es: ab an die frische Luft. Entweder eine Runde um den Mühlenteich oder auf dem Rad Richtung Poel. Dabei darf ein Stopp auf dem Parkplatz am Damm in Fährdorf bei „Happen Poel" nicht fehlen, wo es leckere Wildbratwürste gibt.

Am Nachmittag muss es ein Stück Kuchen sein, das ist nicht verhandelbar. Zum Beispiel im Café „Alte Löwenapotheke". Das sollte gleich selbst ausprobiert werden.

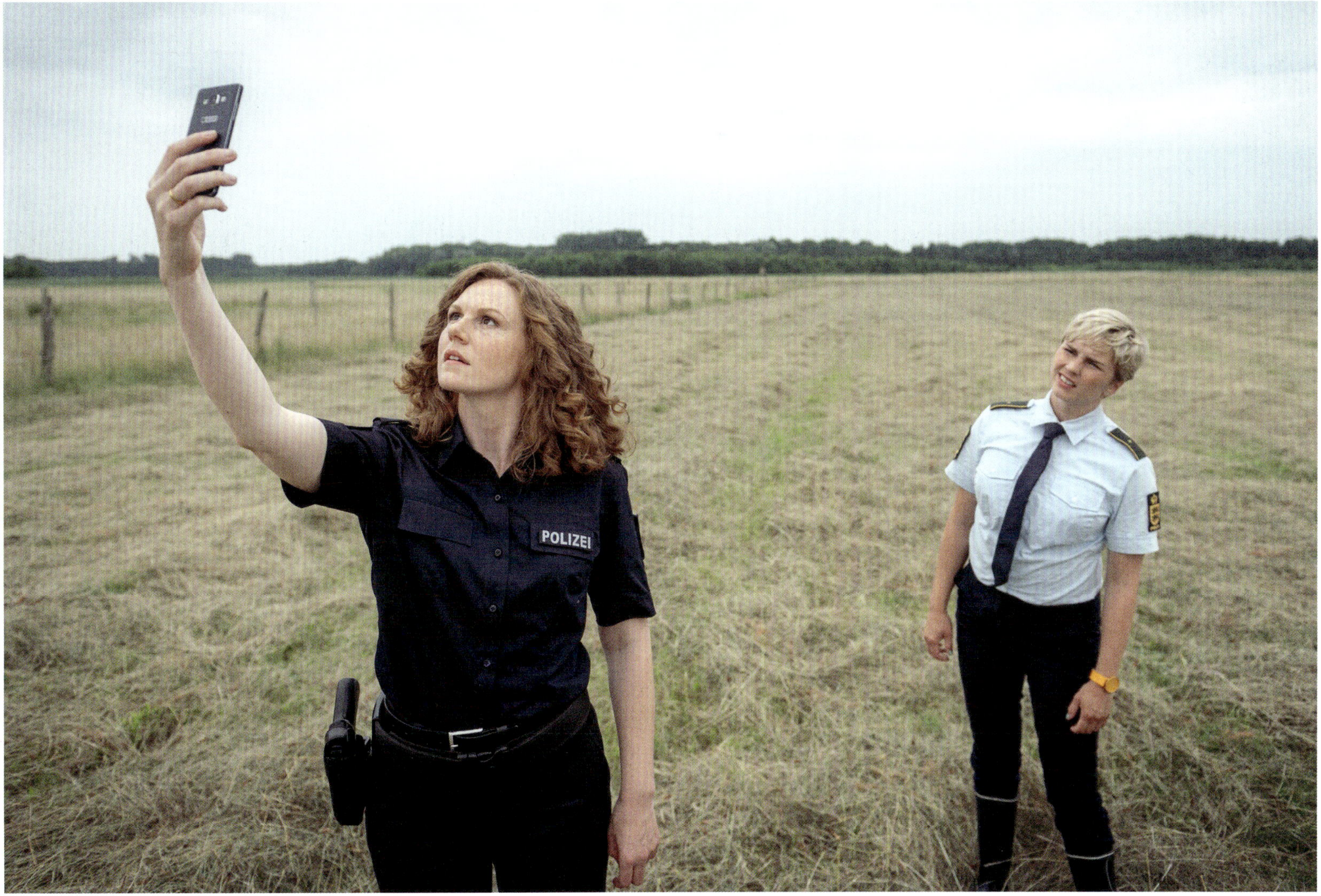
POLIZEI

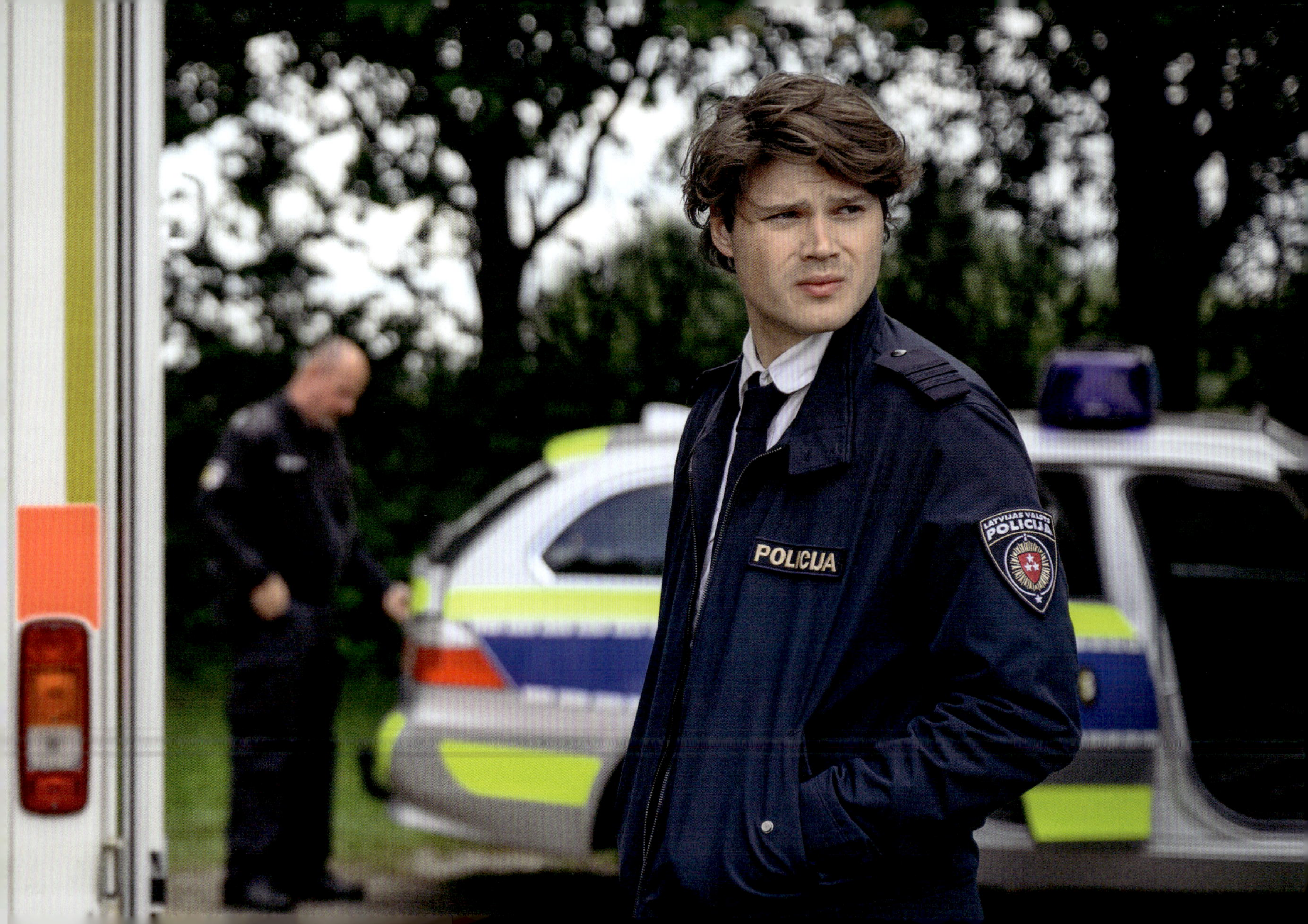
POLICIJA
LATVIJAS VALSTS
POLICIJA

GUSTAVS GAILUS

Edgars „Eddi“ Jansons

Gustavs Gailus ist ein Glücksgriff für die SOKO-Familie. Begegnet man dem jungen Mann das erste Mal, wirkt er sehr überlegt und in sich ruhend. Sobald man aber mit ihm ins Gespräch kommt, fängt er an zu strahlen und zu sprühen. Gustav ist die Art von Mensch, die mitreißt, begeistert und das Gegenüber spielerisch wie federleicht in den Bann zieht. Ein Mensch mit Herz beziehungsweise in seinem Falle mit drei Herzen, aber dazu später.

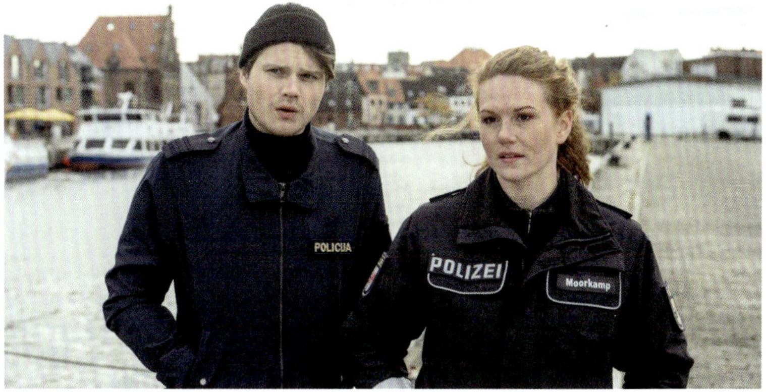

Geboren 1993 in Hannover und zu Beginn der Kindergartenzeit nach Würzburg gezogen, ist Gustav in einer erstaunlich musikalischen Familie großgeworden. Die Mutter, eine lettische Pianistin, der Vater ein lettischer Dirigent und Pianist. Beide leben ihren Beruf und sind erfolgreich. Gustav war also seit frühester Kindheit von klassischer Musik umgeben. Und so wundert es nicht, dass er über ein sehr gutes Ohr verfügt. Den Weg eines klassischen Konzertpianisten ist er allerdings nicht gegangen. Er wollte schlicht nicht von den eigenen Eltern unterrichtet werden. Jahre später hat er sich das Klavierspielen dann doch selbst beigebracht, aber das ist eine andere Geschichte.

Durch Zufall kam er zum Theater. Ein mit seinem Vater befreundeter Regisseur suchte in Würzburg für seine Inszenierung des „Wilhelm Tell“ einen jungen Darsteller, der den Sohn von Wilhelm, Walther, spielen sollte. Gustav machte beim Casting mit und bekam die Rolle. Was so lapidar klingt, bedeutete für den 12-Jährigen die Welt. Es muss eine sehr intensive Erfahrung gewesen sein, denn noch heute kann sich Gustavs an den Geruch in den Gängen zur Kantine, in der Maske oder auf der Bühne erinnern.

Die Liebe zum Schauspiel war geweckt und die damit einhergehende Energie und Leidenschaft sollte ihn von da an stets begleiten.

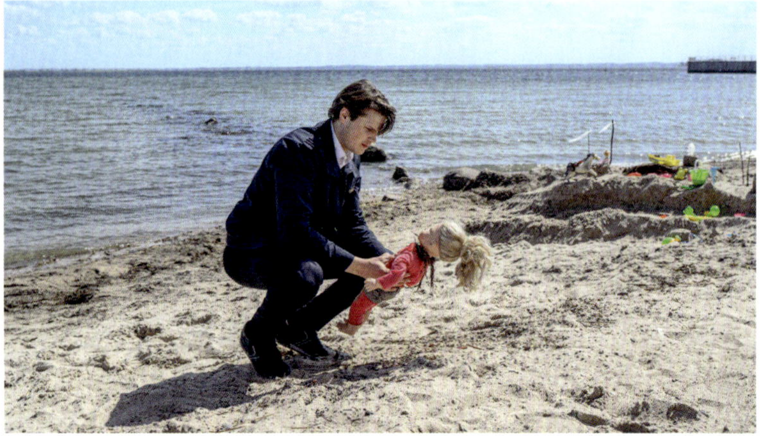

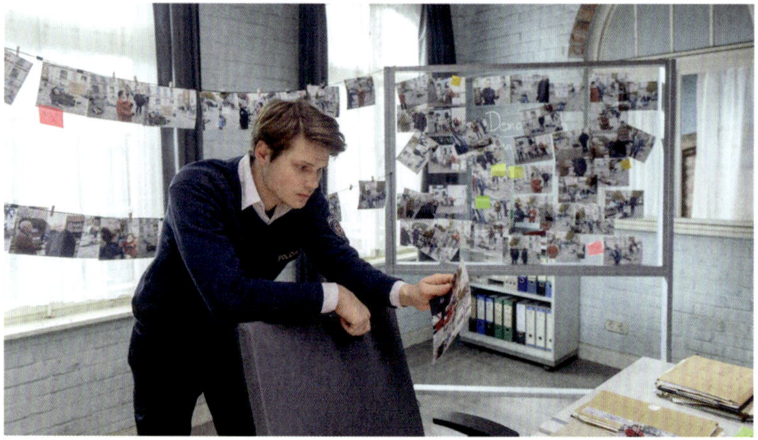

Bis zum Umzug der Familie in die Hansestadt Hamburg im Alter von 15 Jahren durfte er regelmäßig in Produktionen am Würzburger Theater mitarbeiten. Nach dem Abitur dann die Frage: Was darf die Zukunft bringen?

Gustavs Gailus wusste, rechnerisch sind die Erfolgschancen verschwindend gering, an eine der staatlichen Schauspielschulen zu kommen. In Hamburg, an der Hochschule für Musik und Theater bewerben sich rund 800 Menschen pro Jahr. Am Ende des Auswahlverfahrens werden vier Frauen und vier Männer genommen.

Deshalb zögerte Gustavs bei der Bewerbung. Doch Fortuna sollte ihm unter die Arme greifen. Während eines Spaziergangs mit dem Hund durch Hamburg fand er in einer Kiste am Straßenrand ein Buch mit den gesammelten Werken von Anton Tschechow. Die Gestaltung des Bandes sprach ihn an und so nahm er ihn mit in die Ferien an den Strand in Lettland.

Gustav verschlang das Buch in diesem Sommer, insbesondere die Schauspieltexte, und fasste für sich den Entschluss: Ja, ich werde versuchen, an einer staatlichen Schauspielschule aufgenommen zu werden.

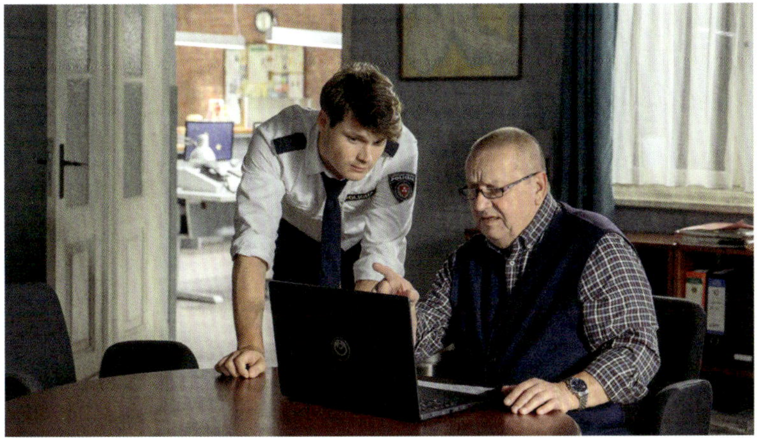

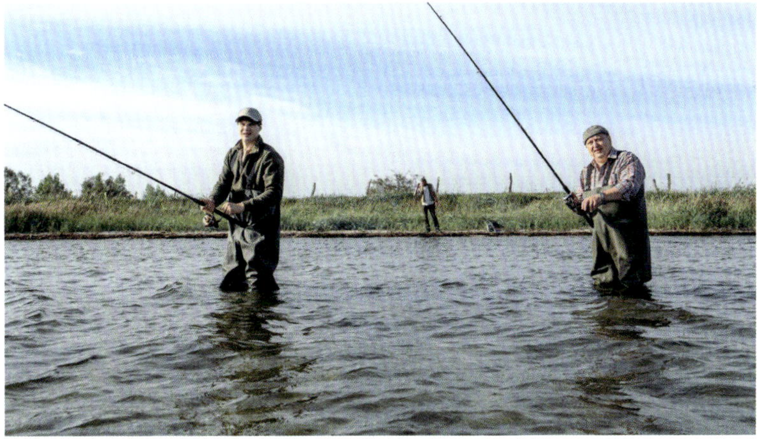

Wie es ausgegangen ist, wissen wir heute: Gustavs Gailus hat Schauspiel in Hamburg studiert. Mit 27 erhielt er das erste Engagement am Theater Kiel. Ende Februar 2021 kam die Castinganfrage für die SOKO Wismar.

Und dann ging alles ganz schnell. Am 29. August 2021 spielte Gustavs seine letzte Vorstellung „Kabale und Liebe" in Kiel und am 31. August stand es für seine erste Klappe am Strand von Hohen Wieschendorf.

Er sei damals richtig aufgeregt gewesen, denn im besten Fall sollte die SOKO Wismar für ihn zu einer neuen Familie werden.

Mittlerweile ist genau das eingetreten. Gustav fühlt sich wohl und wertgeschätzt im Team. Er spielt die Rolle des lettischen Aushilfspolizisten Eddi Jansons, einen charmanten, sprunghaften, naiven Kerl, wie er selbst sagt. Durch seine Neugier und gute Intuition kann Eddi die Kollegen von Anfang an unterstützen. In Reuter findet er schnell einen Freund, denn beide verbindet die Liebe zum Angeln.

Gustavs ist gern in Wismar. Es tue ihm gut, wie er selbst sagt. Nach der letzten Szene am Tag liebt er es, mit Kopfhörern durch die Straßen der Hansestadt zu spazieren. Gern zur Hafenspitze, um dort auf das Wasser zu schauen, oder einfach drauflos, ohne Ziel.

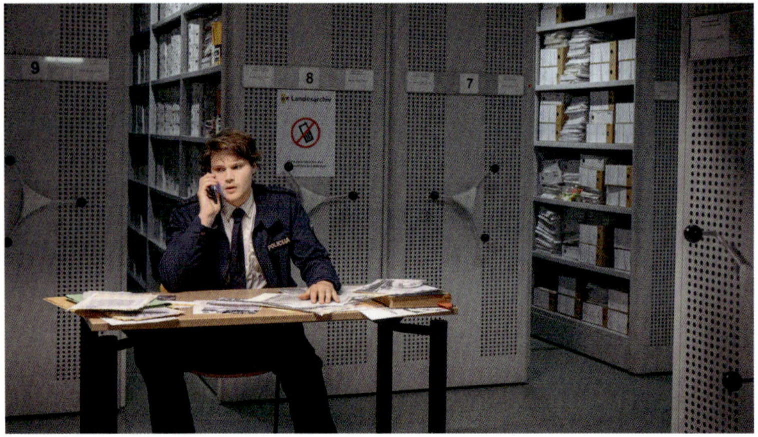

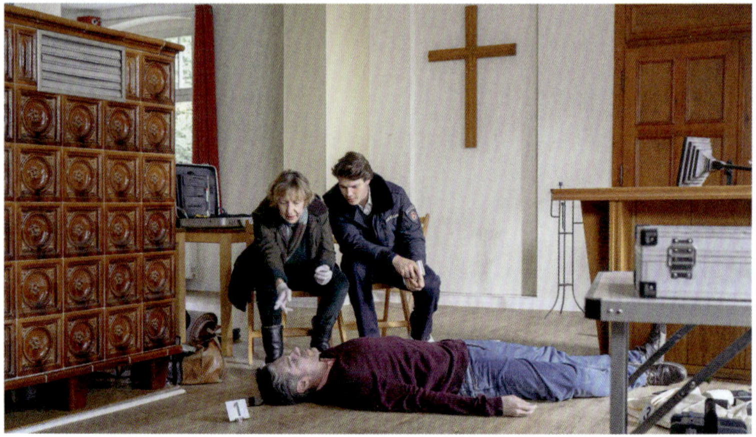

In seiner Freizeit arbeitet er gemeinsam mit seinem besten Freund Weasley und dem Drummer Javier stets und ständig an seinem Bandprojekt „The Dead Actors". Wen wundert es, dass angesichts seiner Familiengeschichte das zweite Herz des Schauspielers der Musik gehört.

Aber es sind eben nicht nur zwei Herzen, die in Gustavs Brust schlagen, sondern derer drei. Das dritte gehört der Liebe und all den wunderbaren Menschen, die mit ihr einhergehen. Diese Geschichte steht jedoch auf einem anderen Blatt geschrieben.

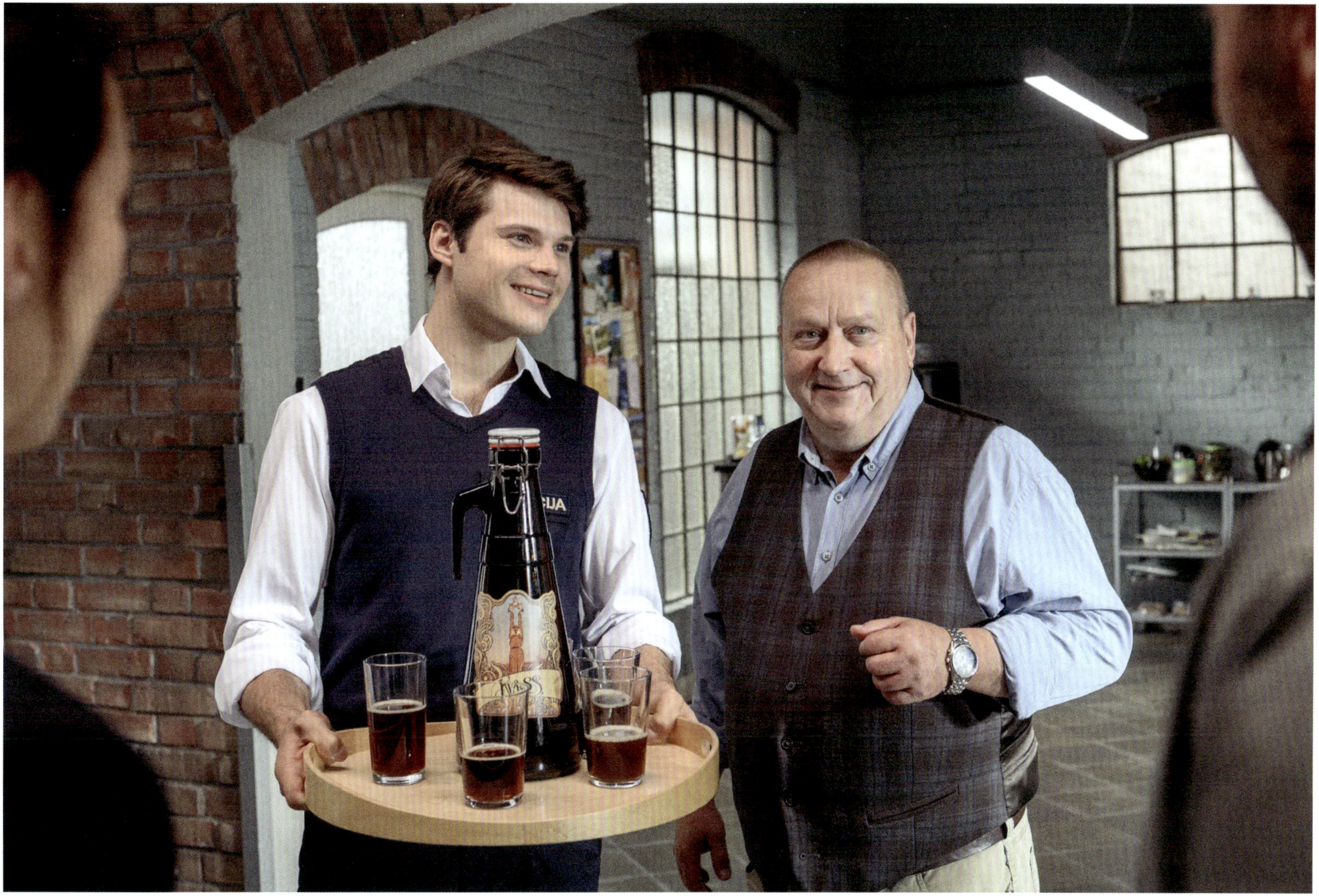

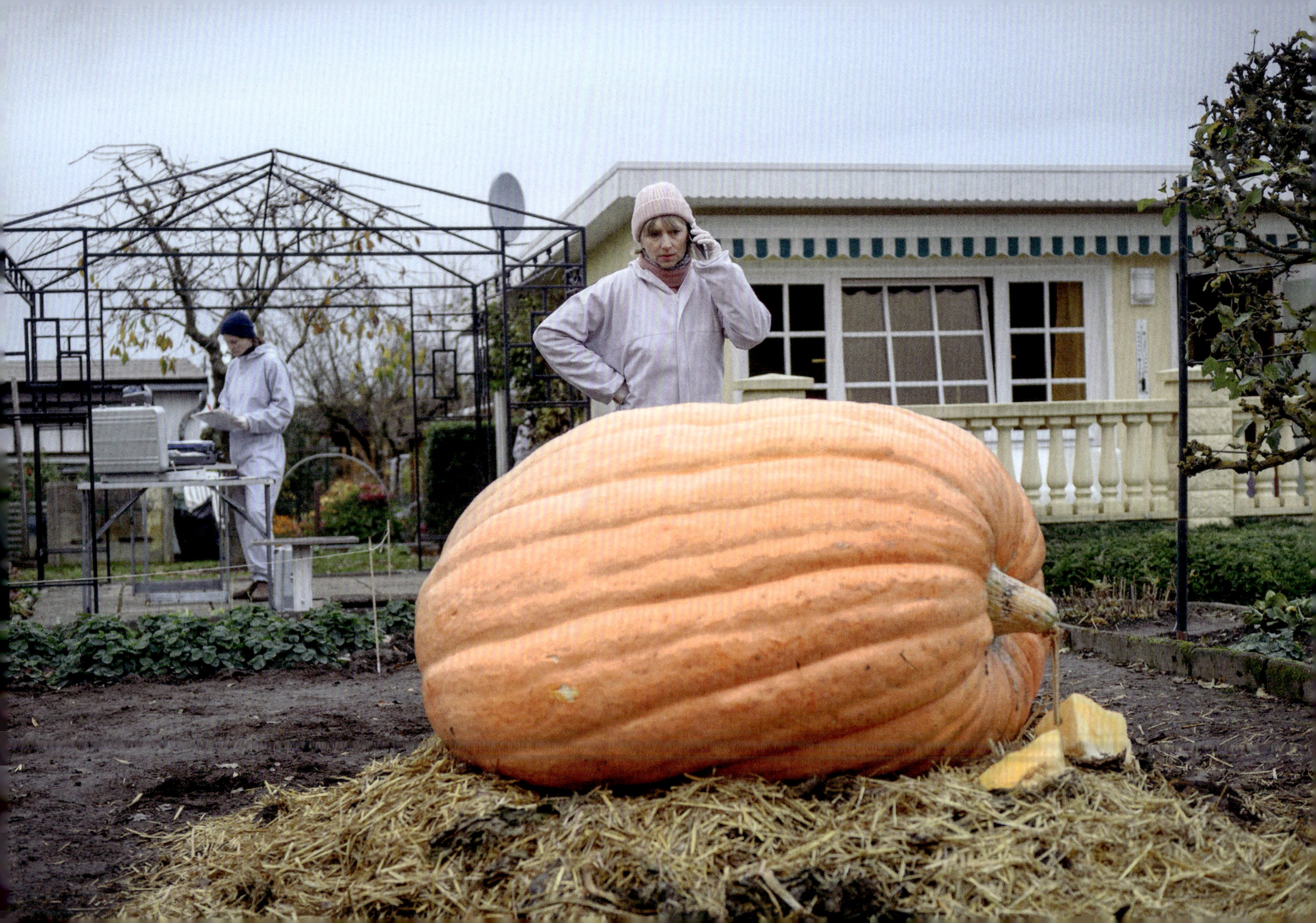

SILKE MATTHIAS

Roswitha Prinzler

Die Fans der SOKO Wismar kennen Silke Matthias als Kriminaltechnikerin Roswitha Prinzler, Spitzname Rosi. Die gebürtige Berlinerin ist schon seit 2006 mit von der Partie. An ihrer Rolle mag sie das geradlinige, das beginnt für sie schon mit dem Namen. Den hat ein ehemaliger Regisseur „erfunden", und das während einer Weihnachtsfeier, wie aus der Pistole geschossen.

Silke schätzt an Roswitha besonders die trockene Art und den Humor. *„Rosi macht kein Gewese, hat manchmal in ihren Sätzen fast etwas Komödiantisches. Das mag und spiele ich sehr gern. Einiges davon hat sie von mir bekommen."* Diese präzise Art kommt auch bei den Zuschauern gut an.

Silke Matthias schauspielert seit ihrer Kindheit, hatte anfangs aber nicht vor, das Hobby zum Beruf zu machen. Stattdessen wollte sie Medizin studieren. Da aber ihr Vater in der DDR ein eigenes Fleischergeschäft besaß und somit als Kapitalist galt, durfte seine Tochter nicht studieren, zumindest nicht Medizin. So kam es, dass Silke Matthias sich für Leipzig und das Fach Schauspiel entschied. Das Interesse an der Heilkunde hat sie ihr ganzes Leben begleitet. Folglich wundert es nicht, dass Silke zusätzlich zur Darstellenden Kunst eine Heilpraktiker-Ausbildung für Psychotherapie absolvierte. Das passt auch gut zur Rolle als Kriminaltechnikerin.

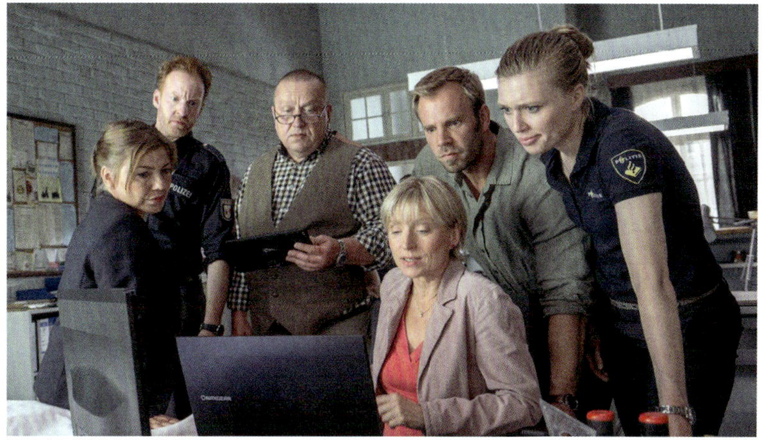

Die gebürtige Berlinerin liebt Wismar. Die dortige Ruhe und Gelassenheit schätzt sie besonders. Sie ist gern in den Gassen der Hansestadt unterwegs, empfindet Freude, wenn sie an einem drehfreien Tag am Hafen entlangschlendert. Außerdem könne man hier wunderbar shoppen, alles sei nahe beieinander. Wenn die Zeit einen Ausflug zulässt, verschlägt es die Mutter zweier erwachsener Kinder nach Poel. Dort dann entweder nach Timmendorf zum Leuchtturm oder auf einen Spaziergang in den Schwarzen Busch.

Für Silke Matthias, die Bewegung liebt, bietet Wismar eine gelungene Abwechslung zu Berlin. Deswegen ist sie hier immer gern zu Besuch.

TOLLE KOLLEGEN IM LAUFE DER JAHRE

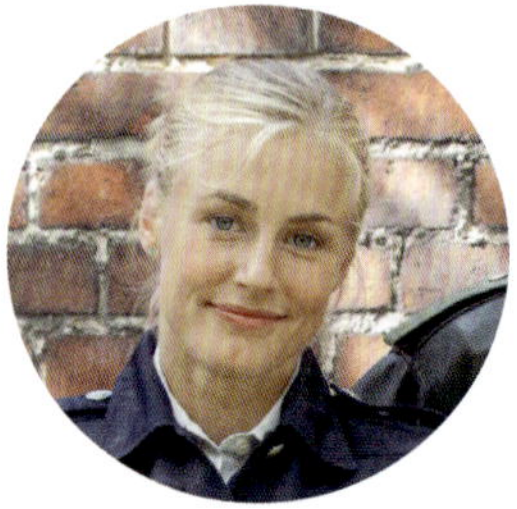

LI HAGMAN
Lena Virtanen
Konstabler aus Finnland
2004–2015

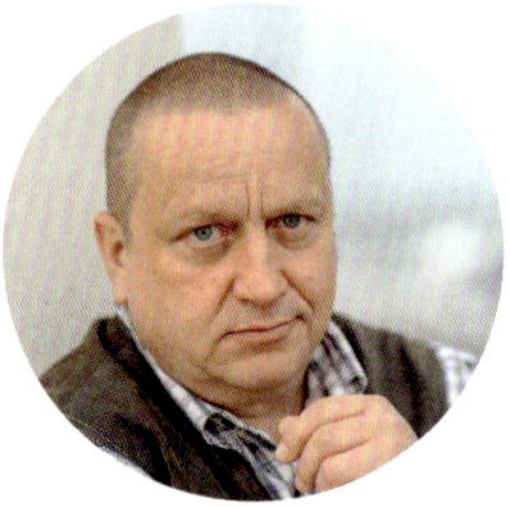

UDO KROSCHWALD
Jan-Hinrich Reuter
Erster Kriminalhauptkommissar
und Dienstgruppenleiter
seit 2004

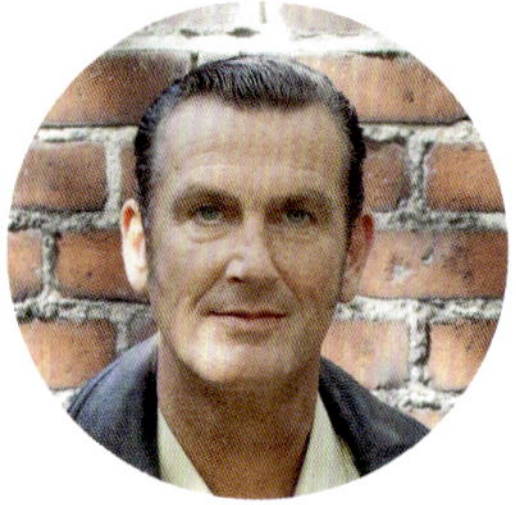

KAI MERTENS
Olav Hinzmann
Polizeihauptmeister
2004–2007

UDO KROSCHWALD SEIT 2004
KATHARINA BLASCHKE SEIT 2005
MICHAEL HÄRLE 2006–2011
CLAUDIA SCHMUTZLER 2005–2017
LI HAGMAN 2004–2015
KAI MERTENS 2004–2007
DOMINIC BOEER 2007–2011
SILKE MATTHIAS SEIT 2006

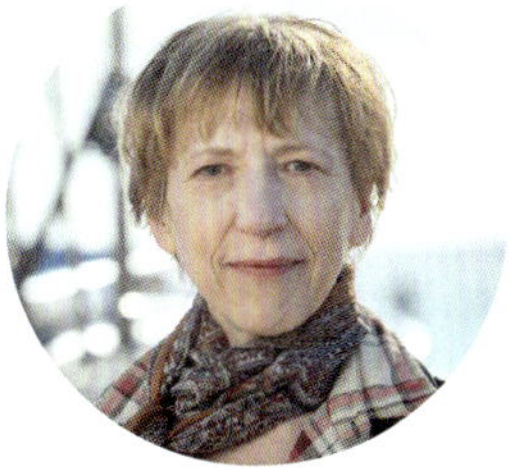

KATHARINA BLASCHKE
Dr. Helene Sturbeck
Notärztin und
Rechtsmedizinerin
seit 2005

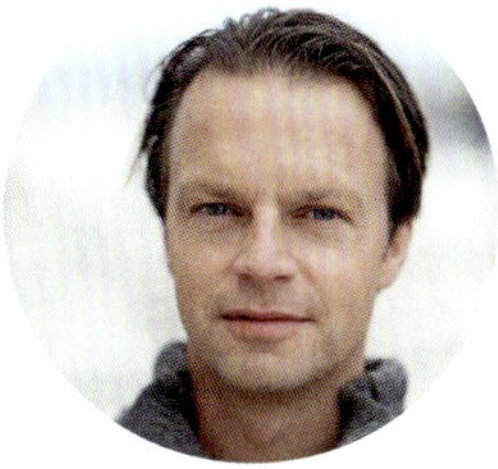

MICHAEL HÄRLE
Sven Herzog
Kriminalhauptkommissar
2006 – 2011

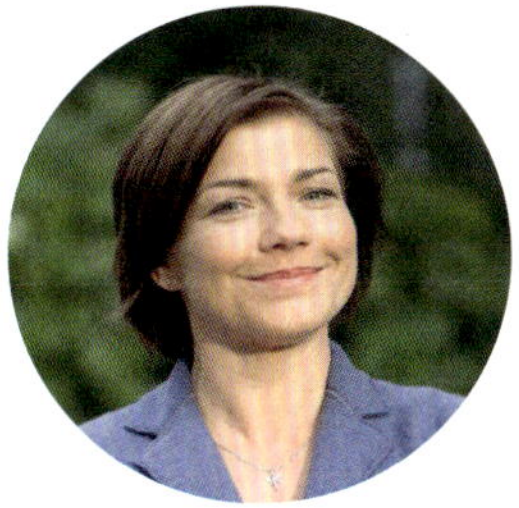

CLAUDIA SCHMUTZLER
Katrin Börensen
Kriminalhauptkommissarin
2005 – 2017

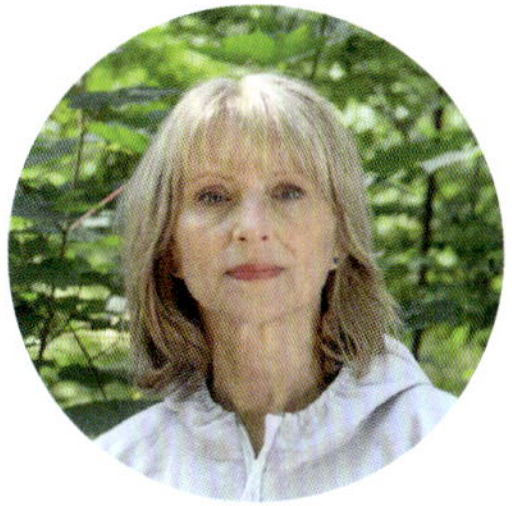

SILKE MATTHIAS
Roswitha Prinzler
Kriminaltechnikerin
seit 2006

JONAS LAUX 2011 – 2015

MATHIAS JUNGE 2011 – 2021

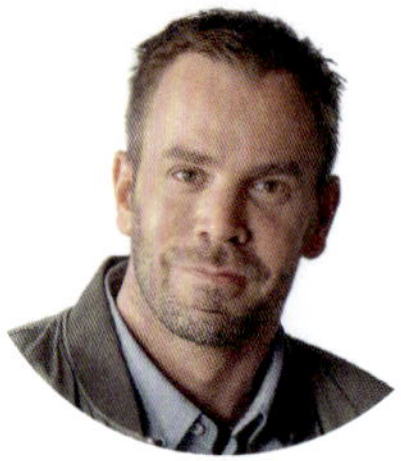

DOMINIC BOEER
Lars Pöhlmann
Polizeihauptmeister
2007 – 2011
Kriminalhauptkommissar
seit 2015

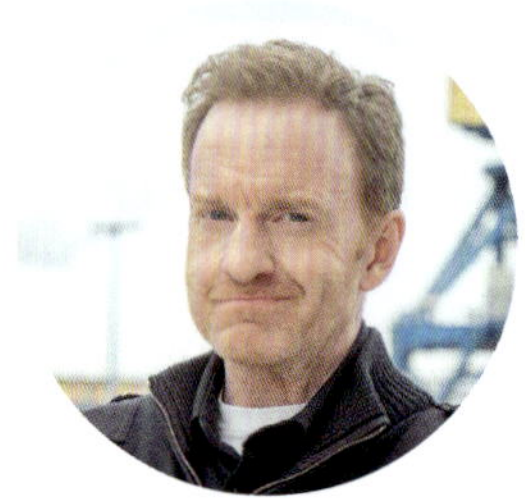

MATHIAS JUNGE
Kai Timmermann
Polizeihauptmeister
2011 – 2021

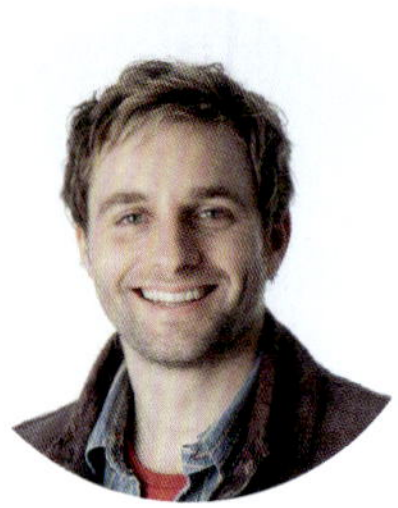

JONAS LAUX
Nils Theede
Kriminalhauptkommissar
2011 – 2015

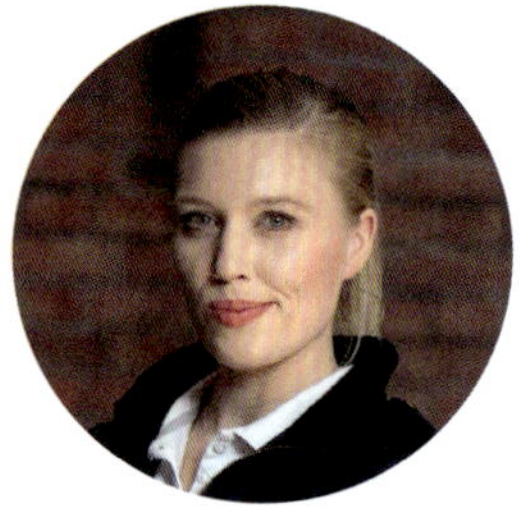

ISABEL BERGHOUT
Anneke van der Meer
Hoofdagentin aus den Niederlanden
2015 – 2017

UDO KROSCHWALD SEIT 2004
KATHARINA BLASCHKE SEIT 2005
DOMINIC BOEER 2007 – 2011
NIKE FUHRMANN SEIT 2018
ISABEL BERGHOUT 2015 – 2017
SIDSEL HINDHEDE 2018 – 2022
SILKE MATTHIAS SEIT 2006

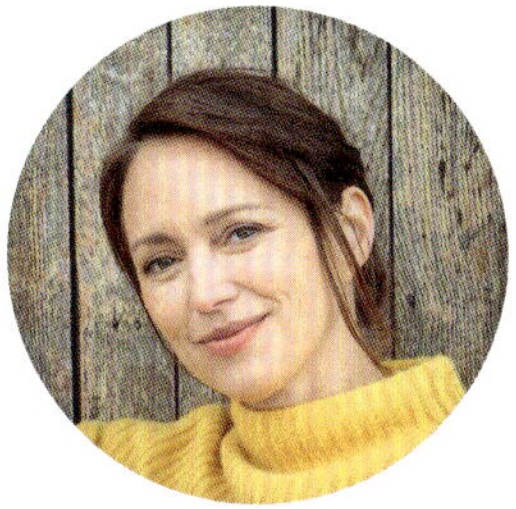

NIKE FUHRMANN
Karoline Joost
Kriminalhauptkommissarin
seit 2018

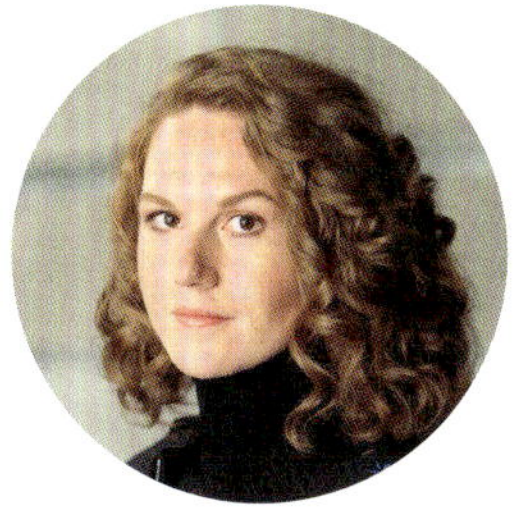

STELLA HINRICHS
Paula Moorkamp
Polizeihauptmeisterin
seit 2021

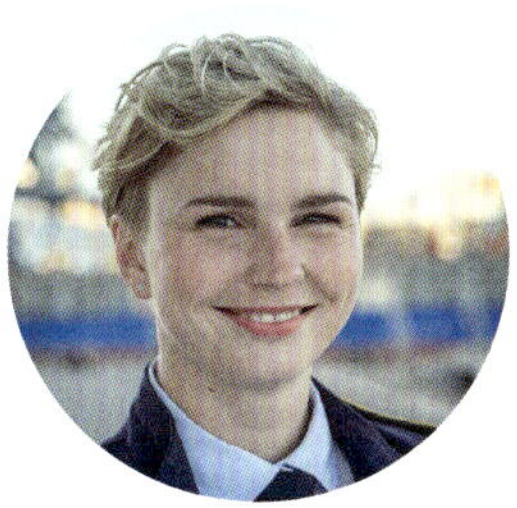

SIDSEL HINDHEDE
Stine Bergendal
Politibetjent aus Dänemark
2018 – 2022

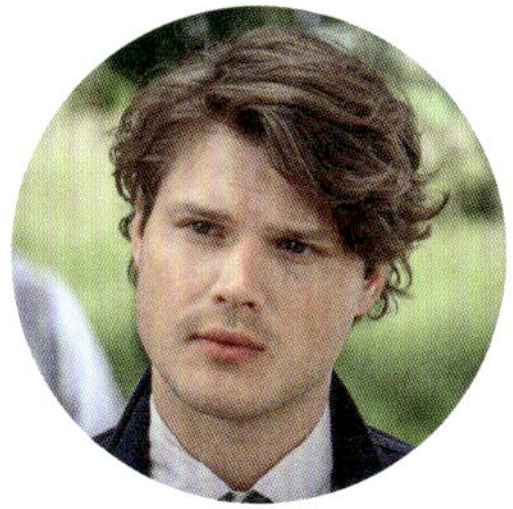

GUSTAVS GAILUS
Edgars „Eddi“ Jansons
Austauschpolizist aus Lettland
seit 2022

GUSTAVS GAILUS SEIT 2022

STELLA HINRICHS SEIT 2021

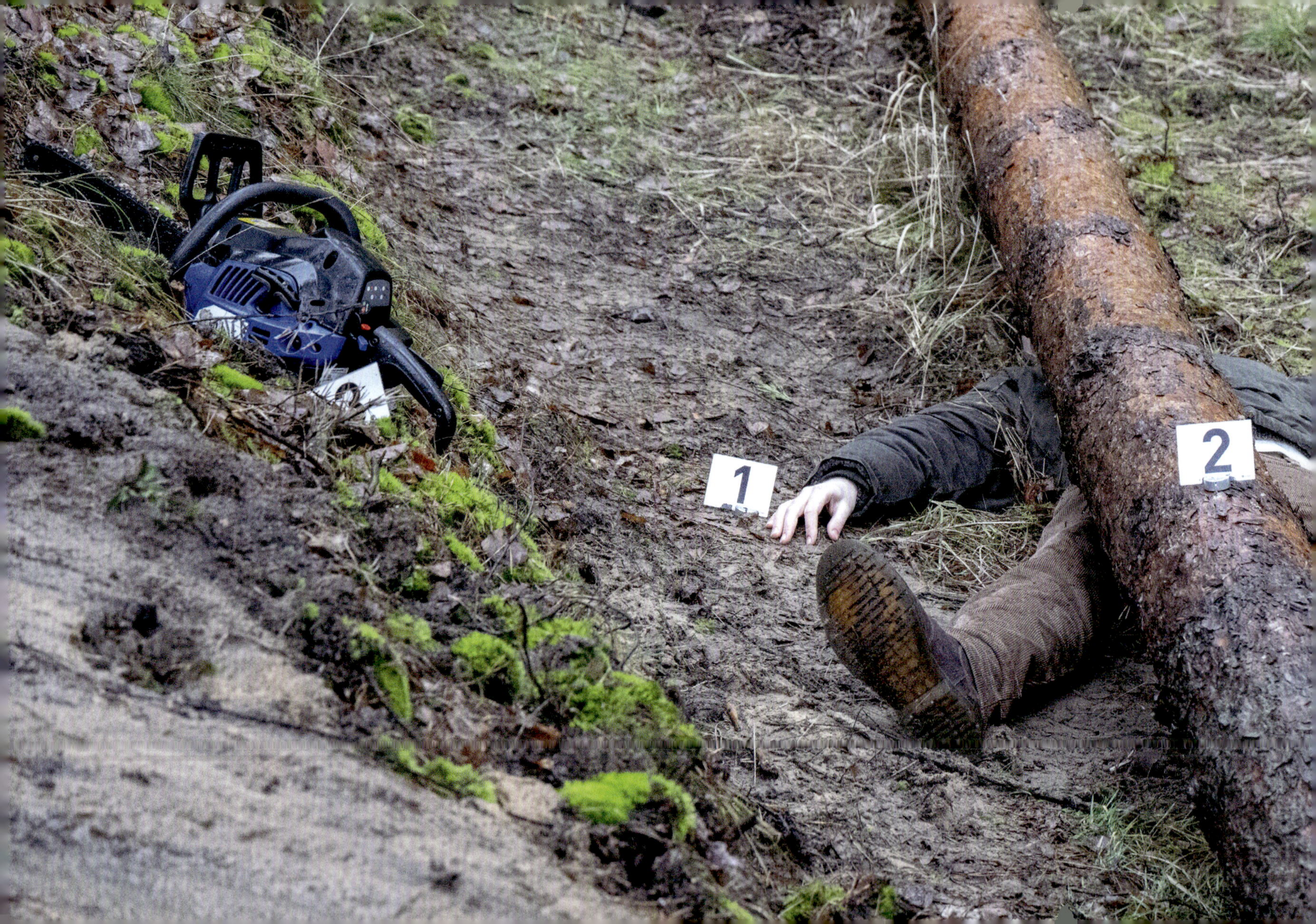
1
2

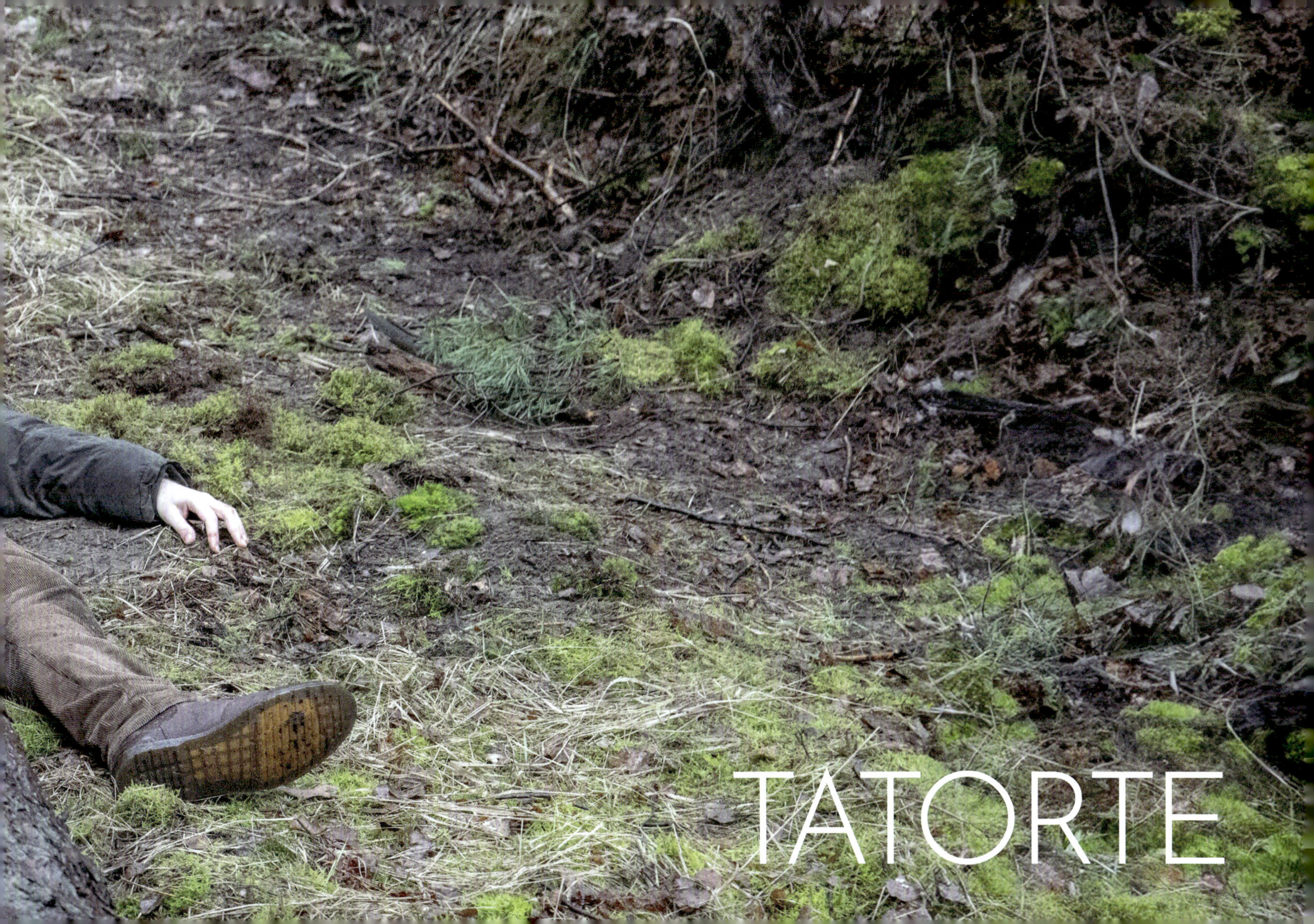

TATORTE

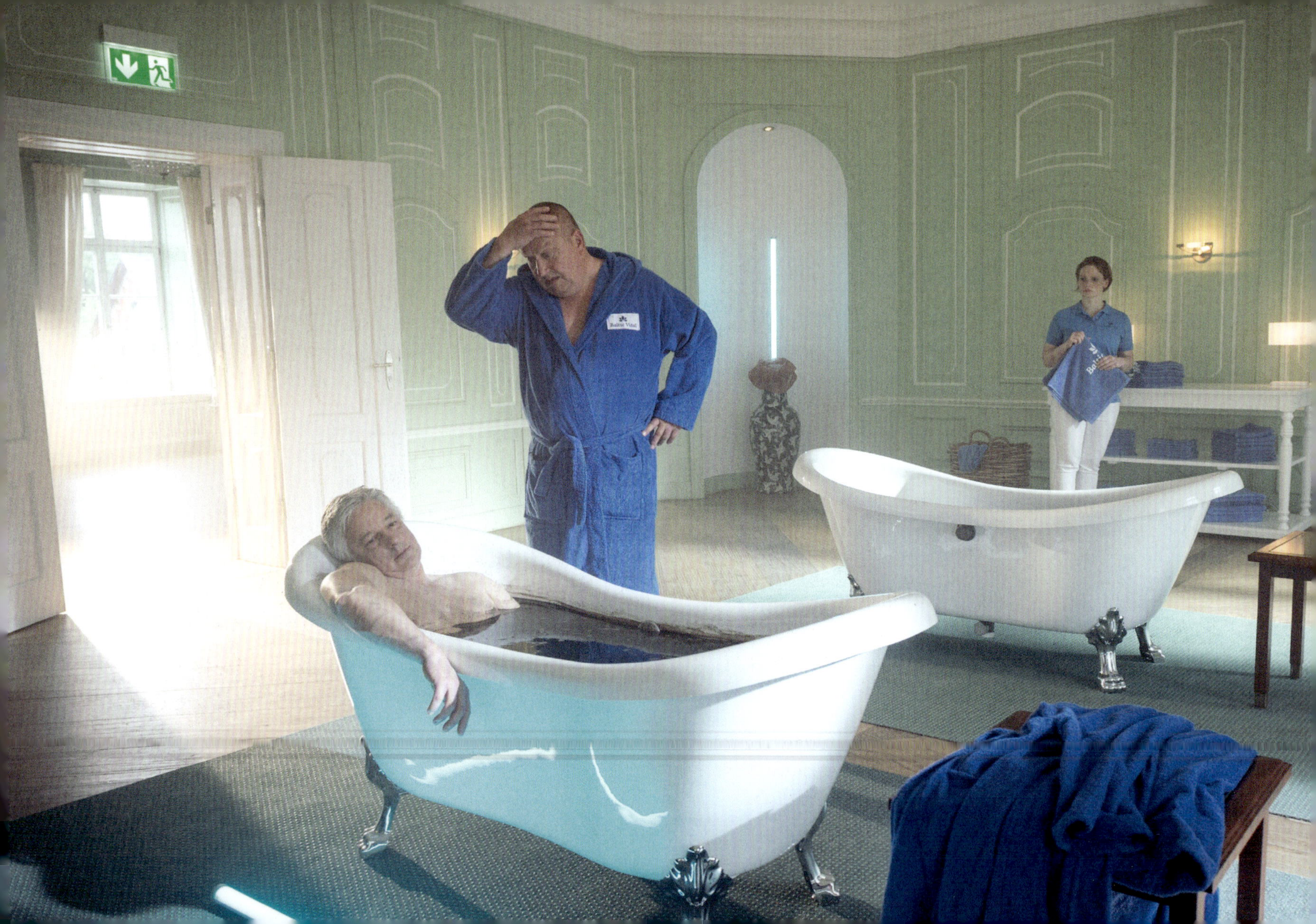
Baltic Vital

1 GROSS SCHWANSEE

Für die Abteilungen Ausstattung und Szenenbild war „Fango in Finkenhusen“ eine ganz wilde SOKO-Folge. Innerhalb eines Tages verwandelten sechs Mitarbeiter der Film-Crew im Schlossgut Groß Schwansee einen stuckverzierten Festsaal in ein Fangobad. Badewannen mit Schlammbad inklusive. Ein Bonus dieser Folge: Wir dürfen den Ersten Kriminalhauptkommissar Reuter beim Yoga beobachten. Der hat nämlich aufgrund schlechter Blutwerte eine Heilkur verdonnert bekommen. Davon dürfen nur die Kollegen nichts wissen. Und dann geschieht ausgerechnet in seiner Kur-Klinik ein Mord. Na, das kann ja heiter werden.

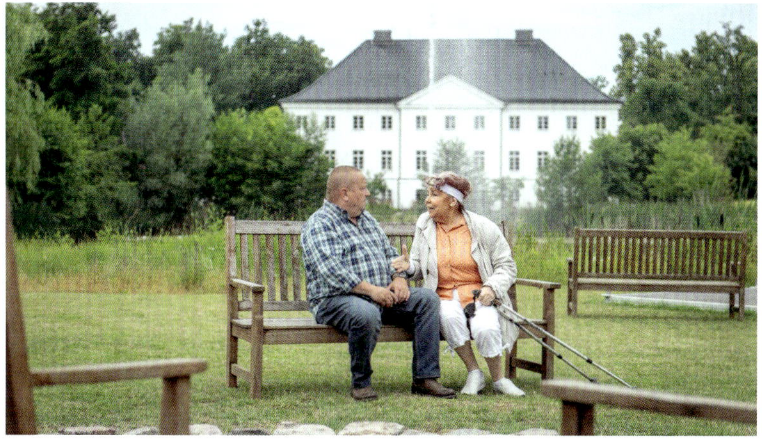

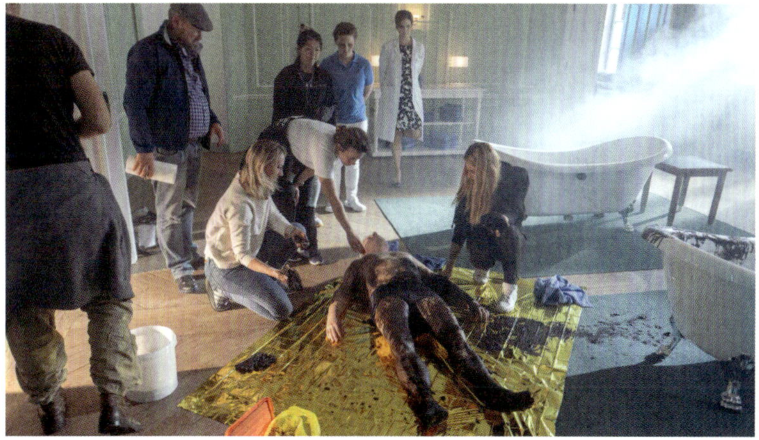

Der Ortsteil Groß Schwansee in der Gemeinde Kalkhorst ist vor allem durch sein Schlossgut bekannt. Diese im 18. Jahrhundert im barocken Stil errichtete und später klassizistisch umgebaute Anlage wurde nach dem Zweiten Weltkrieg unter anderem als Flüchtlingsunterkunft genutzt, danach befanden sich eine Schule und ein Internat in dem Gebäude. In der DDR gehörten Schwansee und die nähere Umgebung zum Grenz-Sperrgebiet. Denn die Lübecker Bucht in Schleswig-Holstein liegt nur knapp 300 Meter entfernt.

Seit 2004 wird das Gut als Hotel und Konferenzzentrum genutzt. Eine malerische Lindenallee führt direkt zum Strand. Hier sind naturnahe Spaziergänge wunderbar möglich. ●

ZDF MEDIATHEK

Staffel 11 Folge 17 **FANGO IN FINKENHUSEN**

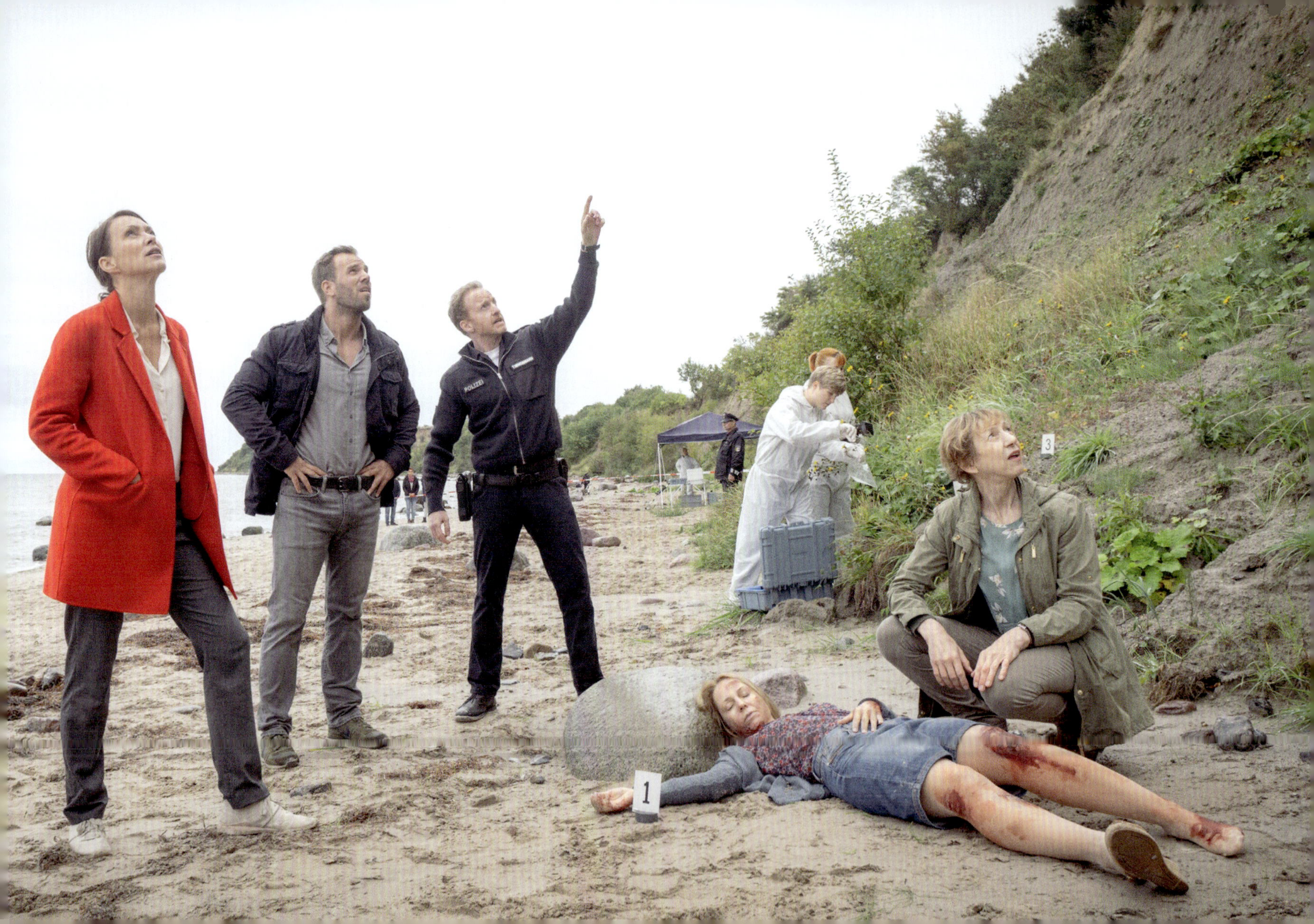
1
3

2 STEILKÜSTE STEINBECK

Was vereint einen Trickbetrüger, den Direktor der niederländischen Zentralbank und eine Putzfrau? Richtig: der Ort ihres Ablebens. Und damit sind wir auch schon mitten im Thema: der Steilküste Steinbeck. Für die SOKO Wismar ein beliebter Drehort, lassen sich hier doch großartige Bilder produzieren. Dafür muss jedoch eine ganze Menge an Equipment vom Parkplatz zum Strand geschleppt werden – in die Mecklenburger Alpen, wie gern gescherzt wird.

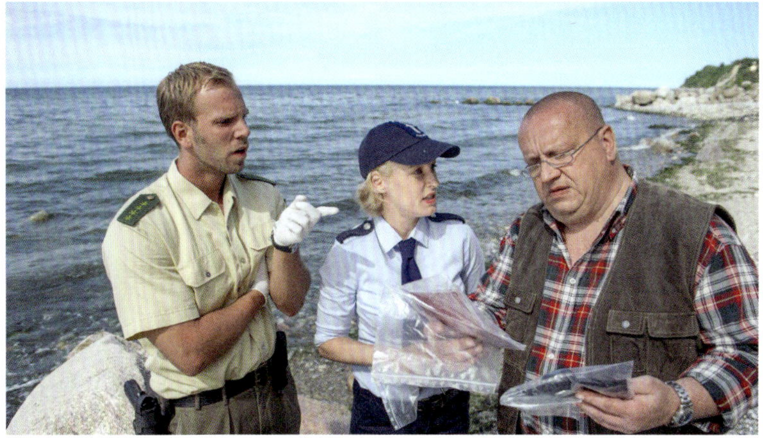

Die Steilküste von Steinbeck gehört zur Stadt Klütz. Die höchste Stelle bildet das Kliff am Klütz Hoved mit 37 Metern.

Wie viele Landschaften in Mecklenburg-Vorpommern ist auch sie ein Produkt der Eiszeit und wird als Glazialschuttküste bezeichnet. Während im Norden der Ostsee die Ufer felsiger und granitighaltiger sind, wurden hier Blauton, Geschiebemergel, Lehm, Kreide und Geröllmassen abgelagert. Dieses Steilufer ist besonders durch Abtragung gekennzeichnet. Deshalb gilt es auch immer, die Warnschilder zu beachten.

Und dennoch ist der Küstenabschnitt, der sich kilometerweit in Richtung Lübeck/Priwall erstreckt, genau das Richtige für Naturliebhaber, lädt zu Spaziergängen und Wanderungen ein. Mit ein wenig Glück lassen sich auch Hühnergötter, Donnerkeile, Muscheln und vielleicht sogar Bernstein finden.

Während der DDR-Zeit wurde der Küstenverlauf in Steinbeck durch einen doppelten Stacheldrahtzaun und einen Kontrollstreifen abgesichert. Von Rosenhagen bis Steinbeck erstreckte sich ein etwa 500 Meter breiter Schutzstreifen.

Am westlichem Ende dieses Schutzstreifens errichtete man zwischen dem Priwall und dem Fischerdorf Brook eine 13 Kilometer lange und 3,4 Meter hohe Sperrmauer. Innerhalb dieses Grenzstreifens wurden alle Felder und Dörfer zerstört. Das Fischen in der Ostsee war an diesem Abschnitt der Küste verboten. ●

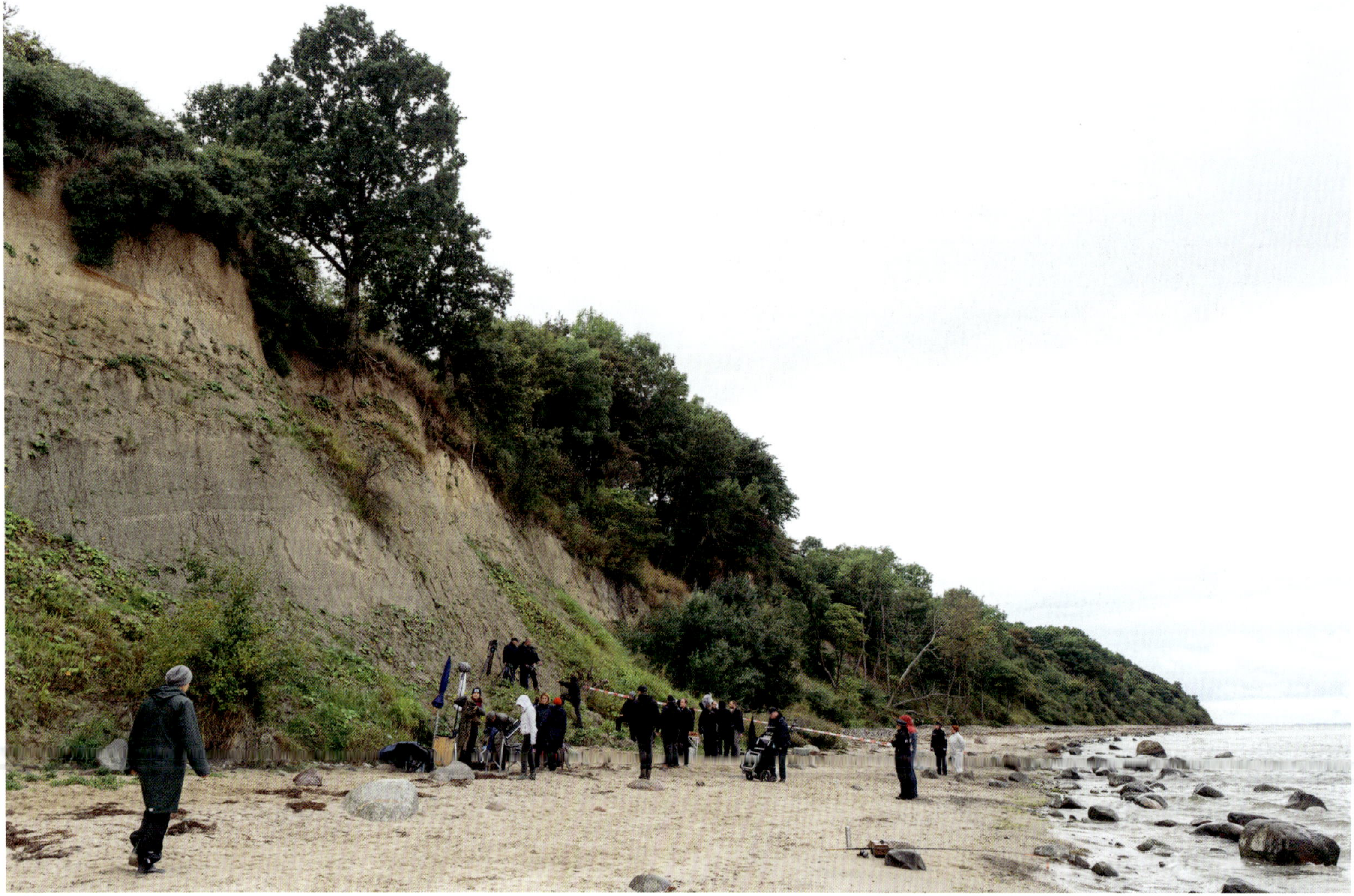

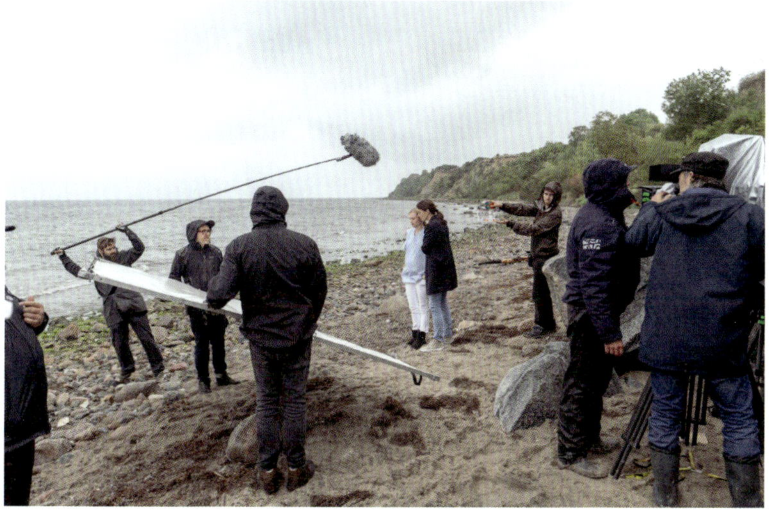

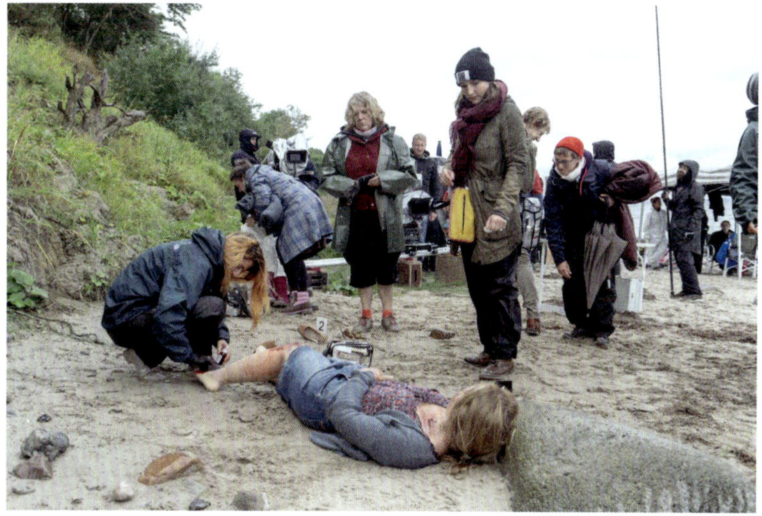

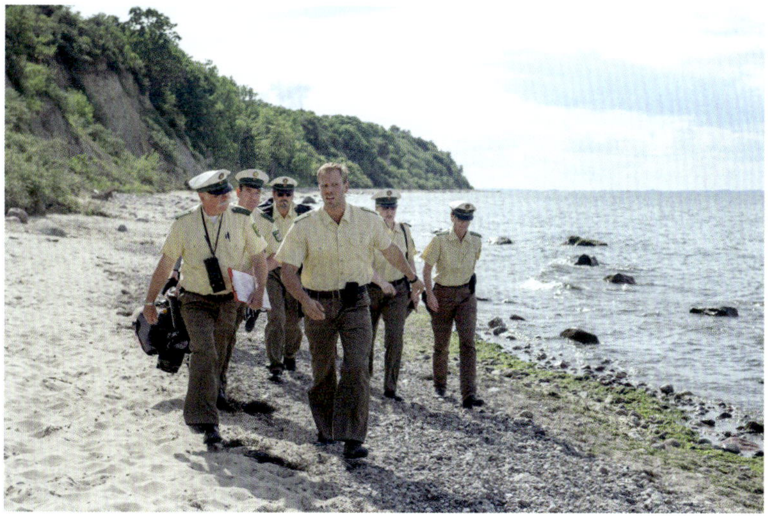

ZDF MEDIATHEK

Staffel 11 Folge 17 **FEMME FATALE**
Staffel 12 Folge 24 **DAMENWAHL**
Staffel 15 Folge 18 **FREIER FALL**

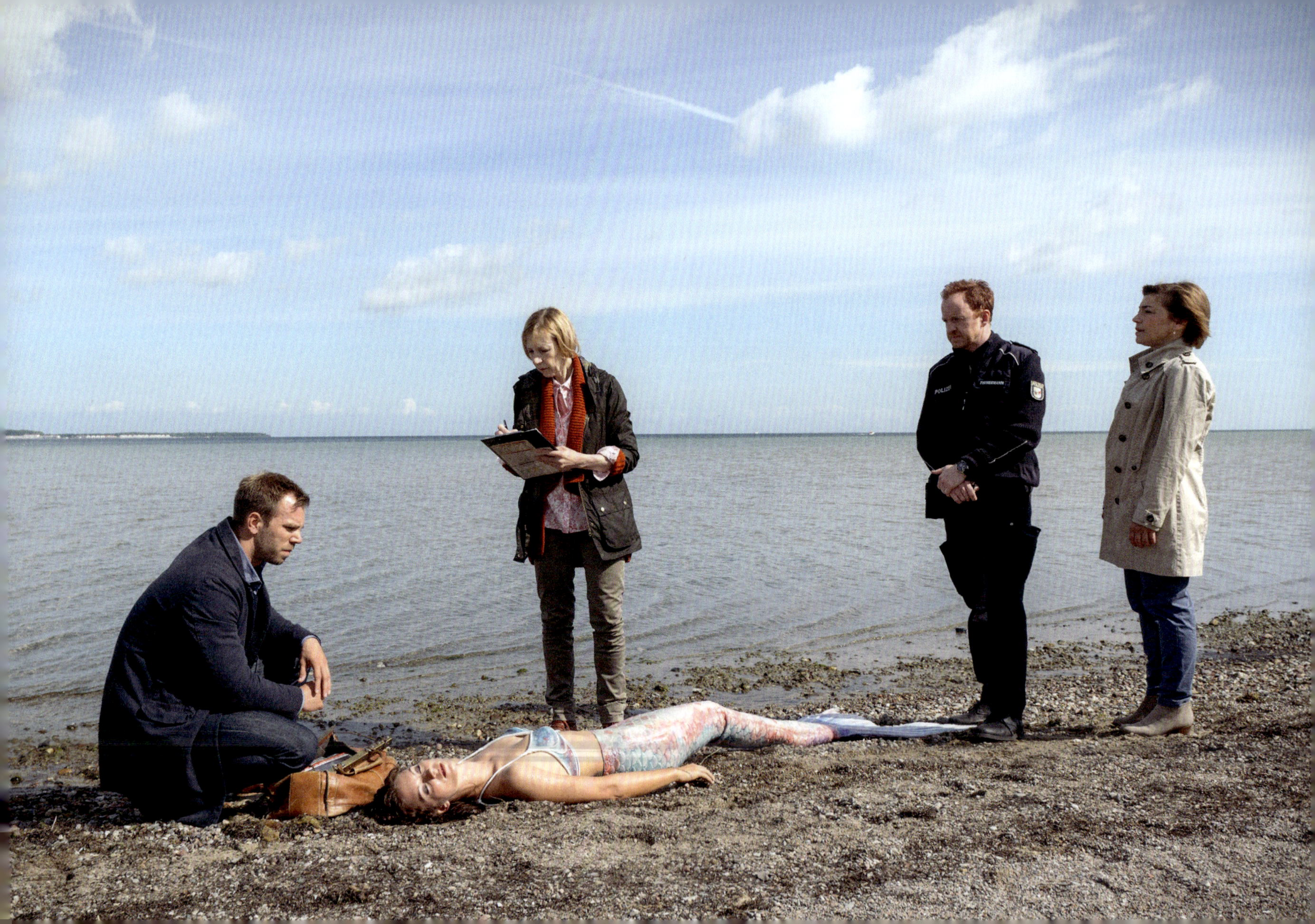

3 WOHLENBERGER WIEK

Eins ist sicher: Wenn Reuter schon zu Beginn einer Folge aus dem Büro darf, dann findet er mit ziemlicher Sicherheit auch eine Leiche. So richtig Freizeit kann der Chef der SOKO Wismar nicht, zu erleben beispielsweise in der Folge „Bleifrei statt Bierschinken“. In dieser Episode lernen wir auch ein filmisches Lieblings-Motiv der Serienautoren kennen. Die Rede ist vom Kartoffelanleger in der Wohlenberger Wiek. Der morbide Industriecharme bietet den Filmemachern die perfekte Kulisse und hat dadurch eine hohe Todesrate.

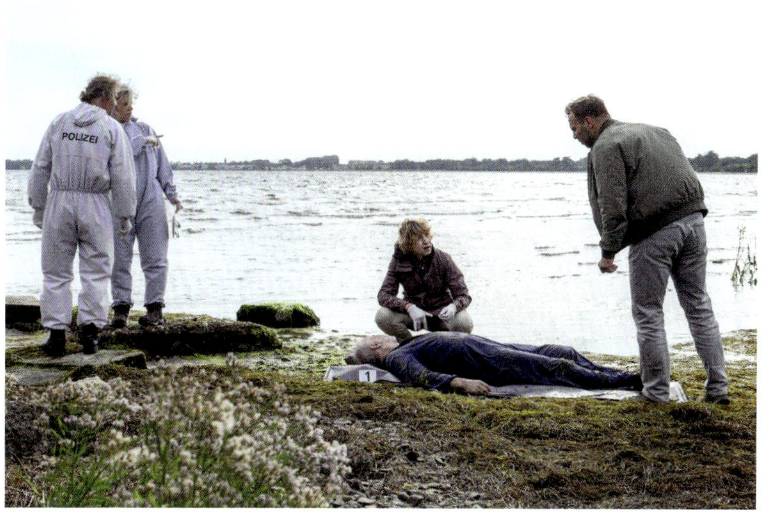

Die Ortsnamenendung Wiek oder -wik bezeichnet im nordgermanischen Sprachraum eine „Bucht“ oder einen „Meeresbusen“. Die Bucht, um die es hier gehen soll, ist nach der kleinen Ansiedlung Wohlenberg, einem Ortsteil der Stadt Klütz, benannt.

Die meisten kennen die Wohlenberger Wiek wegen ihrer 300 Meter breiten Flachwasserzone mit einem breiten Sand- und Grünstrand, mit schilfbewachsenen Uferabschnitten und einer langen Steilküste.

Der Strand ist gerade für Familien mit Kindern ein Paradies zum Baden und Sandburgenbauen. Aber auch Wassersportler, vor allem Kitesurfer, kommen an der Wiek auf ihre Kosten. Rund um die Bucht gibt es Campingplätze und gastronomische Einrichtungen. Ob Fischbrötchen oder Pizza, verhungern und verdursten muss hier niemand.

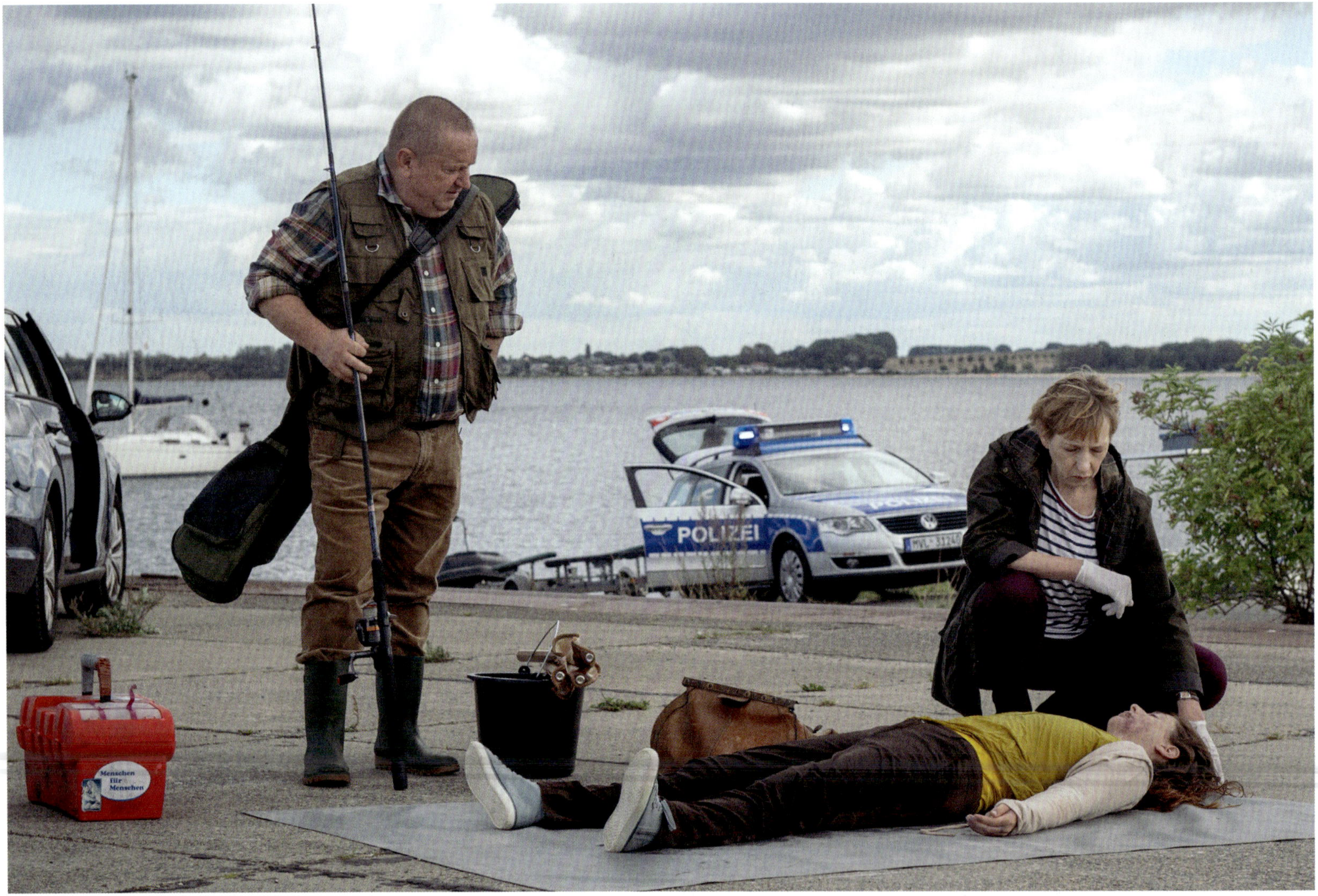
POLIZEI
Menschen für Menschen

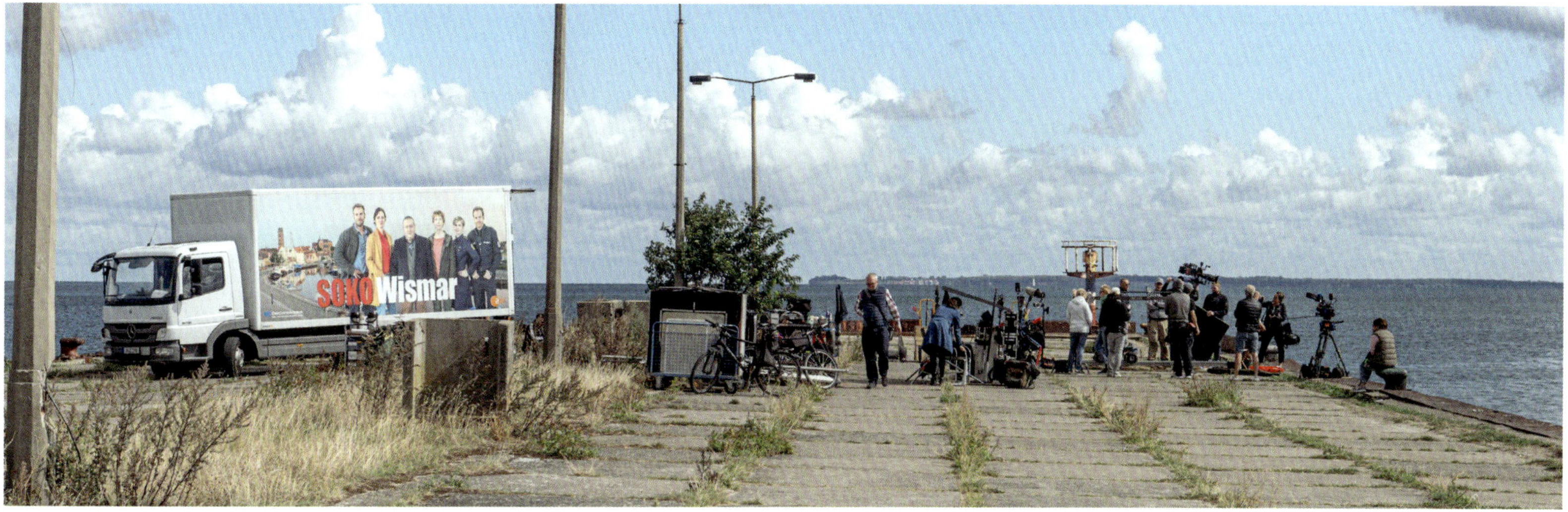

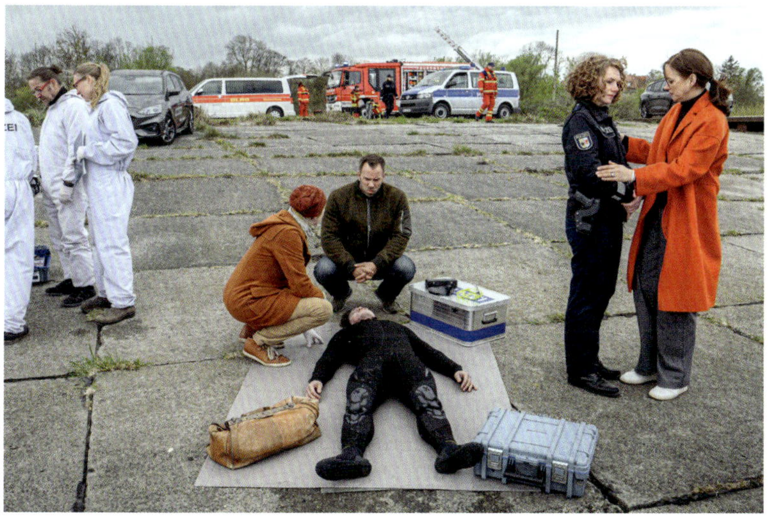

ZDF MEDIATHEK

Staffel 05 Folge 21 **DAS DRITTE FEUER**
Staffel 10 Folge 23 **ALS ER FORTGING**
Staffel 12 Folge 01 **DIE KLEINE MEERJUNGFRAU**
Staffel 13 Folge 17 **EISBÄRCHEN**
Staffel 16 Folge 24 **BLEIFREI STATT BIERSCHINKEN**
Staffel 19 Folge 18 **TIEFE WASSER**
Staffel 20 Folge 03 **FÜR DAVID MACH ICH ALLES**

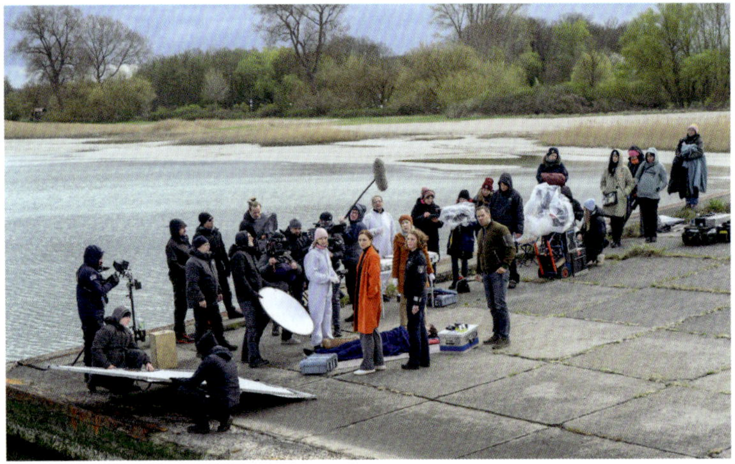

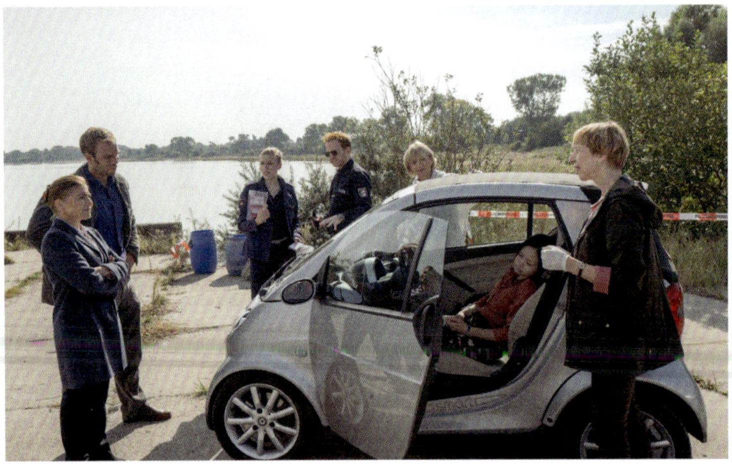

KARTOFFELANLEGER

Der in den 1970er Jahren gebaute Anleger, der 250 Meter weit in die Wohlenberger Wiek hineinragt, wurde vor dem politischen Umbruch 1989/90 zum Abtransport landwirtschaftlicher Produkte genutzt. Im Volksmund wird die Mole deshalb auch Kartoffelanleger genannt.

Nach der Wende gab es für die Anlage ein touristisches Konzept. Ein Sportboothafen mit 150 Liegeplätzen und Ferienwohnungen waren geplant, später eine Ferienhaussiedlung auf der Mole. Das Projekt geriet jedoch schnell ins Stocken und so stiegen die Investoren nacheinander aus.

Der Kartoffelanleger ist marode und darf eigentlich nicht betreten werden. Das bedeutet: Für jeden Dreh benötigt die SOKO Wismar eine Sondergenehmigung.

Übrigens: Anders als Reuter seinen Kollegen Timmermann in der Folge „Bleifrei statt Bierschinken“ belehrt: Selbstverständlich gibt es Makrelen auch in der Ostsee! Und diese lassen sich von Ende Juli bis in den August hervorragend in der Wohlenberger Wiek fangen.

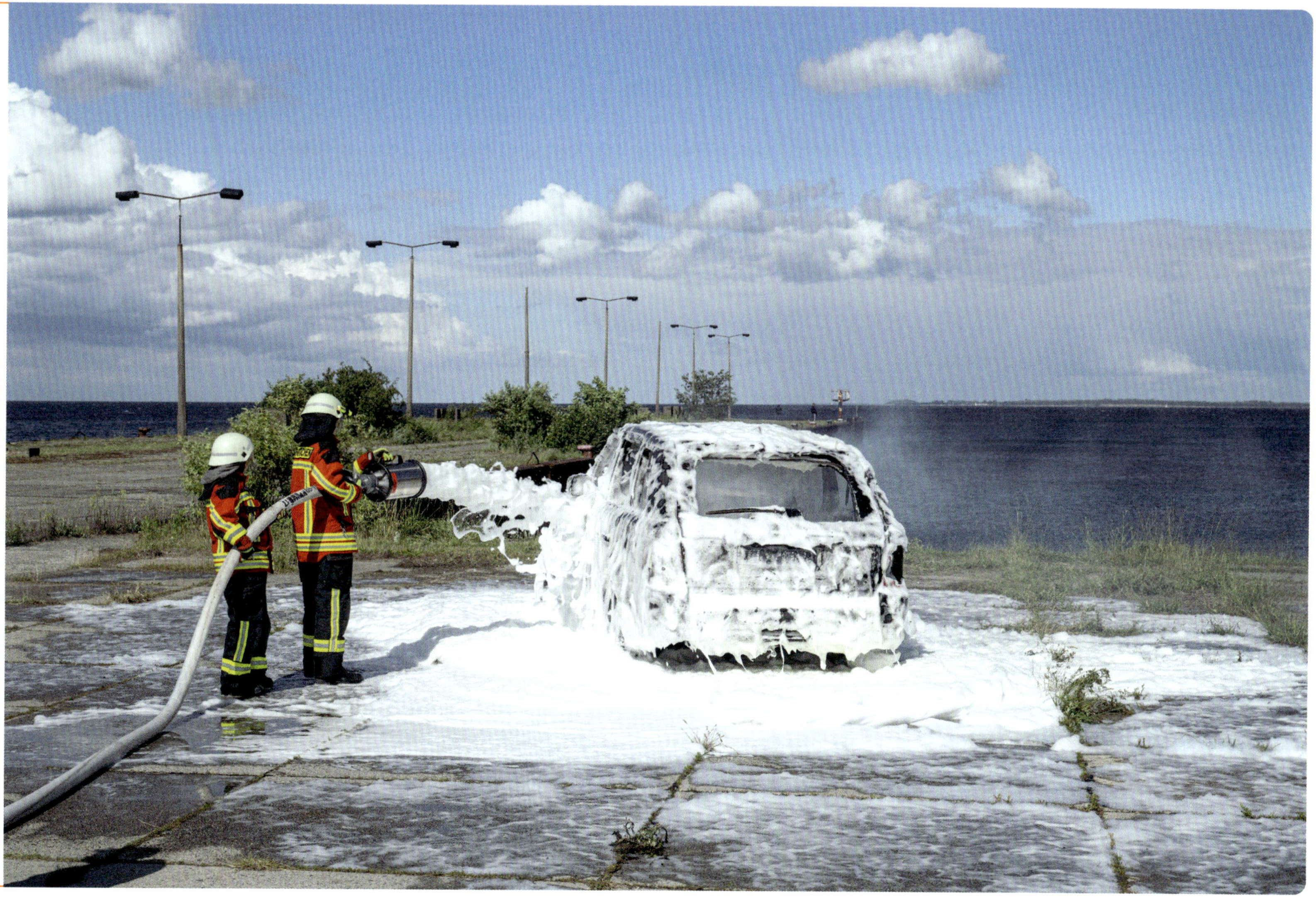

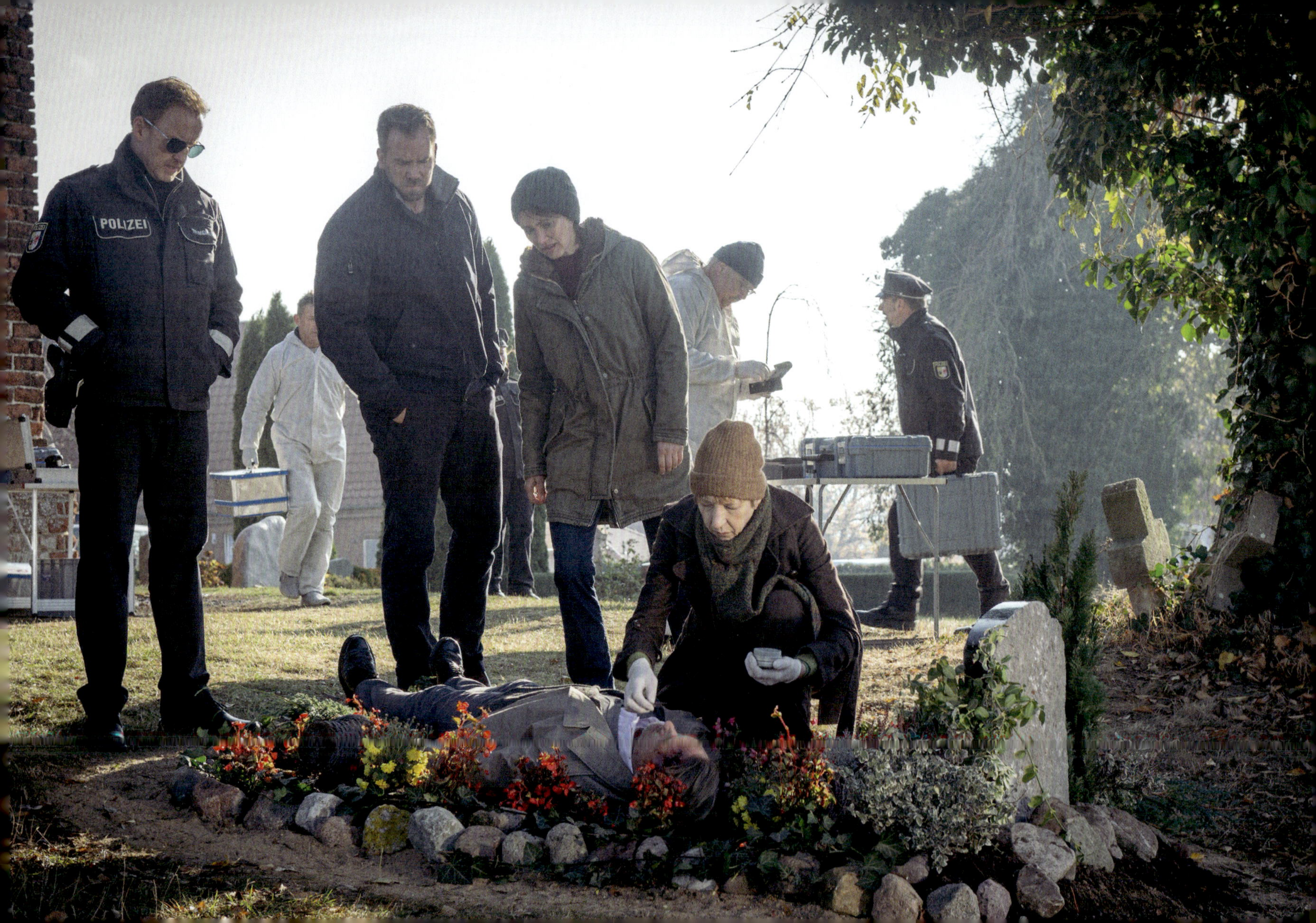
POLIZEI

4 DORFKIRCHE HOHENKIRCHEN

Die SOKO Wismar schätzt die Dorfkirche und den Friedhof in Hohenkirchen sehr. Fragt man die Macher, warum dem so ist, nennen sie Offensichtliches wie das wunderbare Licht und die Motive, schwärmen aber auch vom herzlichen und unkomplizierten Miteinander der Kirchengemeinde. Das Grab für die Folge „Nomen est omen“ wurde speziell für den Dreh gebaut und imitiert lediglich eine Begräbnisstelle.

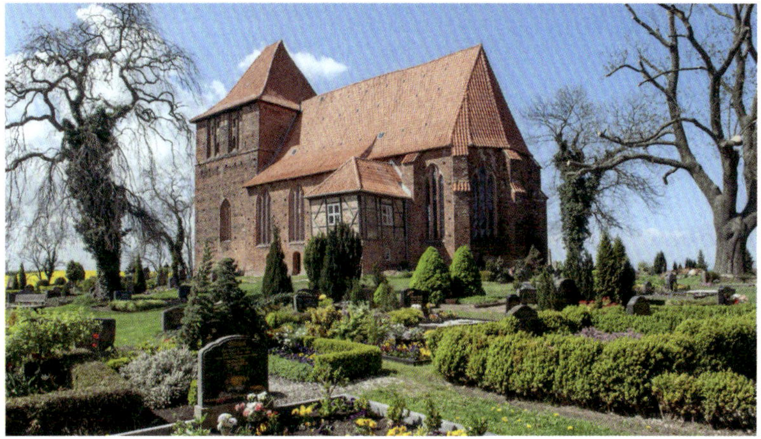

Von einer Anhöhe unweit der Wohlenberger Wiek ragt die wuchtige Dorfkirche aus dem 15. Jahrhundert in die Landschaft. Das Gotteshaus trägt denselben Namen wie der Ort, in dem sie steht – Hohenkirchen. Die Bezeichnung verdanken beide ihrer landschaftsbeherrschenden Position auf der Höhe eines Moränenzuges. Folglich ragt der Kirchturm weit sichtbar über die Wohlenberger Wiek hinaus.

Der Sakralbau, auf Betreiben des Bischofs von Ratzeburg errichtet, beeindruckt nach dem Betreten mit seiner hellen Atmosphäre, die zum Innehalten und Verweilen einlädt. Lässt man seinen Blick schweifen, fällt das gut erhaltene, ornamental ausgemalte Deckengewölbe mit figürlichen Darstellungen aus der zweiten Hälfte des 19. Jahrhunderts auf.

Besonders hervorzuheben sind die Kanzel aus dem Jahr 1739 und der Altaraufsatz von 1749, beide im Barock- und Rokokostil, sowie die symbolträchtige Pelikan-Holzplastik an der Kanzel. Pelikane galten früher als Sinnbild für den Opfertod Jesu Christi. Der Taufstein, ursprünglich ein mittelalterliches Weihwasserbecken, und das vom Ende des 13. Jahrhunderts stammende Triumphkreuz verdienen ebenfalls Aufmerksamkeit. Beim Blick auf die Empore im Westen des Kirchenraums ist die neugotische Orgel nicht zu übersehen, die in den Sommermonaten für Konzerte genutzt wird.

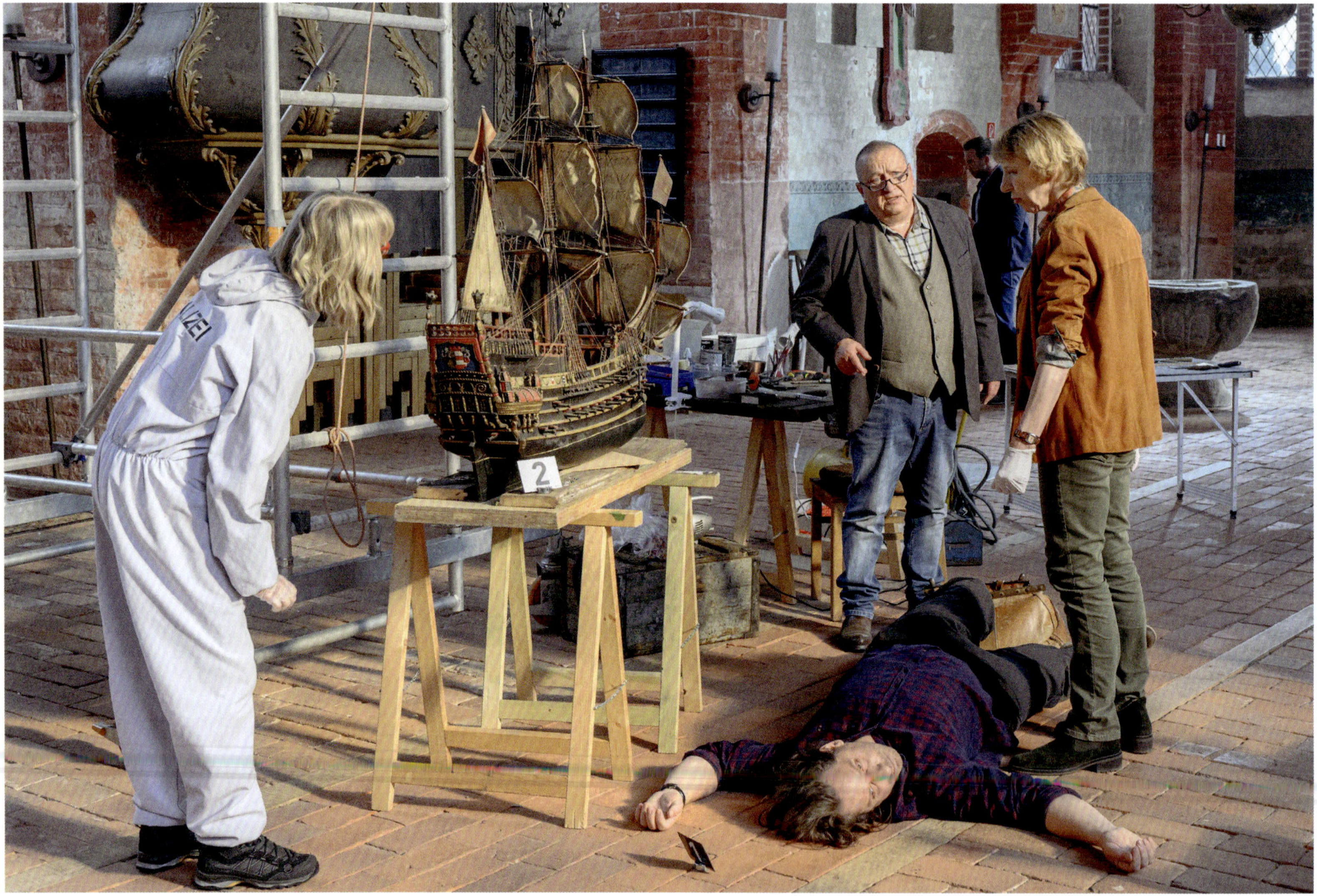
2

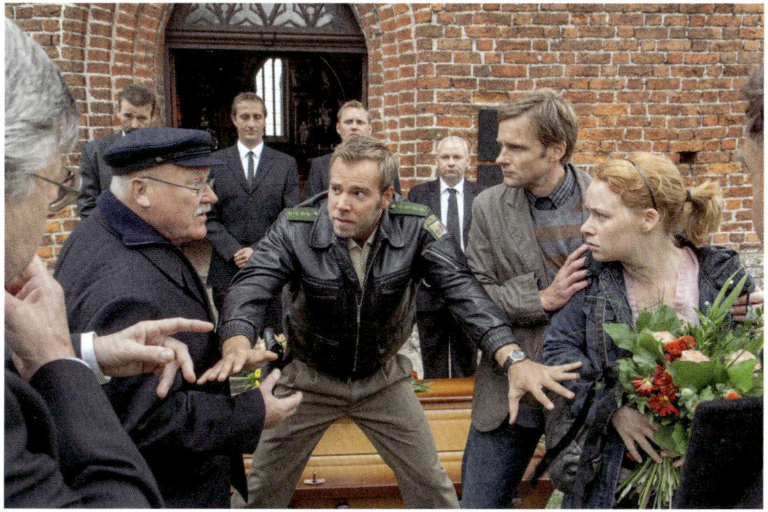

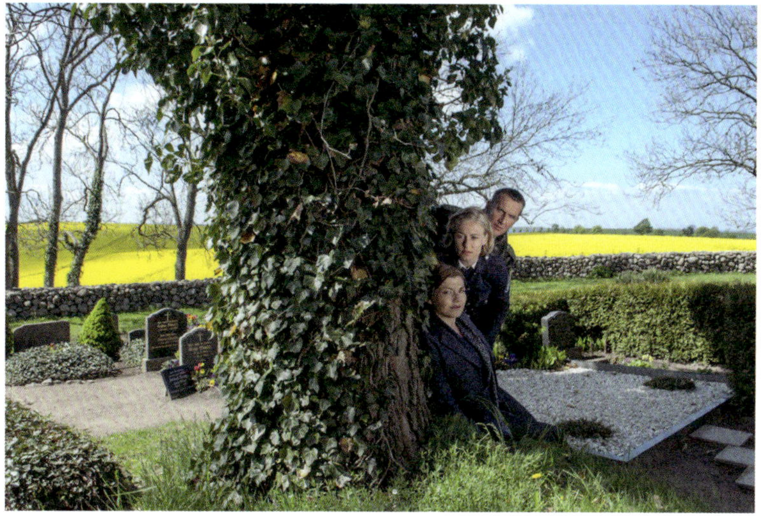

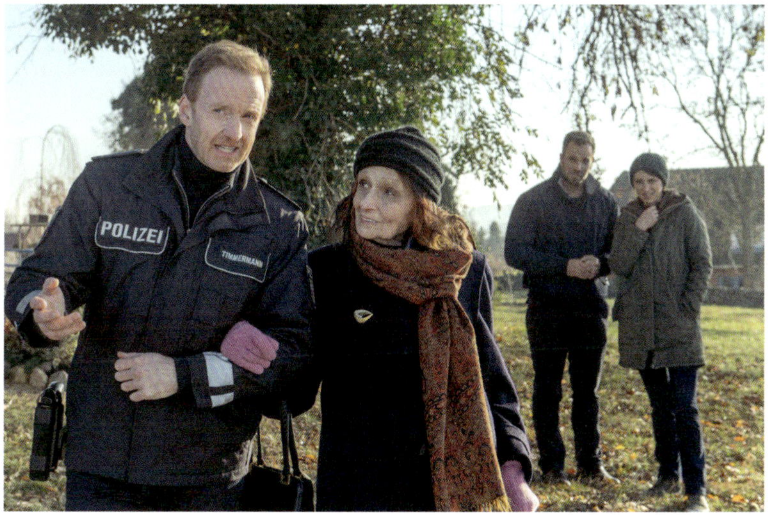

Der Friedhof ist von einer Mauer umgeben, der Zugang erfolgt durch ein Tor auf der südlichen Seite der Anlage. Die Darstellungen der heiligen Maria mit dem Kinde und des heiligen Nikolaus mit seinem Hirtenstab sind auf dem Torbogen eingearbeitet. ●

ZDF MEDIATHEK

Staffel 16 Folge 10 **NOMEN EST OMEN**
Staffel 19 Folge 22 **SCHIFF AHOI**

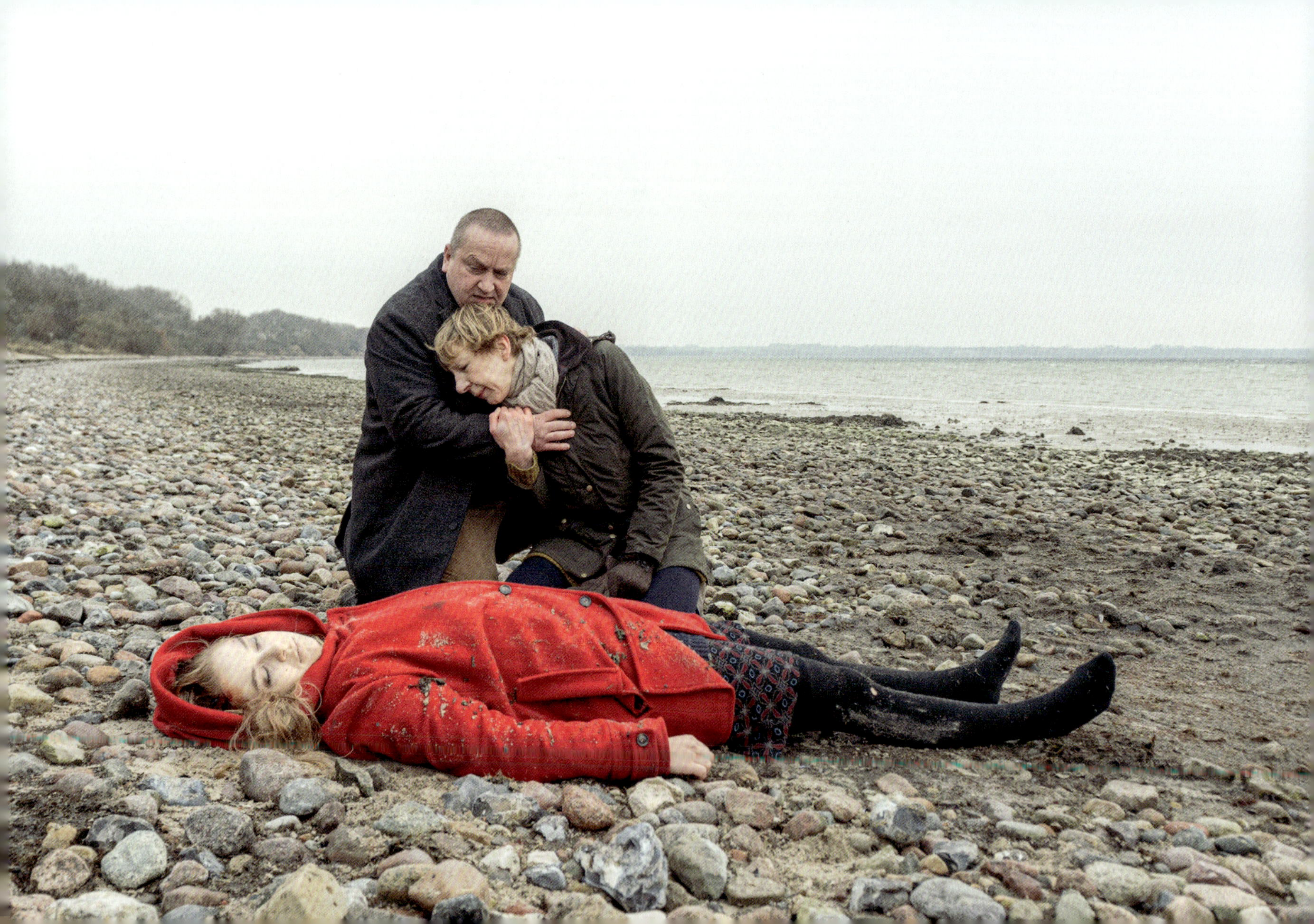

5 BECKERWITZ STRAND

In den vergangenen 20 Jahren hielt die Küste rund um Beckerwitz und den dort ansässigen Campingplatz für das Team der SOKO Wismar gern Wetterkapriolen bereit. An manchen Drehtagen baute die Crew dreimal alles auf, nur um dann aufgrund von Starkregen und Böen doch wieder abbrechen zu müssen. Im Schlamm festgefahrene Fahrzeuge und durch die Luft fliegendes Equipment inklusive. Und dennoch, sie sind gern hier, mögen die Lichtstimmung und die Sonnenuntergänge. Da muss dann zwar auf den Punkt geplant werden, aber nach all den Jahren ist das für die Macher der SOKO kein Problem mehr.

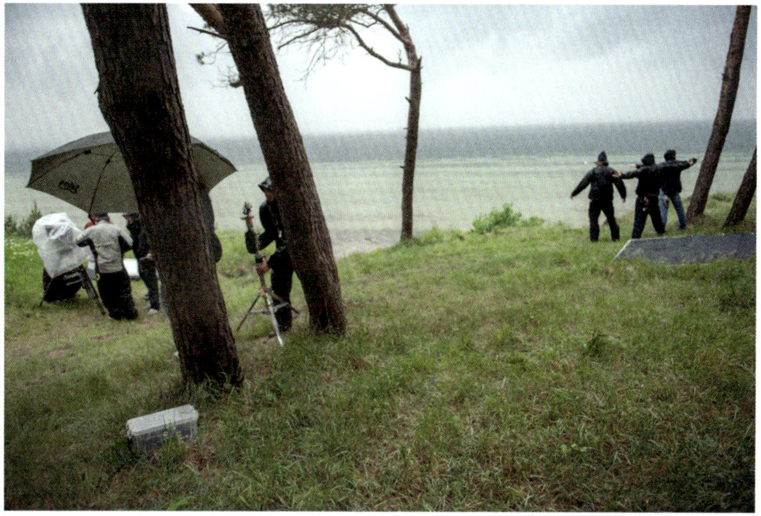

Das Dorf Beckerwitz zwischen dem Klützer Winkel und Wismar wurde im Jahre 1230 im Ratzeburger Zentralregister erstmals urkundlich erwähnt. Seit 2005 ist es ein Ortsteil von Hohenkirchen.

Einheimische und Touristen mögen Beckerwitz und die Umgebung wegen des Naturstrands, der Erdbeerfelder sowie der durch eine sanfte Hügellandschaft führenden Wander- und Fahrradrouten.

Wer sich Zeit nimmt, entdeckt im Sommer blühende Bauerngärten. Auch die Steilküste lockt Naturliebhaber.

Außerdem ist es nur ein Katzensprung zu vielen oft idyllischen Guts- und Herrenhäusern, die im Klützer Winkel zu finden sind. Eine Empfehlung stellt in jedem Fall das am Ortsrand von Klütz liegende Schloss Bothmer dar.

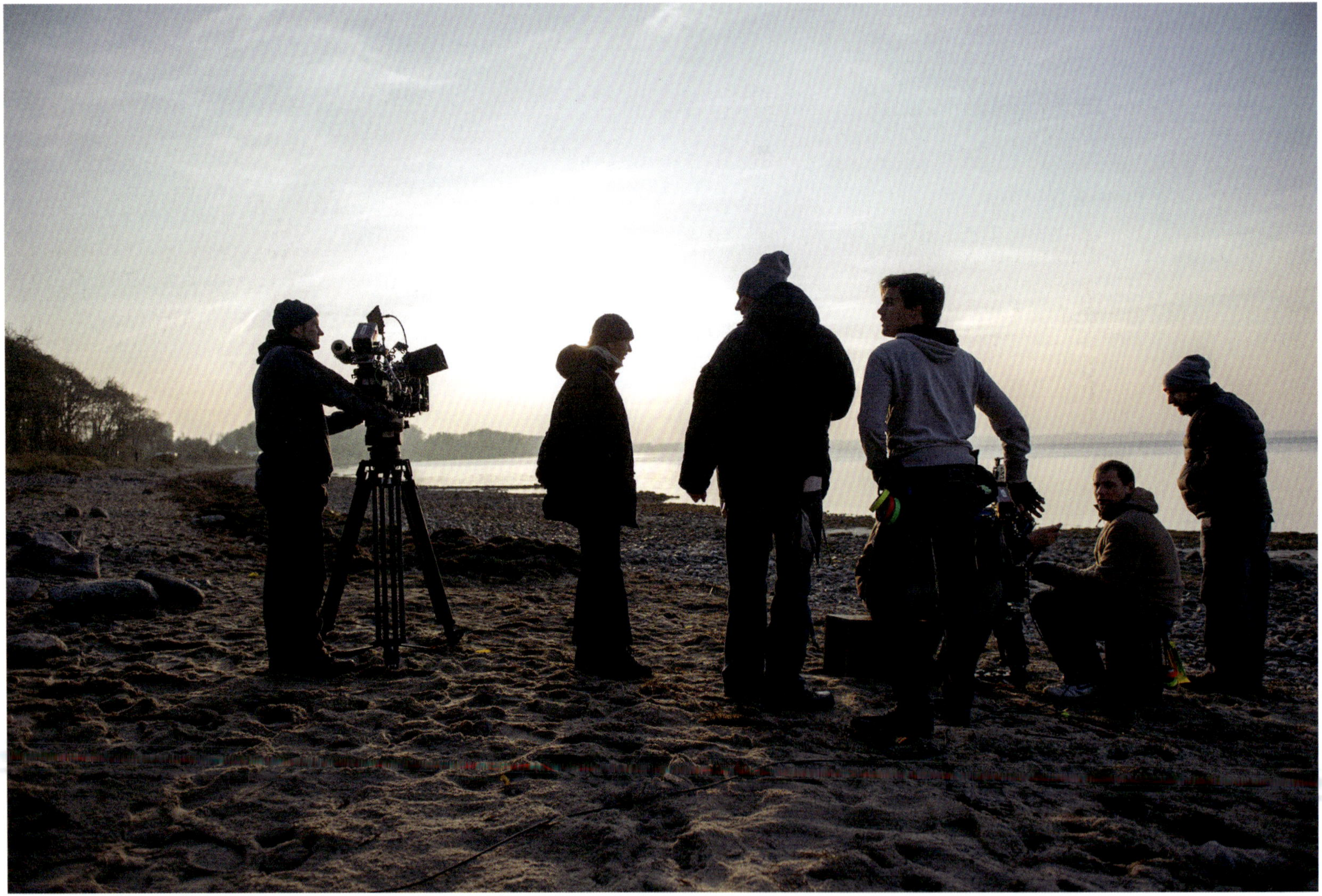

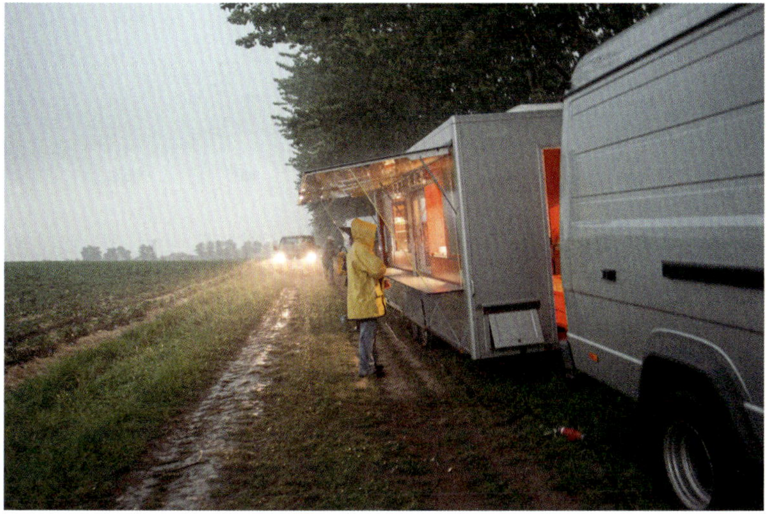

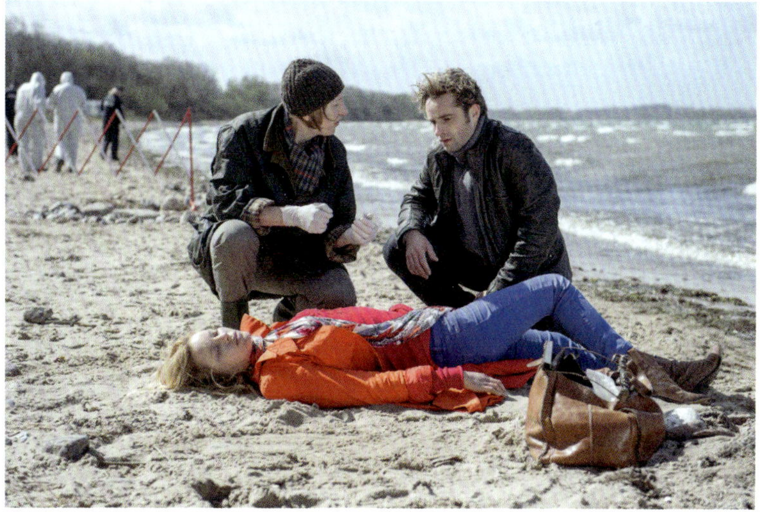

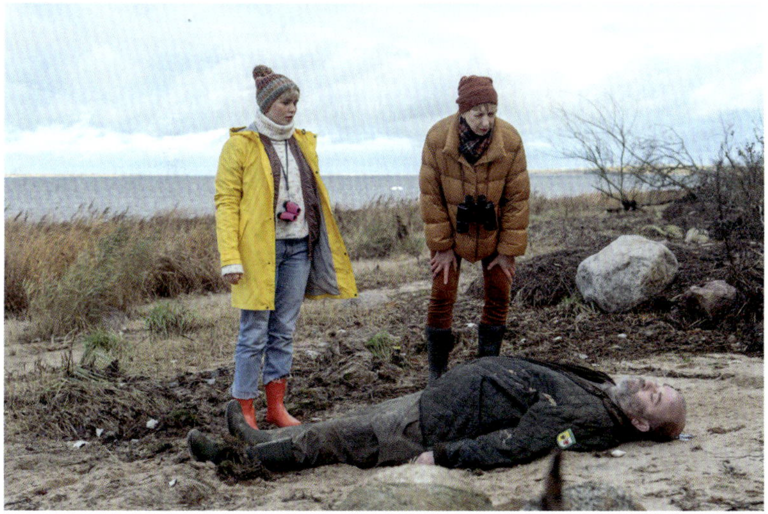

ZDF MEDIATHEK

Staffel 09 Folge 21 **EIN ZIPFEL VOM GLÜCK**

Staffel 14 Folge 12 **BITTERE WEIHNACHT**

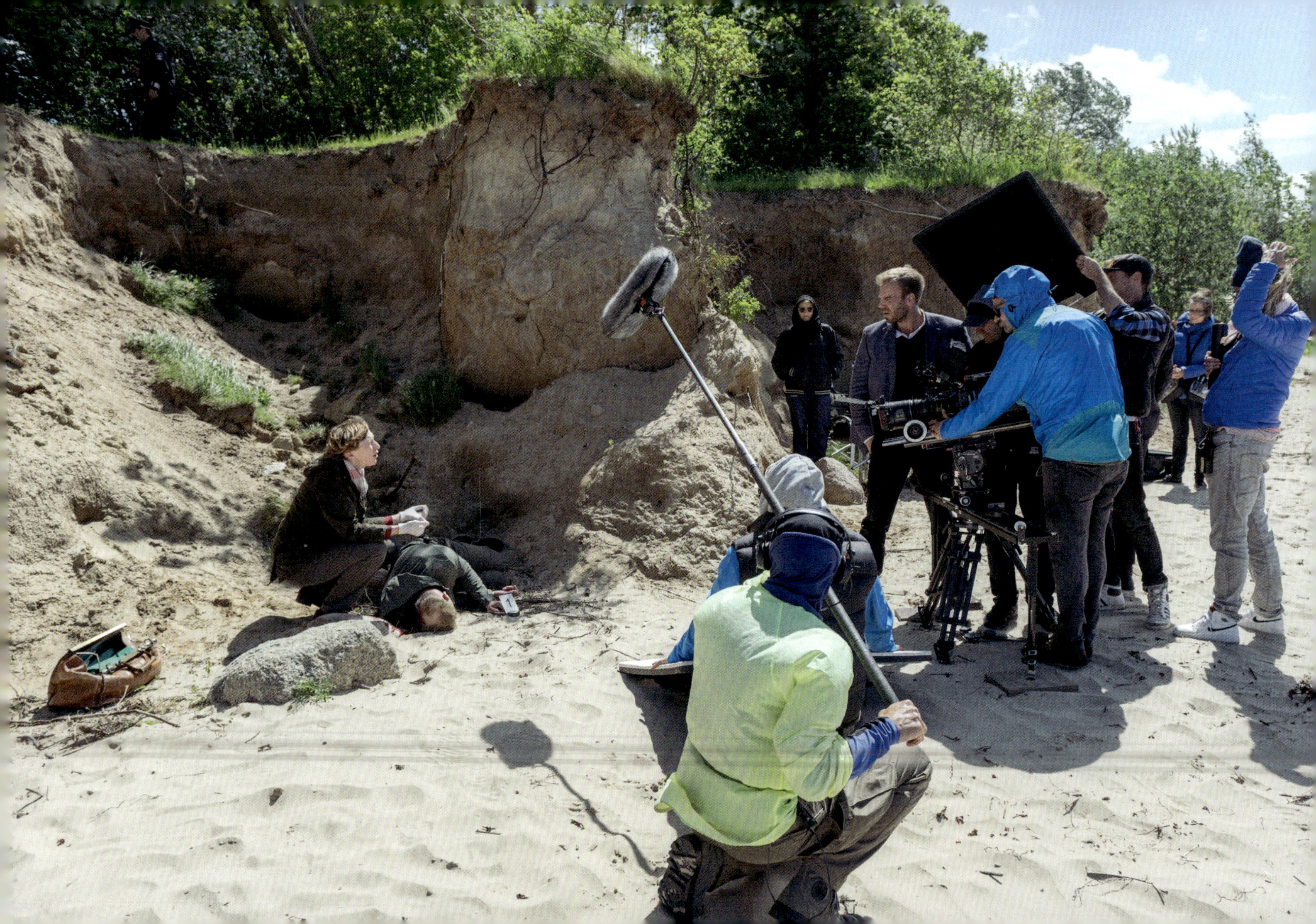

6 HOHEN WIESCHENDORFER HUK

An der Anzahl der Tatorte ist unschwer zu erkennen: Die Macher der SOKO sind Fans der Huk von Hohen Wieschendorf. Im Lauf der Jahre hat das Team hier schon einiges erlebt, Unwetter inklusive. So musste die Crew tatsächlich einmal wegen eines Gewitters das Set am Strand räumen. Zum Glück noch rechtzeitig, denn kurz danach stürzten tatsächlich die ersten Bäume an der Steilküste nach unten. Ein Erlebnis, das in Erinnerung blieb. Ein Fun-Fact zu diesem Tatort: In der Folge „Tote Katze, toter Lehrer“ ist einer der Autoren dieses Reiseführers zu sehen. Erik Rüffler bedient das Seil, das den Hochsitz mit Lars Pöhlmann zu Fall bringt.

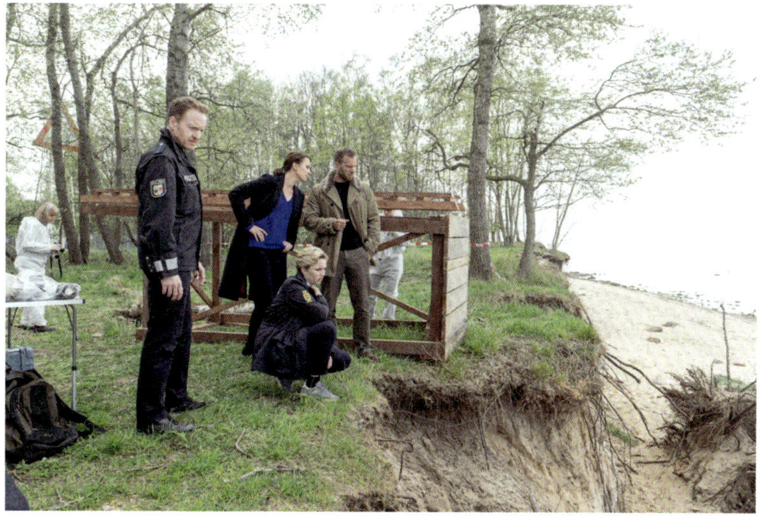

Die Huk von Hohen Wieschendorf zählt zu den schönsten Stränden in der Wismarer Umgebung. Acht Kilometer Küste mit zahlreichen Sandbuchten, Salzwiesen, Dünen sowie das Flora- und Fauna-Habitat und Vogelschutzgebiet Wismarbucht lohnen hier einen ausgiebigen Spaziergang.

„Huk“ ist übrigens norddeutsch. Ursprünglich kommt der Begriff aus dem Niederdeutschen. Die „huk“ war ein Haken. Die englische „hook“ beziehungsweise die niederländische „Hoek“ meinen „eine ins Meer reichende Landzunge“. Im topografischen Sinne ist also von einem Vorsprung die Rede.

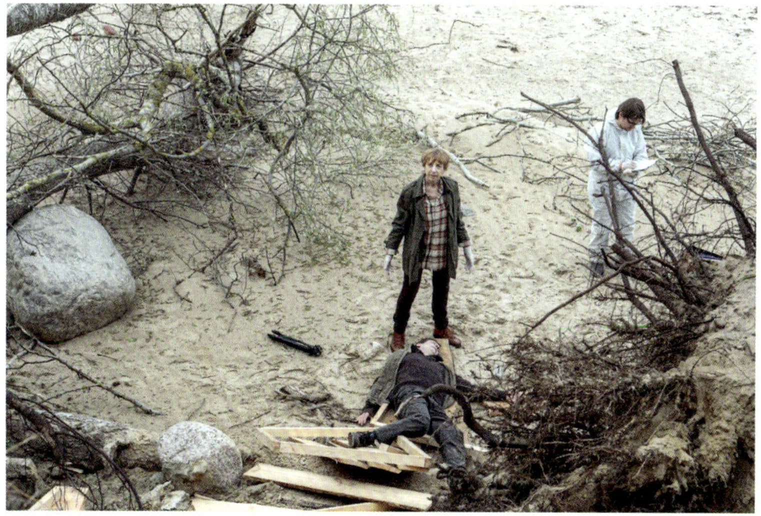

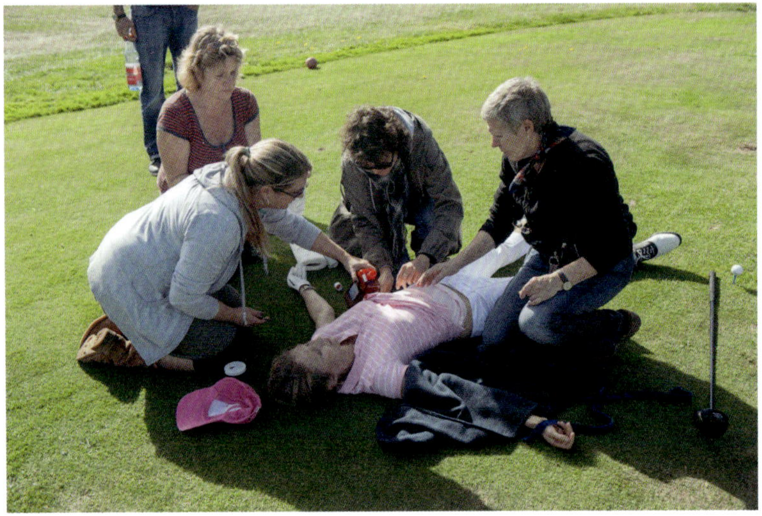

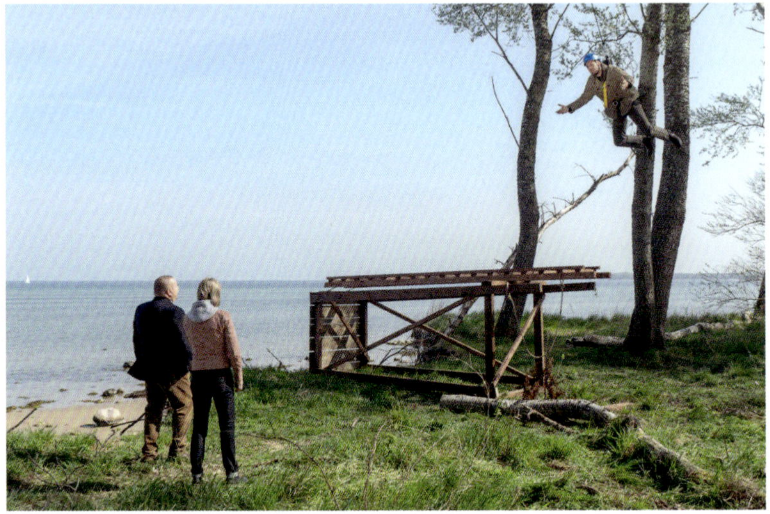

Landeinwärts befindet sich ein Golfplatz. Dieser gehört zum Ferienresort „Bades Huk“. Den Namen verdankt die Anlage der Familie Bade. Diese war bis 1912 Besitzer des Erbguts Hohen Wieschendorf. In den 1910er-Jahren wollte Kaiser Wilhelm II. hier Urlaub machen und so investierten die Bades viel Geld in den Ausbau der Infrastruktur. Der Monarch kam jedoch nicht, und die Familie Bade musste aus Geldmangel ihren Grundbesitz an die Familie Glantz verkaufen. Diese ist mit Unterbrechung bis heute hier ansässig. ●

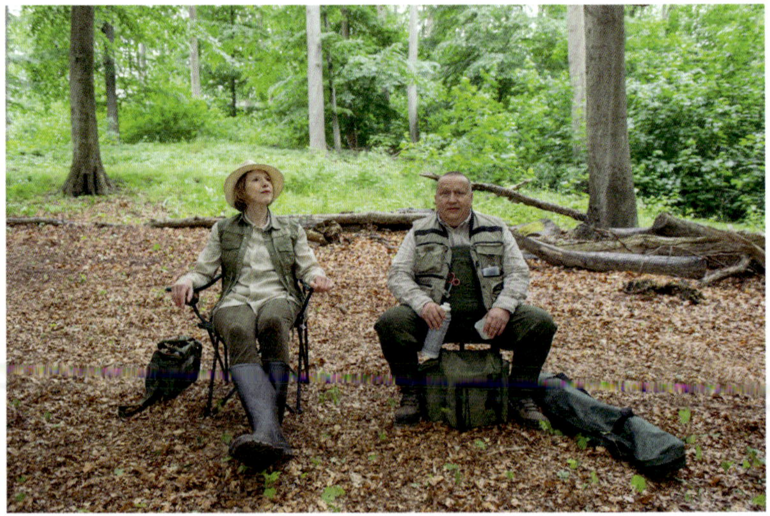

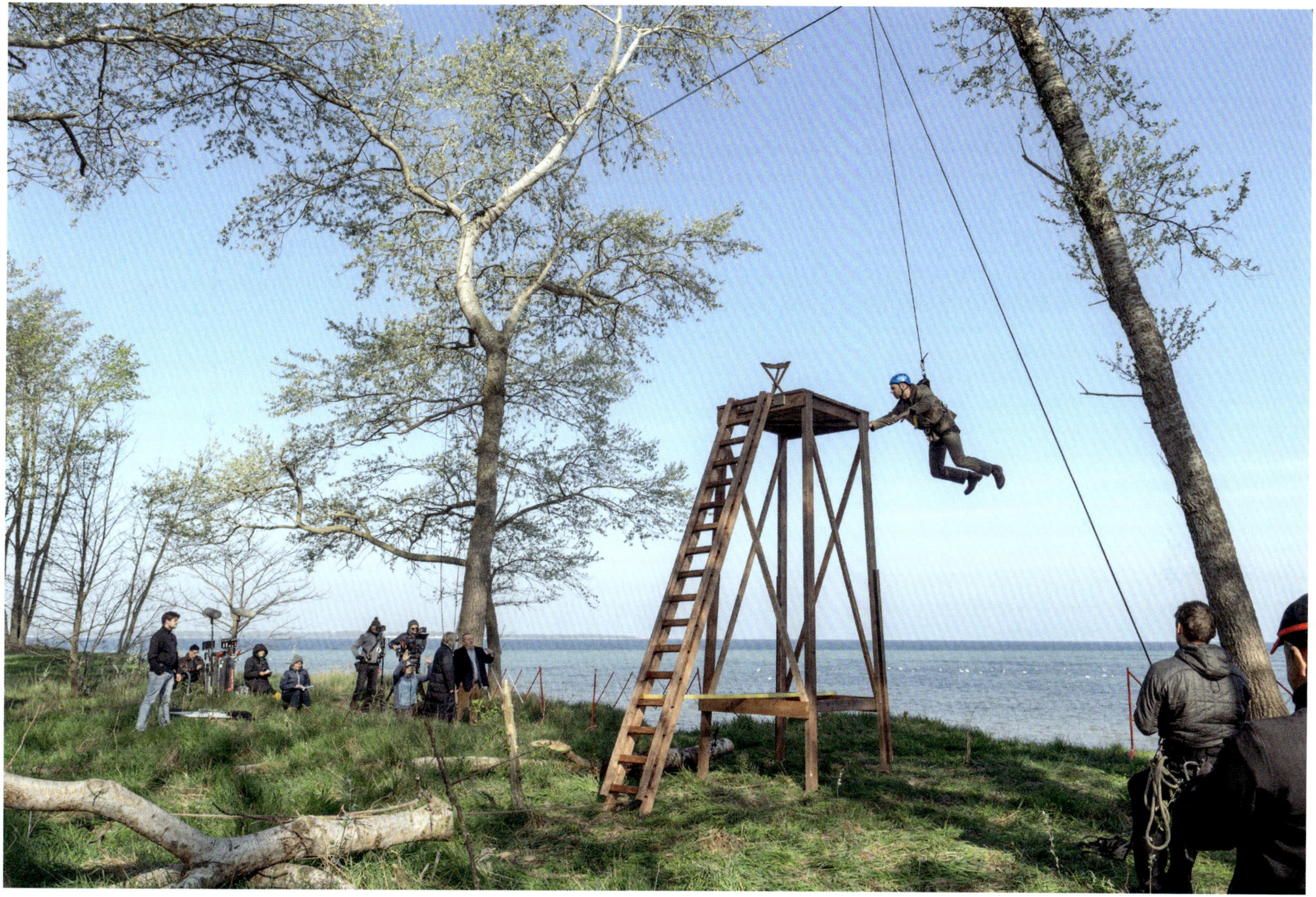

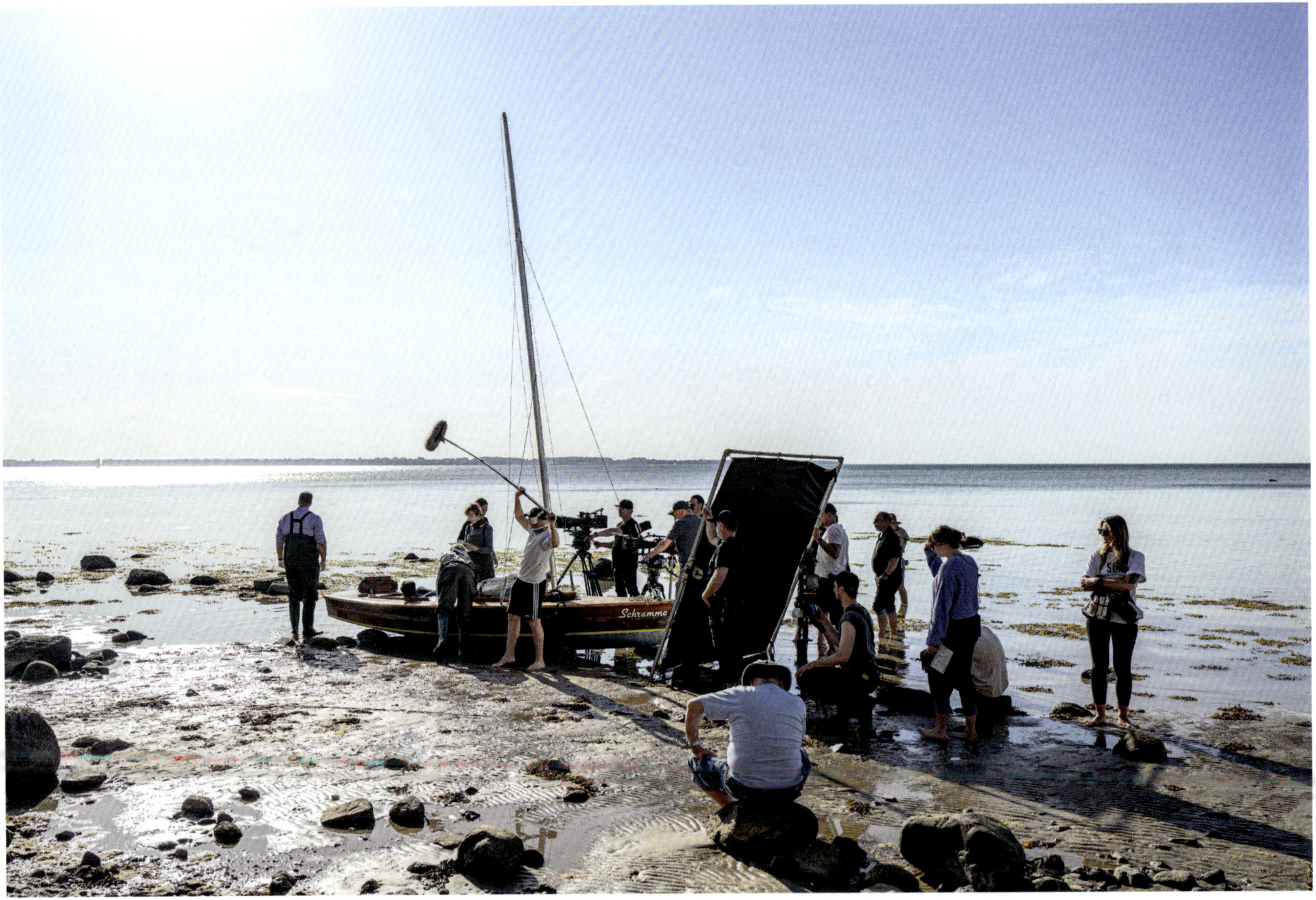
Schramme

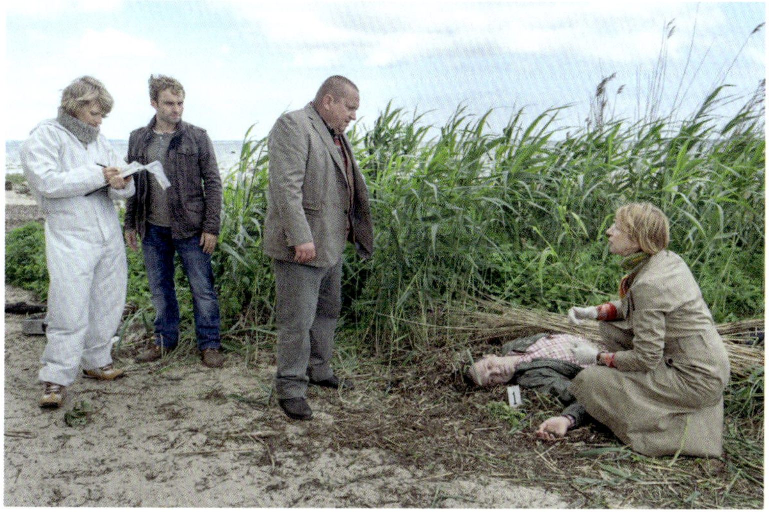

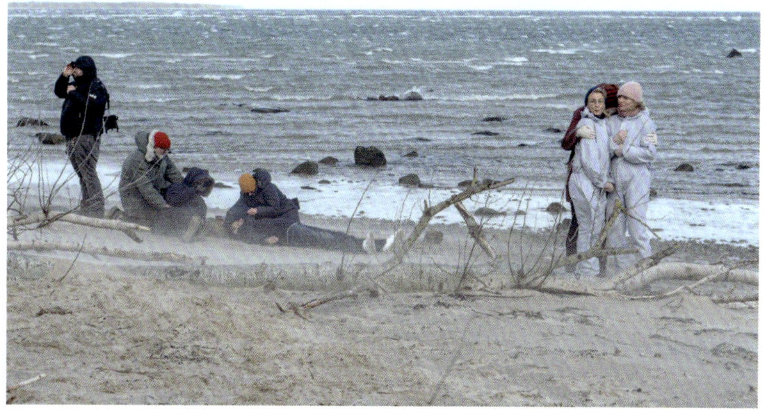

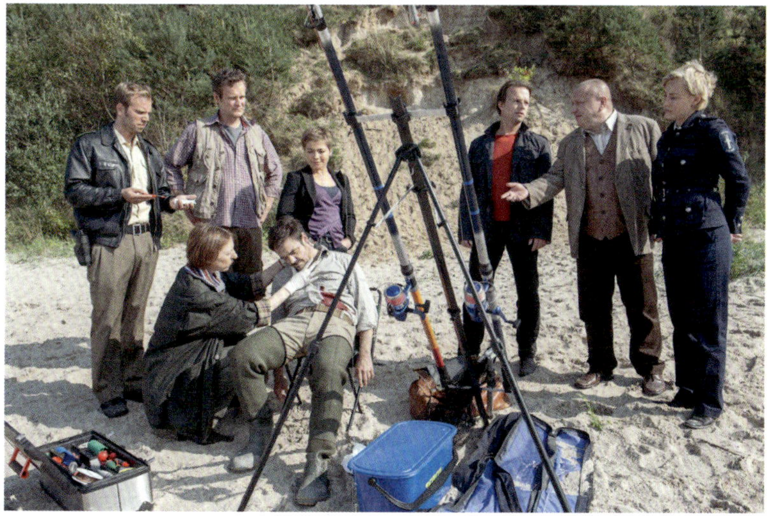

ZDF MEDIATHEK

Staffel 11	Folge 09	**TÖDLICHE NEBENWIRKUNG**
Staffel 13	Folge 10	**STRAWBERRY FIELDS**
Staffel 14	Folge 04	**REIFEPRÜFUNG**
Staffel 15	Folge 24	**AUS DER KURVE**
Staffel 16	Folge 11	**TOTE KATZE, TOTER LEHRER**
Staffel 17	Folge 17	**DER GOLFER MIT DEM SCHOTTENROCK**
Staffel 19	Folge 13	**TOD UND KORN**

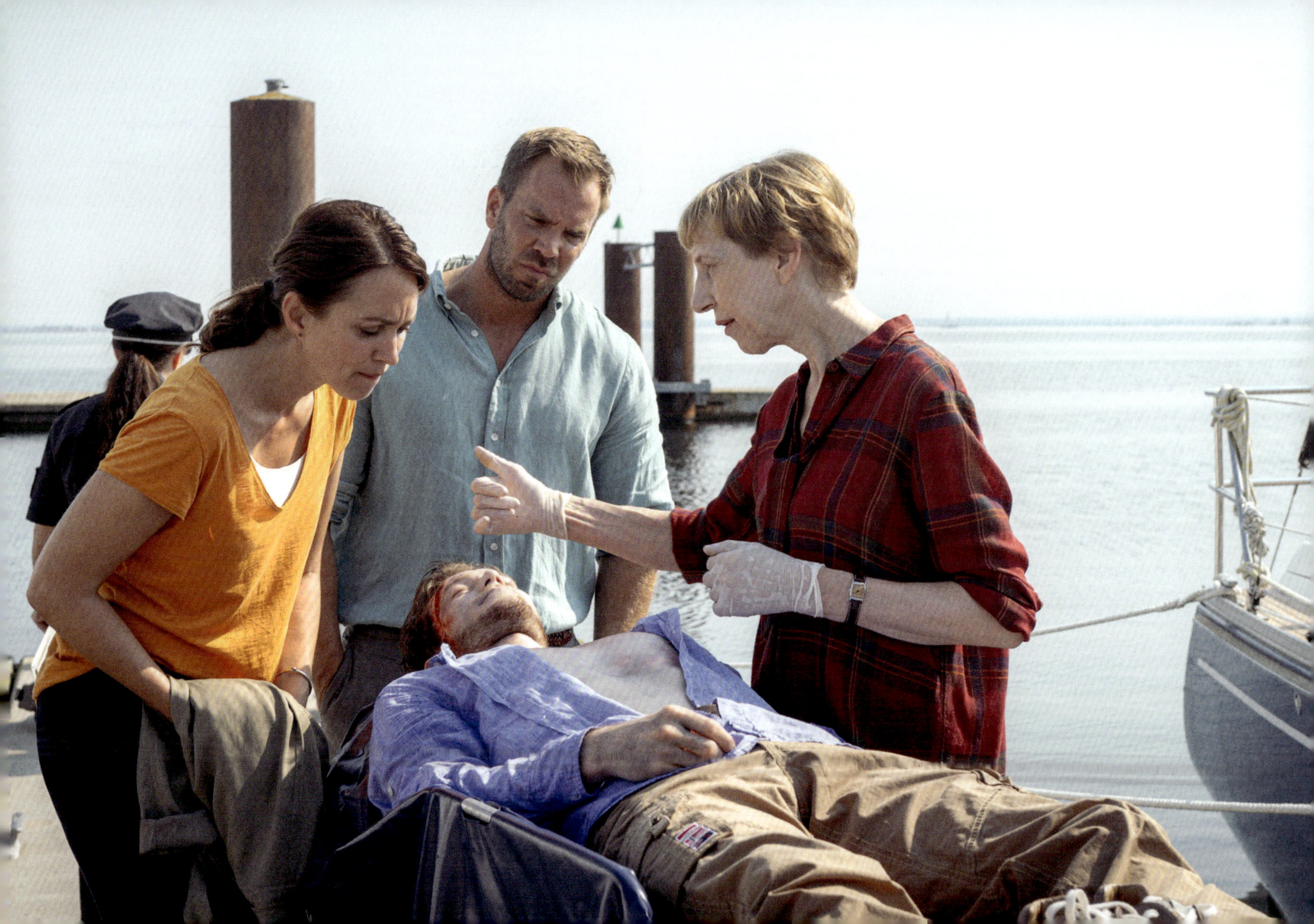

7 MARINA HOHEN WIESCHENDORF

Die Marina und der Strand in Hohen Wieschendorf sind für das Team der SOKO wie ein riesiger Spielplatz. Durch die direkte Parkplatzanbindung ist hier vieles möglich, gerade in der Nebensaison. Früher, als es das Ferienressort „Bades Huk“ noch nicht gab, wurden auch gern Szenen mit Großaufbauten in Hohen Wieschendorf durchgeführt. Sei es das Bühnenbild für ein OpenAir Theater inklusive Felsverkleidung oder ein DLRG-Turm. Dass man dann die Strandkörbe gleichfalls selbst mitbringt – es war ja schließlich Nebensaison –, für die Crew kein Problem.
Und was wir auch nicht unerwähnt lassen wollen: In „Frau Sonntag sucht das Glück“ fahren Helene und Reuter mit Helenes neuem Wohnmobil zur Marina, um dort essen zu gehen. Natürlich plant sie gleich noch einen zusätzlichen Trip zum Nordkap im nächsten Sommer, selbstredend inklusive Reuter. Nur dass der davon bisher nicht wusste. Und bevor es dann zu romantisch wird, passiert das, was immer in solchen Momenten passiert: die nächste Leiche.

Die Marina Hohen Wieschendorf ist nach langer Zeit aus ihrem Dornröschenschlaf erwacht. Fast ein Jahrzehnt sprießte das Unkraut auf den Veranden der nur bis zum Rohbau errichteten Apartmenthäuser. Wasserfahrzeuge suchte man in der neuen Marina vergeblich. Dann wurde es langsam besser. Die Anlage bekam einen Hafenmeister und Sanitäreinrichtungen. Und so fanden sich plötzlich Boote im Yachthafen.

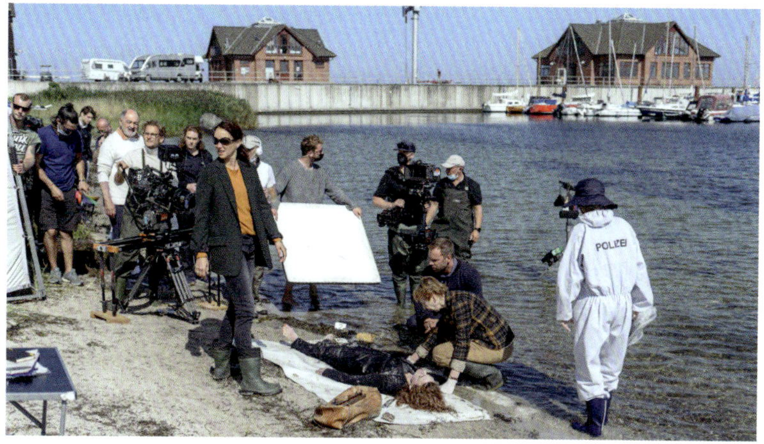

In einem der Häuser auf dem Anleger eröffnete in einer Sommer-Saison das italienische Restaurant „Little Italy“. Die Einheimischen schüttelten zuerst den Kopf, aber heute wollen sie sich das Gelände ohne ihren Italiener nicht mehr vorstellen. Man kennt sich.

Schließlich kam ein neuer Investor und die Apartmenthäuser wurden fertiggestellt. Das Ferien-Resort „Bades Huk“ öffnete am 1. April 2021 seine Pforten und Schritt für Schritt etablierte sich die Marina Hohen Wieschendorf über die Stadtgrenze Wismars hinaus.

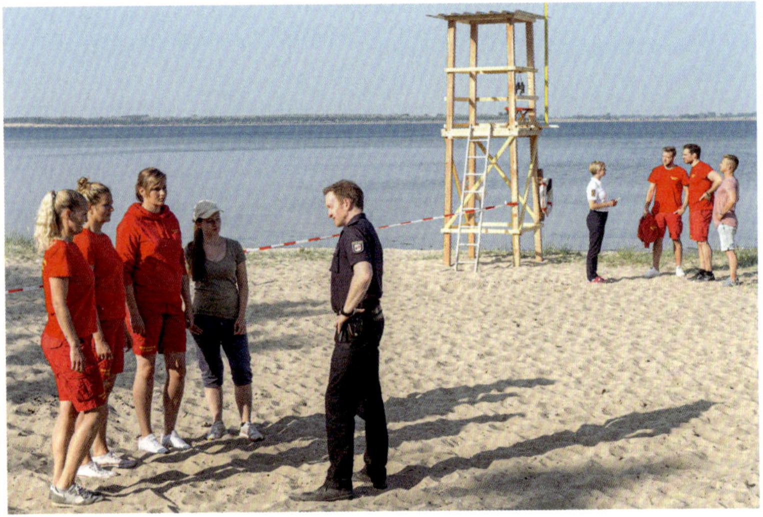

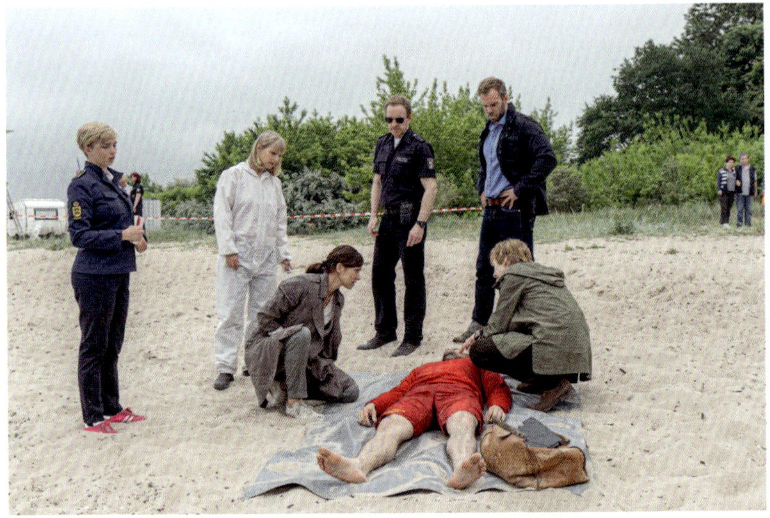

DLRG

Die Deutsche Lebens-Rettungs-Gesellschaft wurde am 19. Oktober 1913 in Leipzig gegründet. Grund dafür war das Seebrückenunglück von Binz auf Rügen im Juli 1912, bei dem etwa 80 Personen ins Wasser fielen und 16 ertranken.

Der Strandbereich bei der Wohlenberger Wiek wird in den Sommermonaten von der DLRG überwacht. Die Stadt Klütz stellt dafür einen Wachturm, Rettungsmittel und eine Ferienwohnung für das Personal bereit.

Der benachbarte Sandstrand, inmitten des Vogelschutzgebiets, wird bis heute von Einheimischen wie Touristen gern genutzt und ist in den Sommermonaten hoch frequentiert.

In den Herbst- und Wintermonaten finden Naturliebhaber in Hohen Wieschendorf reizvolle Landschaften an der Wiek. Mit etwas Glück können geduldige Beobachter Robben entdecken.

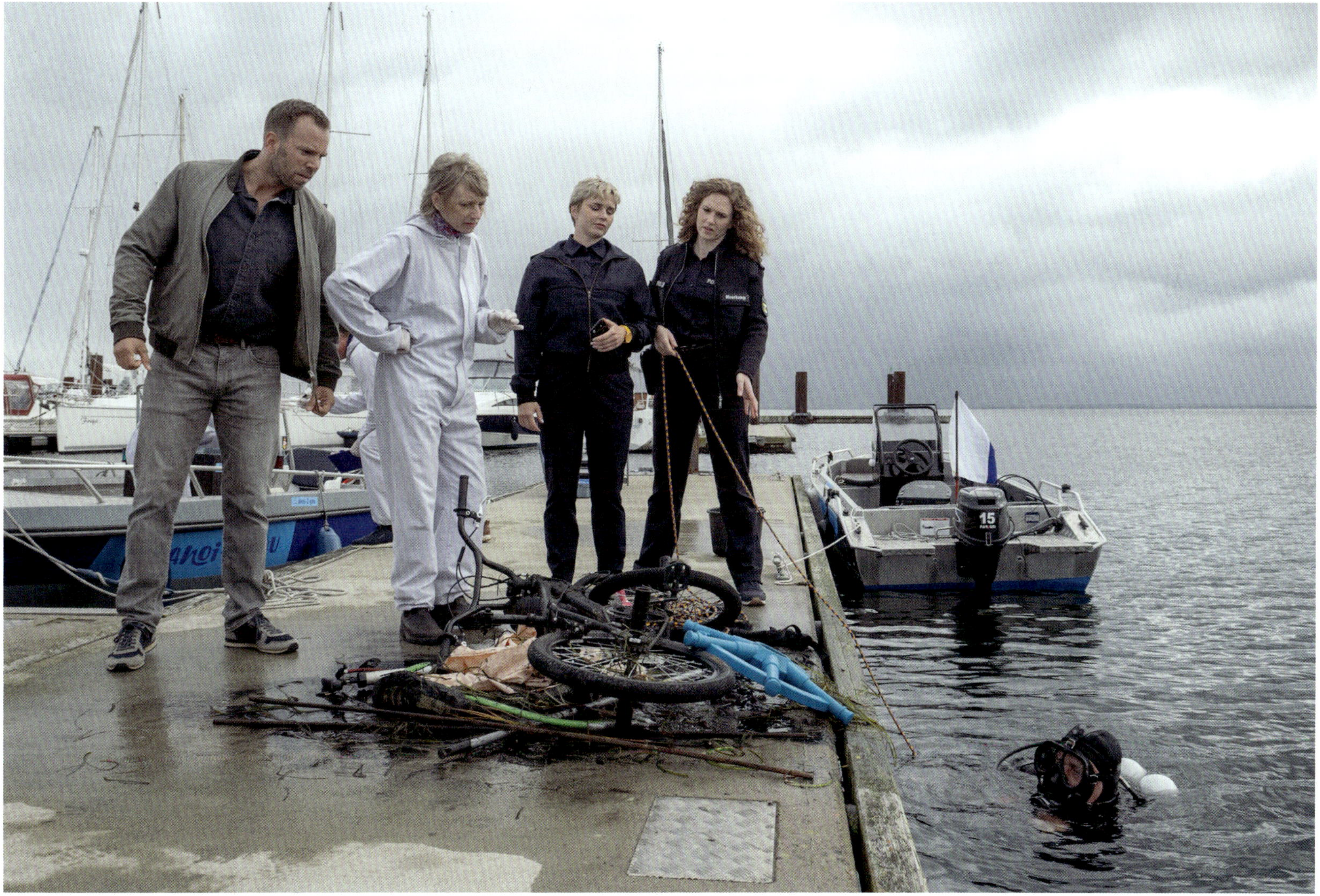

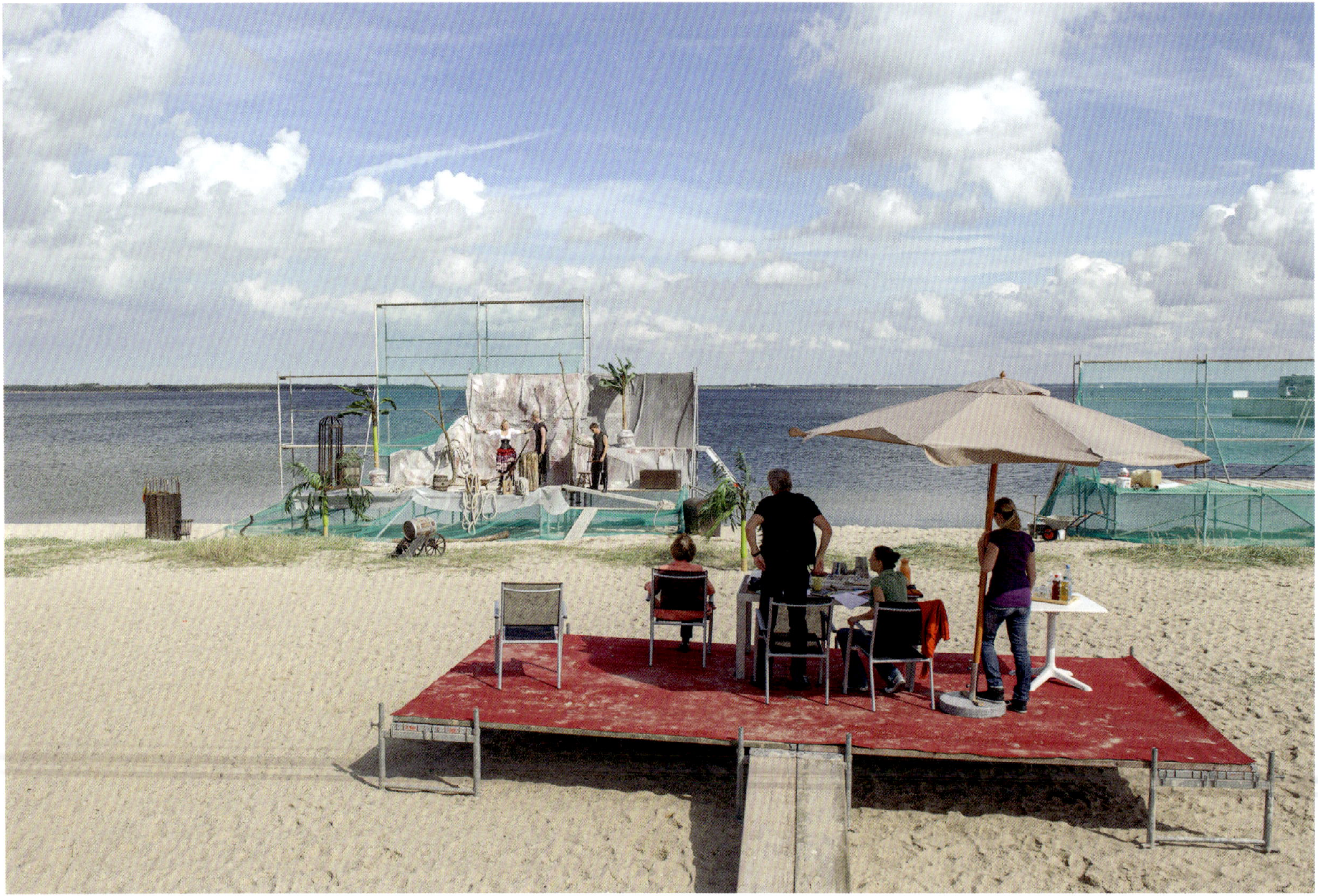

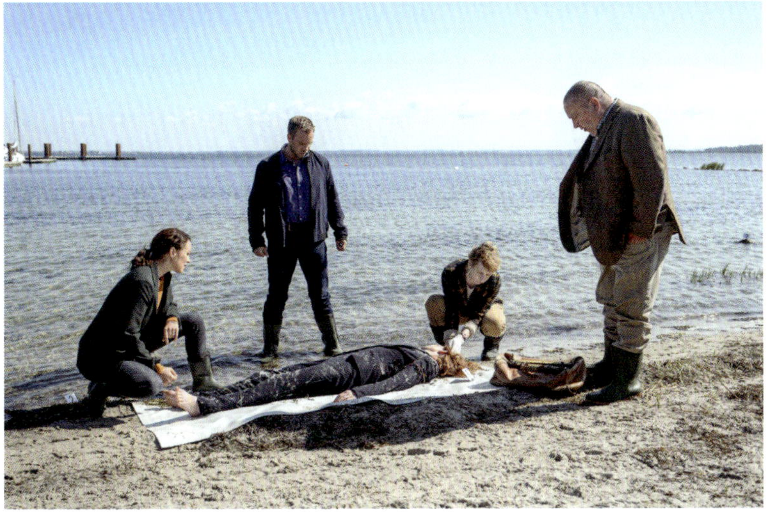

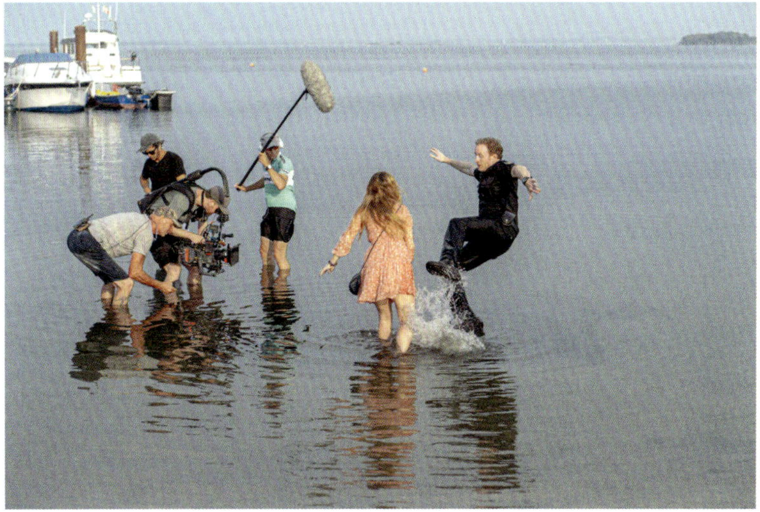

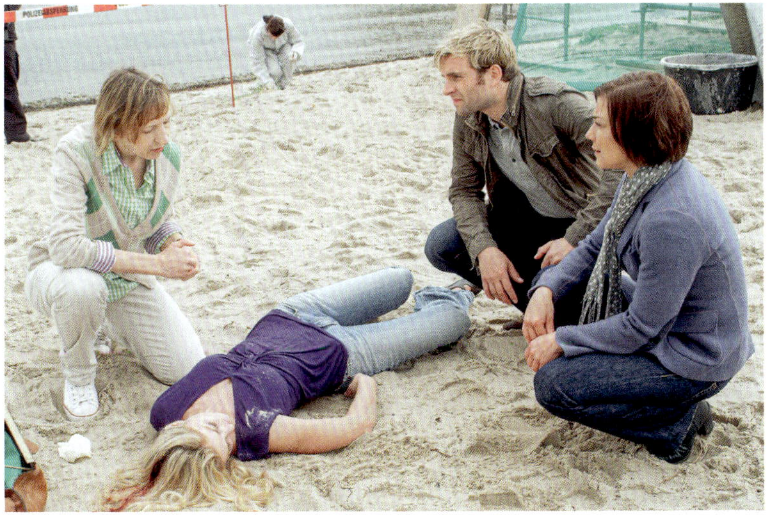

ZDF MEDIATHEK

Staffel 08	Folge 16	**TOD EINES RETTUNGSSCHWIMMERS**
Staffel 08	Folge 22	**DER LETZTE PIRAT**
Staffel 13	Folge 15	**TÖDLICHE ERSCHÖPFUNG**
Staffel 15	Folge 01	**DER SCHÖNE FINN**
Staffel 15	Folge 06	**TOD EINES LEBENSRETTERS**
Staffel 16	Folge 19	**WANN, WENN NICHT JETZT**
Staffel 18	Folge 12	**SCHEIDEN TUT WEH**
Staffel 18	Folge 22	**FRAU SONNTAG SUCHT DAS GLÜCK**

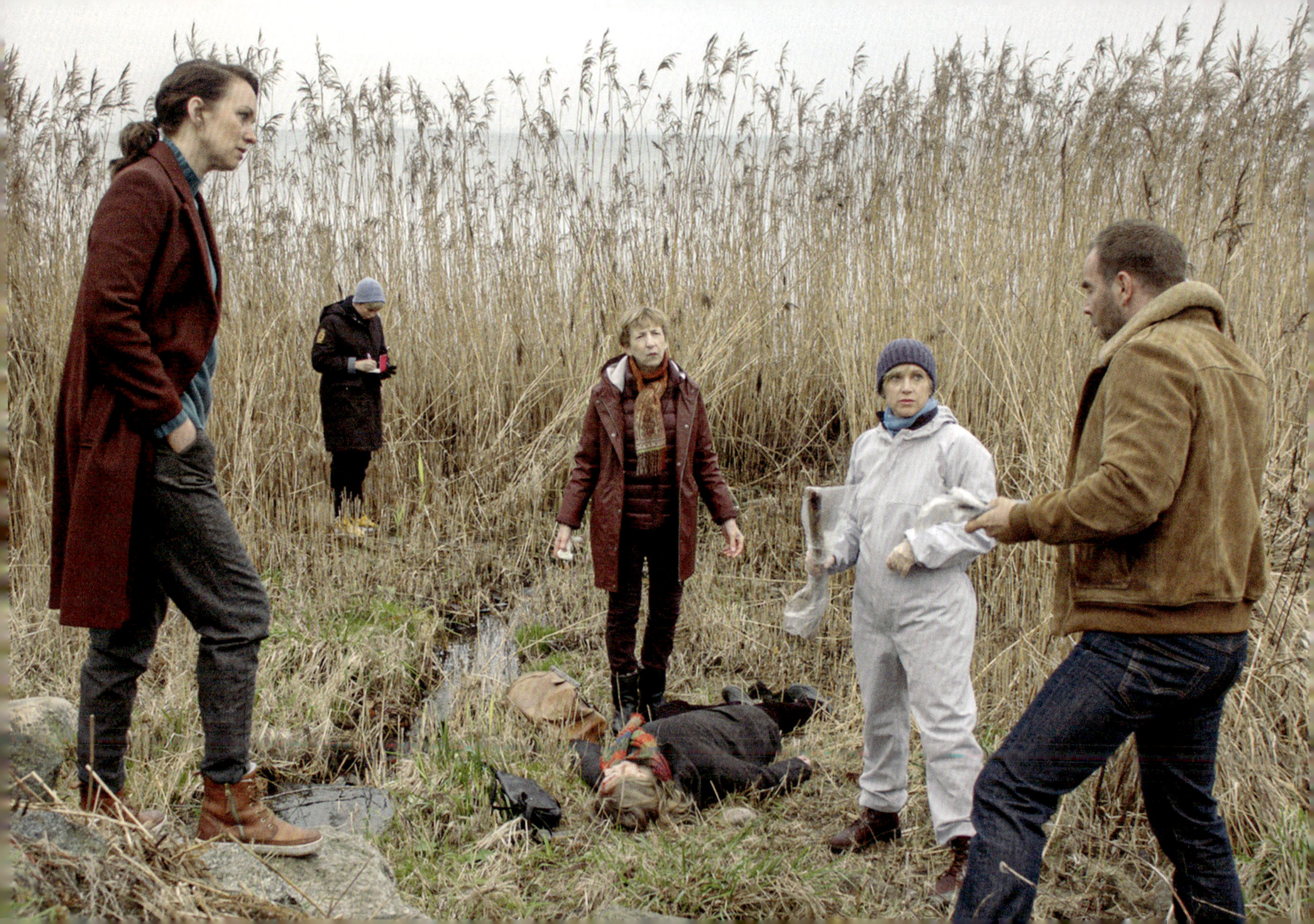

8 HOBEN

Wenn die SOKO Wismar in Hoben dreht, wird der Fuhrpark weitgehend vor dem Dorf geparkt. Nur die Technik darf bis zum Drehort vorfahren. Filmaufnahmen in dem kleinen Ort sind folglich immer mit ein wenig mehr Aufwand verbunden, aber dieser lohnt. Die Motive, die in dieser Kulisse gedreht werden können, sind etwas ganz Besonderes. Und so ist es nicht verwunderlich, dass hier das erste Werbefoto für die Technik-Lkw entstand – natürlich mit leuchtend-gelbem Rapsfeld als Hingucker.

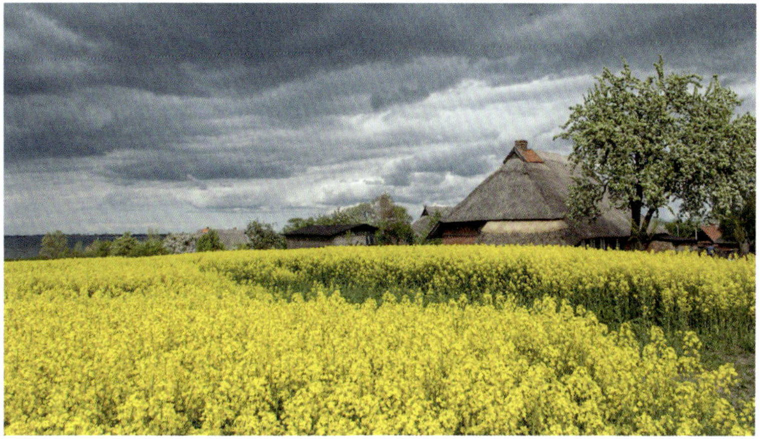

Hoben, das Dorf an der Wismarer Bucht, wurde erstmals im Jahr 1322 als Koldenhove erwähnt. Über die Jahrhunderte hat der Ort sich eine bemerkenswerte Kontinuität in seiner Bevölkerungs- und Siedlungsstruktur bewahrt. Im 16. Jahrhundert verzeichnete das Dorf zwölf Katen, deren Zahl nach den Verwüstungen des Dreißigjährigen Kriegs auf acht fiel, sich jedoch bis zum Anfang des 18. Jahrhunderts wieder auf zwölf erhöhte – was auch heute noch gilt.

Felder schließen das Dorf von Westen, Süden und Osten ein. Früher waren die Einwohner hauptsächlich als Fischer tätig, wobei sie in direkter Konkurrenz zu denen der nahegelegenen Stadt Wismar standen.

Obwohl die Fischerei bis zum Ende des 19. Jahrhunderts eine Lebensgrundlage darstellte, zeigt die Zunahme der bewirtschafteten Landflächen im 18. und 19. Jahrhundert, dass der Ackerbau mehr und mehr an Bedeutung gewann und schließlich eine mindestens gleichrangige Rolle neben dem Fischfang spielte.

Die Architektur in Hoben ist ebenfalls von historischer Bedeutung. Die ältesten noch vorhandenen Bauten können auf das Ende des 18. Jahrhunderts datiert werden. Der charakteristische Haustyp ist das Niederdeutsche Hallenhaus, das bis zum Ende des 19. Jahrhunderts in ländlichen Gebieten Mecklenburgs verbreitet war und ursprünglich als Lehmfachwerkgebäude errichtet wurde.

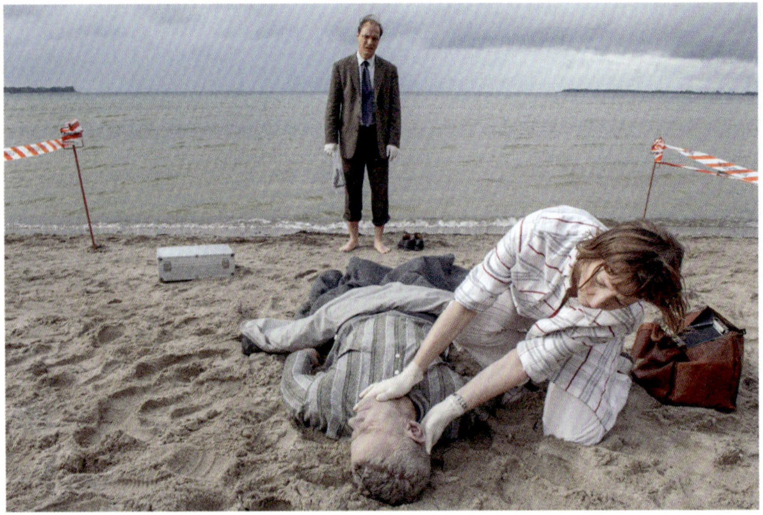

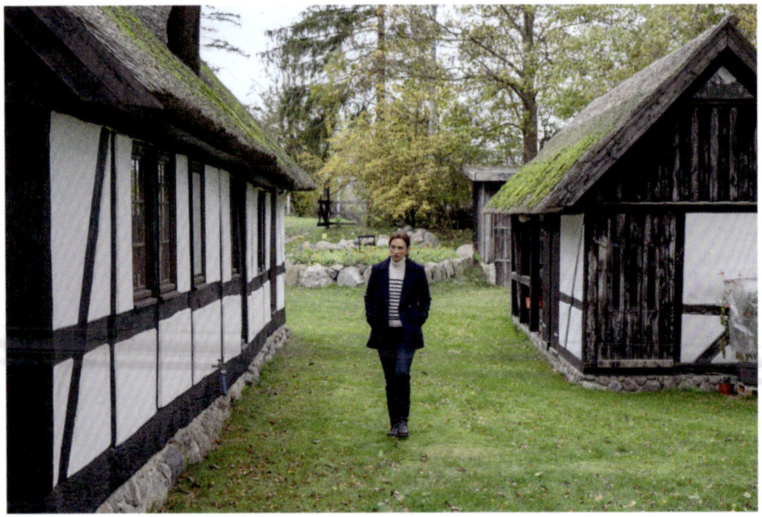

Hoben ist nicht nur einer der schönsten Orte an der Wismarer Bucht, sondern stellt insgesamt ein seltenes Beispiel für ein historisches Ensemble dar, das die Entwicklung der ländlichen Bauweise und der Arbeits- wie Produktionsbedingungen an der südlichen Ostsee vom späten 18. bis zum frühen 20. Jahrhundert aufzeigt.

Durch seine einzigartige Mischung aus Fischerei- und Agrarkultur sowie die Erhaltung traditioneller Bauformen liefert das Dorf wertvolle Einblicke in die Lebensweise seiner Bewohner über mehrere Jahrhunderte.

Ein Ausflug mit dem Fahrrad oder eine Wanderung nach Hoben lohnen also in jedem Fall. Einfach ein kleines Picknick einpacken und los. ●

ZDF MEDIATHEK

Staffel 18 Folge 03 **SCHMERZ**

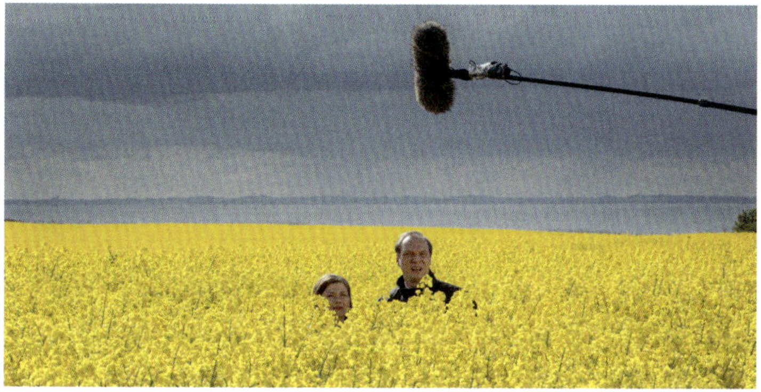

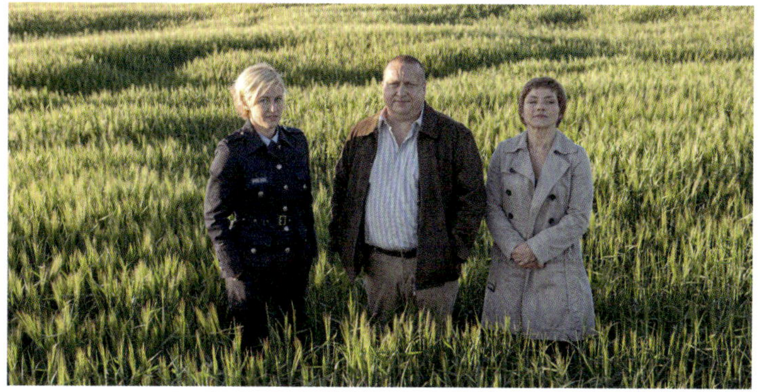

ENTSTEHUNG DES LKW-FOTOS

Die Idee, Technik-Lkw mit Fotos zu versehen, welche für die Fernsehserie werben, entstand aus dem Wunsch, im Stadtbild präsenter zu sein. Der Fotograf Marc Meyerbröker entwickelte die Motividee an einem Drehtag in den Rapsfeldern. Mittlerweile fotografiert Marc den Hauptcast im Studio. Die Begeisterung für die SOKO-Lkw ist bis heute geblieben, weiß man doch, dass die Darsteller ganz in der Nähe sind.

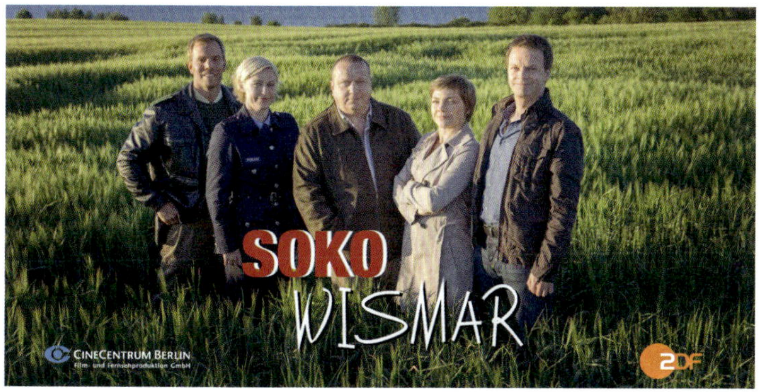

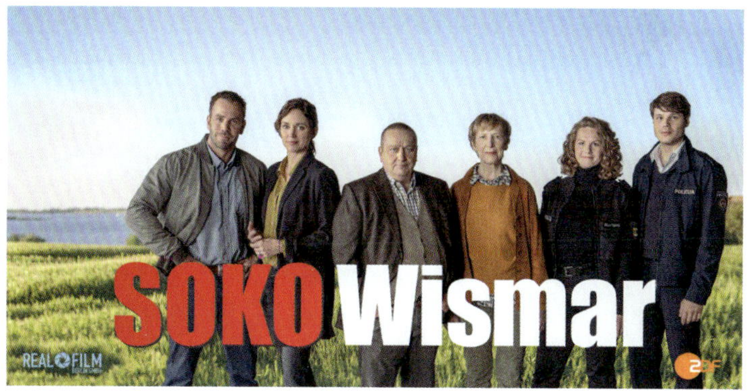

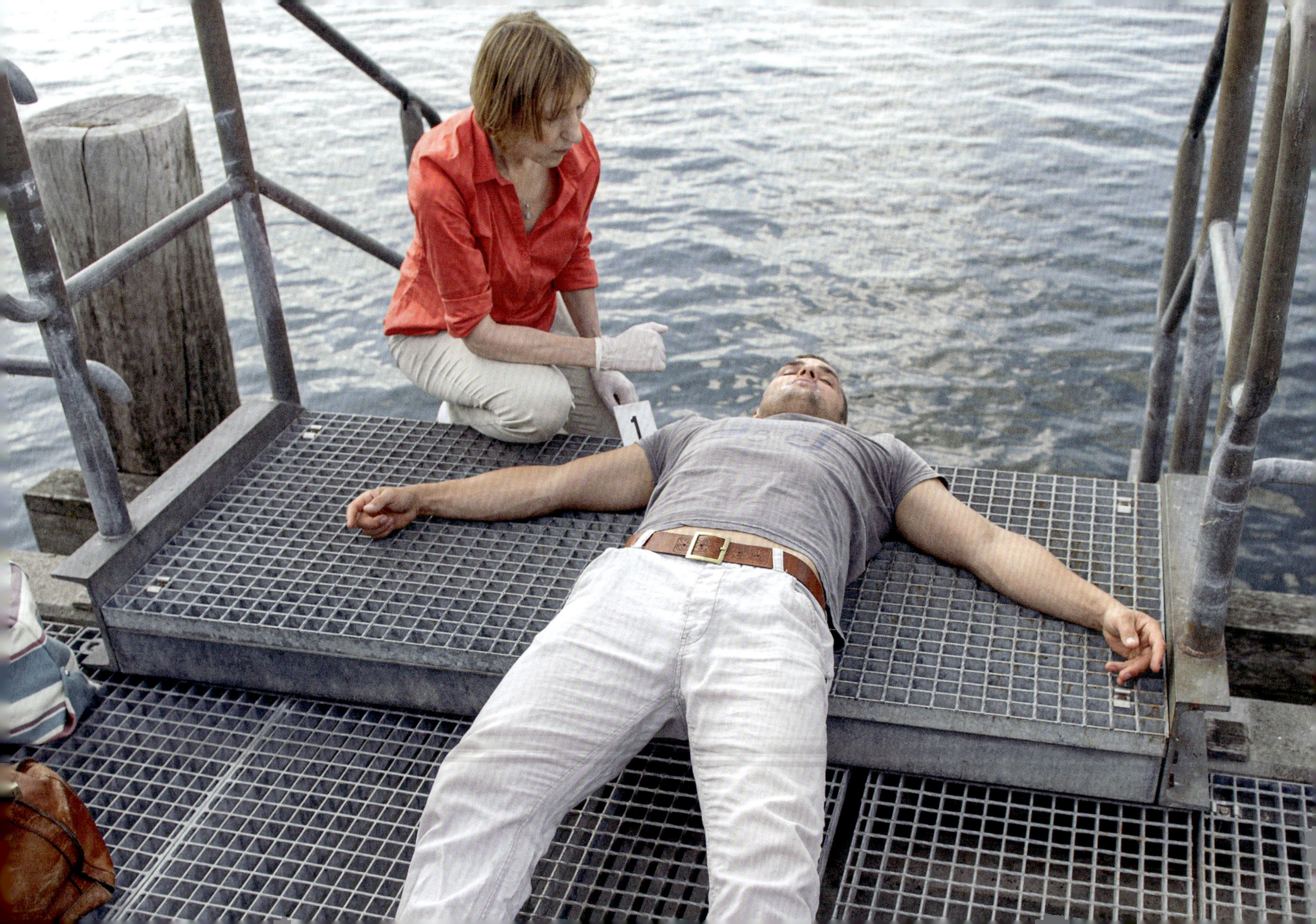
1

9 SEEBAD WENDORF

Wenn auf der Seebrücke in Wendorf Dreharbeiten stattfinden, wird die Länge des Bauwerks für das Team leicht zu einer Herausforderung. Denn die Wege fressen Zeit. So ist es nicht verwunderlich, dass hier alle Abteilungen Wägelchen, Roller oder Fahrräder benutzen, um schneller von A nach B zu gelangen. Man versucht zudem, mit eher kleinem Besteck zu arbeiteten. Wegen des fotogenen Motivs sind die Kameramänner und -frauen gern an der Seebrücke, erlaubt sie doch allerlei Spielereien.

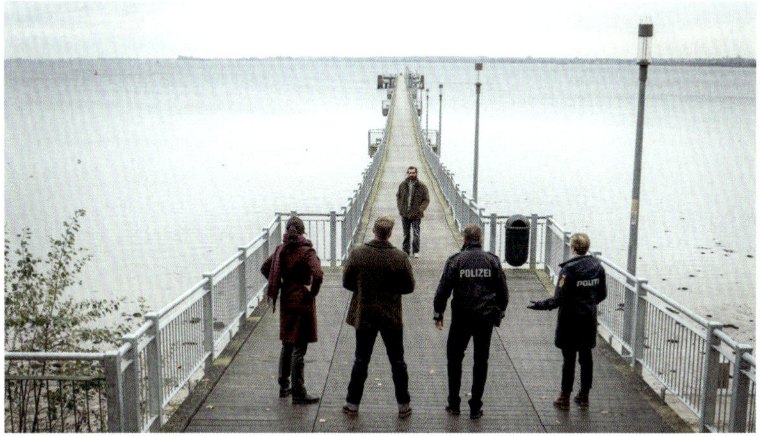

Ende des 18. Jahrhunderts entstanden in Deutschland die ersten Seebäder, was zu einer wachsenden Beliebtheit des „Freibadens“ vor allem unter den wohlhabenden Bürgern führte. In vielen mecklenburgischen Küstenorten, einschließlich Wendorf, wurden Badeanstalten errichtet.

Carl Hammer, ein findiger Kopf, entwickelte 1821 ein Badeschiff, auf dem unter Deck in vierzehn Badestuben sowohl kalte als auch warme Seebäder möglich waren. Treppen führten direkt in das Meer vor Wendorf. Der Ort stellte nicht nur eines der ersten Seebäder Deutschlands dar, sondern war bald auch eines der beliebtesten.

Das Badeschiff war jedoch nur der reichen Bürgerschicht vorbehalten. Eine Fahrt auf die Ostsee und zurück kostete vier, ein warmes Bad zwölf und ein kaltes sechs Schillinge – stolze Preise, bedenkt man, dass ein einfacher Zimmermann damals zwischen zwölf und zwanzig Schillinge Tageslohn erhielt.

In den 40er-Jahren des 19. Jahrhunderts verschlechterte sich die wirtschaftliche Lage Hammers. 1850 verkaufte er das Schiff.

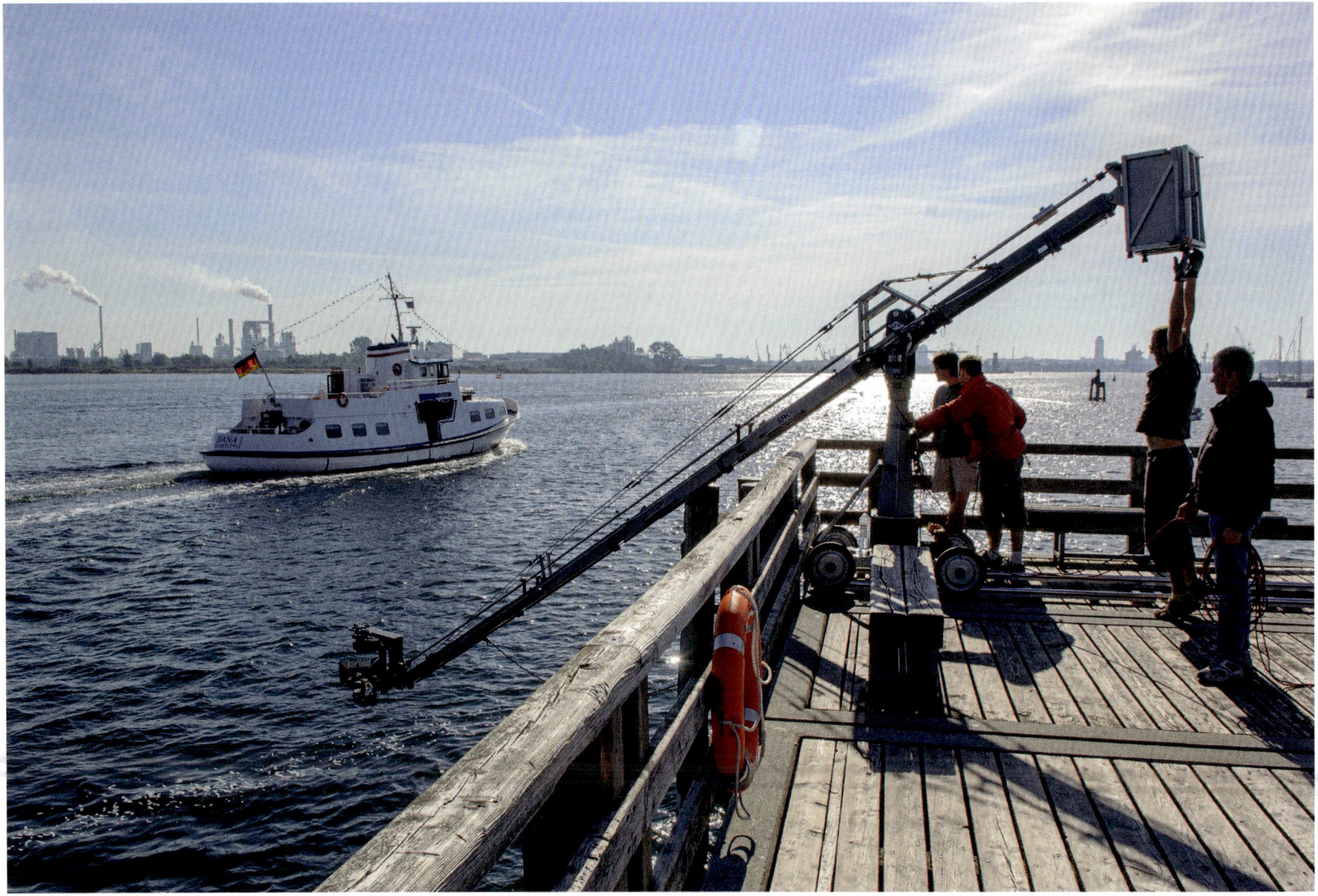

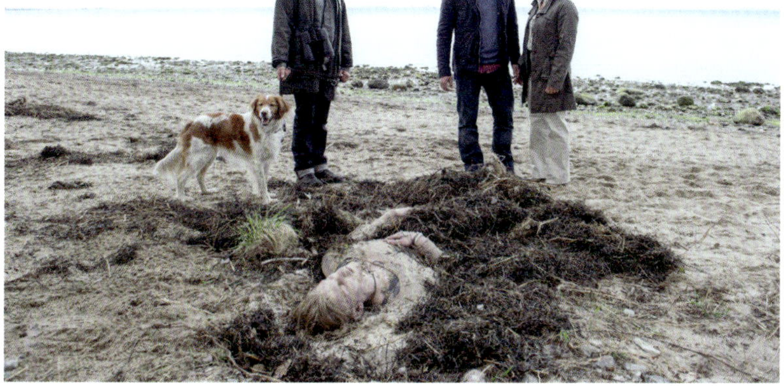

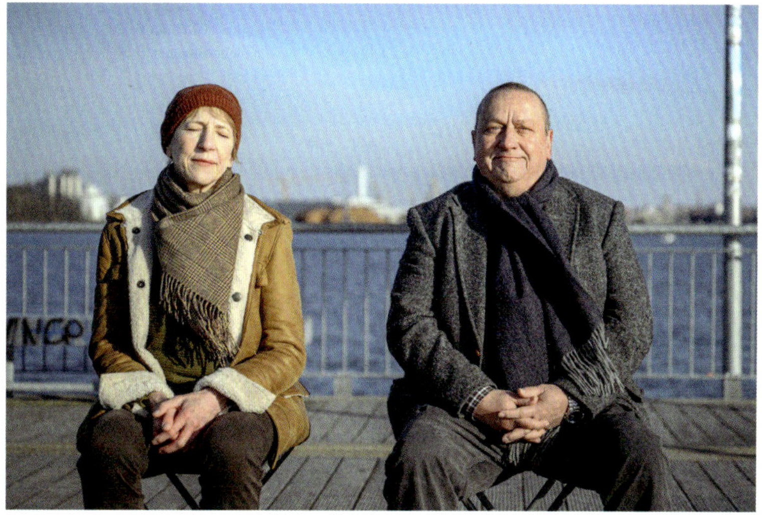

Wendorf blieb ein gut besuchter Badeort. 1850 eröffnete Johann Lorenz eine Badeanstalt am Strand, 1866/67 entstand das Kurhaus Wendorf, das heutige Hotel „Seeblick". 1902 wurde das Seebad in städtischen Besitz überführt und eine Seebrücke errichtet, auf der ursprünglich auch eine Badeanstalt untergebracht war.

Die heutige Konstruktion, erbaut 1993, erstreckt sich über 330 Meter und bietet ohne Badeanstalt einen herrlichen Blick über die Wismarer Bucht, auf die Insel Poel, das Fischerdorf Hoben und den Hafen der Hansestadt Wismar. ●

ZDF MEDIATHEK

Staffel 08 Folge 15 **DICKES MÄDCHEN**
Staffel 12 Folge 22 **DAS ENDE DER TRÄUME**
Staffel 14 Folge 10 **TODESSTRAFE**
Staffel 16 Folge 23 **DER AUSSTEIGER**
Staffel 19 Folge 10 **LUG UND TRUG**
Staffel 11 Folge 12 **GETRENNT**

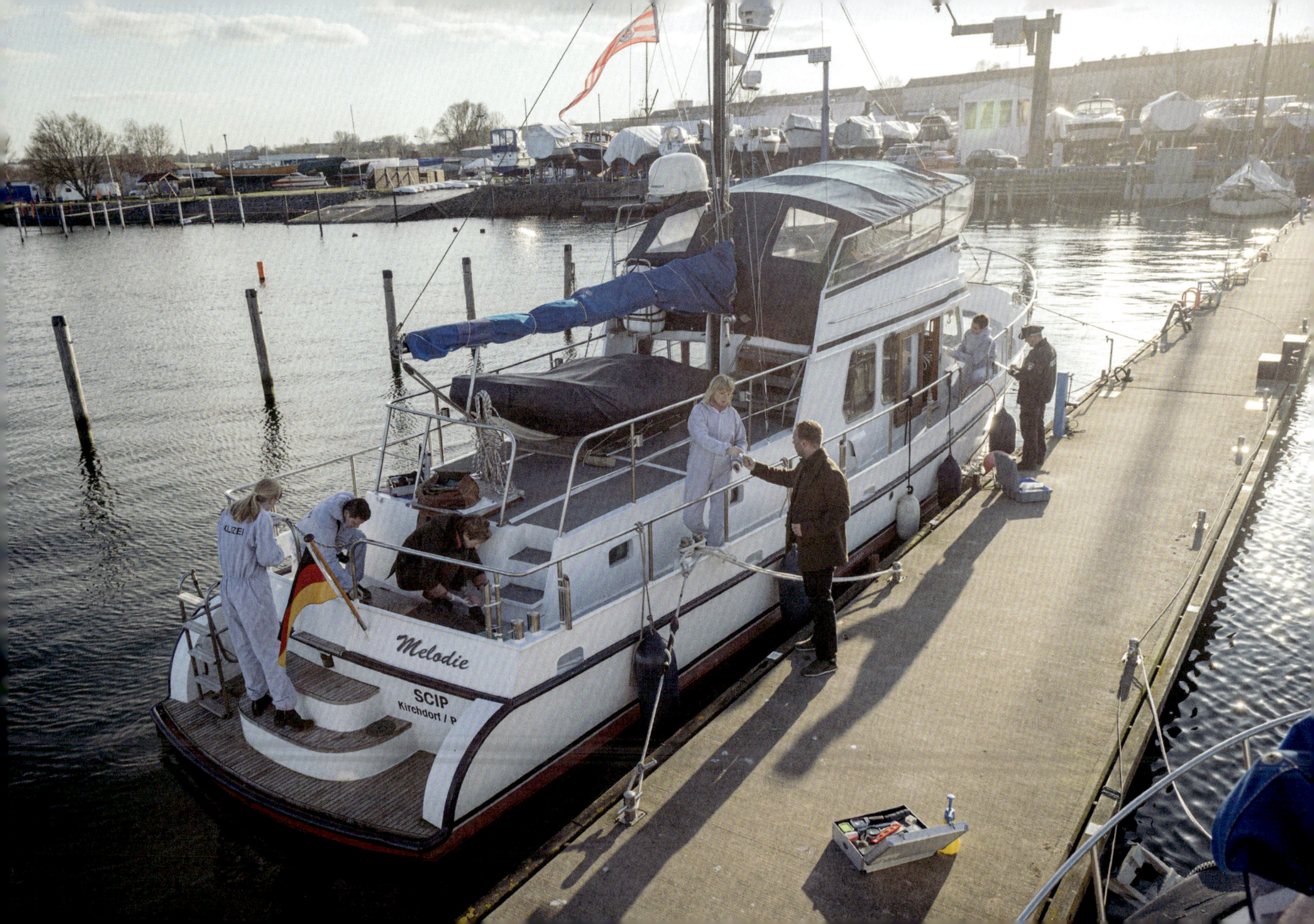

LIZEI
Melodie
SCIP
Kirchdorf / P

10 YACHTHAFEN WENDORF

In der Folge „Hundefreunde“ bekommt man den Yachthafen Wendorf und die Seebrücke aus der Vogelperspektive zu sehen. Ein schöner Anblick. Wenn auch leider einer, den man nicht lange genießen kann. Denn nur ein paar Bilder weiter ziehen die Ermittler schon eine Wasserleiche in der sogenannten Slipanlage, also einer Bootsrampe, aus dem Wasser. Warum die Frau tot im Hafenbecken treibt? Das beantwortet die Folge „Hundefreunde“. Für die SOKO Wismar ist der Yachthafen ein Vielseitigkeitstalent in Bezug auf die Motive. Es gibt Wassersportanlagen, einen Kran, eine kleine Werftsituation und urige Bauten. Da kann es dann schon mal passieren, dass der Kameramann in die Rolle des Hafenmeisters schlüpft.

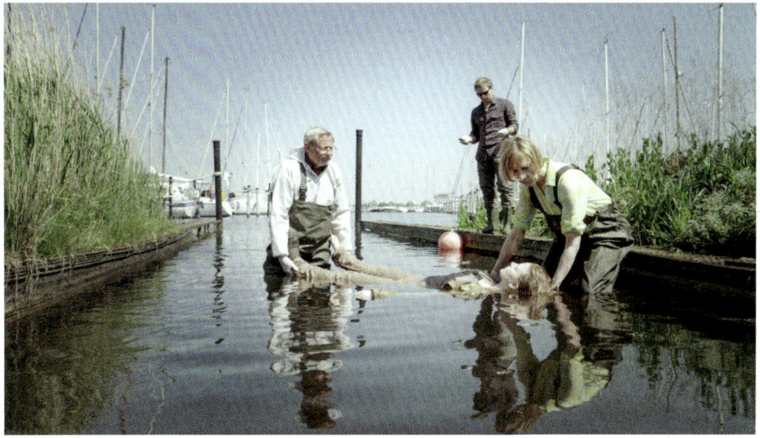

Der idyllische Yachthafen in Wismar-Wendorf existierte bereits zu DDR-Zeiten. Eine neue Ära begann jedoch im Oktober 1997 mit einem symbolischen Spatenstich für den „Yachtclub Wismar von 1897 e. V.“. Nun startete der Bau einer modernen Anlage mit 140 neuen Liegeplätzen. Dieses Projekt mit Gesamtkosten von 3,3 Millionen Mark wurde durch Beiträge des Landessportbunds, der Stadt und des Clubs selbst finanziert. Es sollte die Zukunft des Wassersports am Standort sichern.

Die Arbeiten umfassten die Errichtung von Schutzmolen, das Ausbaggern des Wasserbereichs, um drei Meter Tiefgang zu erzielen, die Installation eines Waschplatzes und das Aufstellen zweier leistungsstarker Kräne. Die feierliche Übergabe des ersten Bauabschnittes fand im Mai 1998 statt. Der „Yachtclub Wismar von 1897 e. V.“ ist heute einer der größten Segelvereine in Mecklenburg-Vorpommern. Er hat sich über die letzten Jahrzehnte sowohl im Leistungs- als auch im Breitensport sowie insbesondere in der Kinder- und Jugendarbeit einen Namen gemacht.

Der Yachthafen mit einem wunderbaren Blick auf die Altstadt und die Wismarer Werft befindet sich am Westufer der Wismarbucht. Die Einfahrt führt vorbei an den Schwedenköpfen (siehe Kapitel 29 „Kogge am Baumhaus“ ab Seite 167) und der Seebrücke. ●

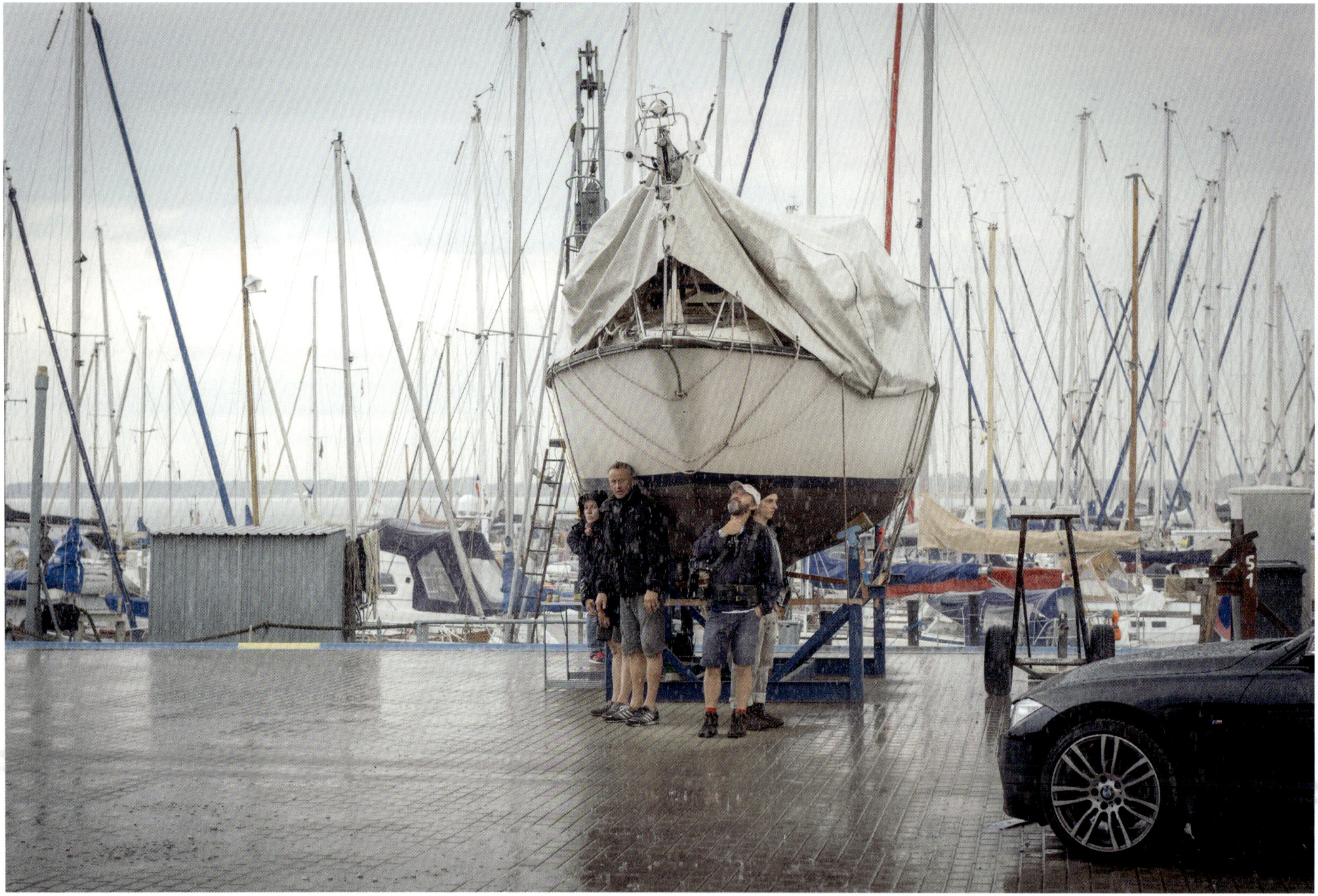

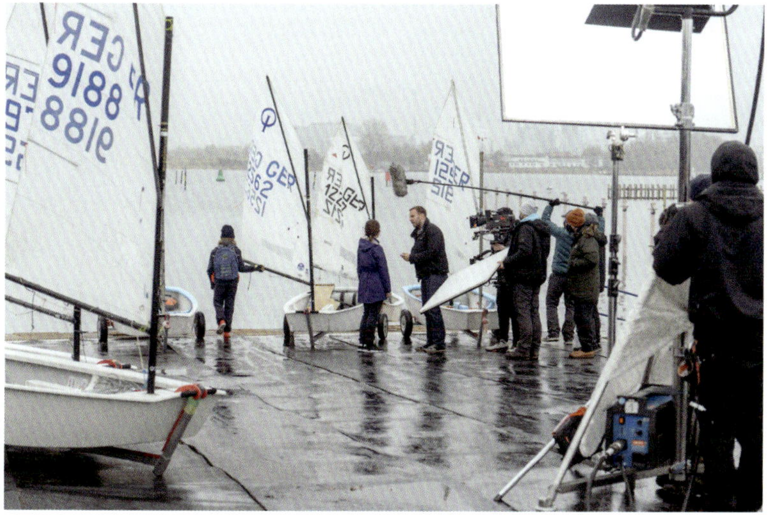

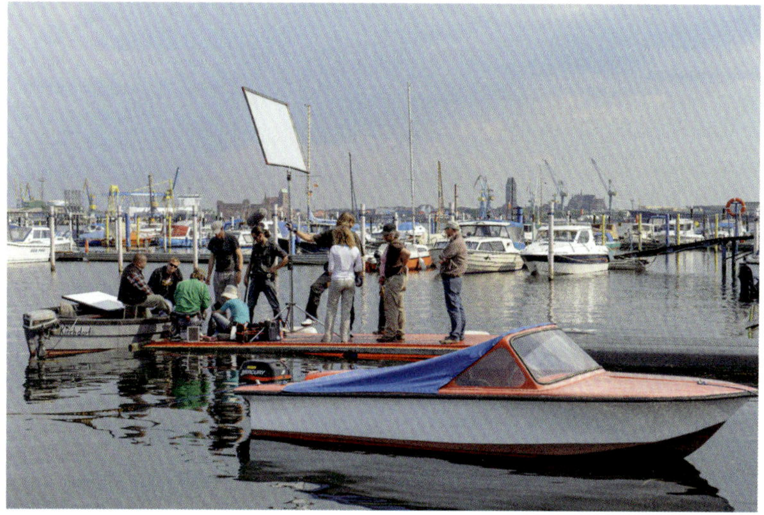

ZDF MEDIATHEK

Staffel 11 Folge 05 **HUNDEFREUNDE**

Staffel 17 Folge 15 **LÜGEN KÖNNEN TÖDLICH SEIN**

Staffel 18 Folge 19 **GRENZWERTE**

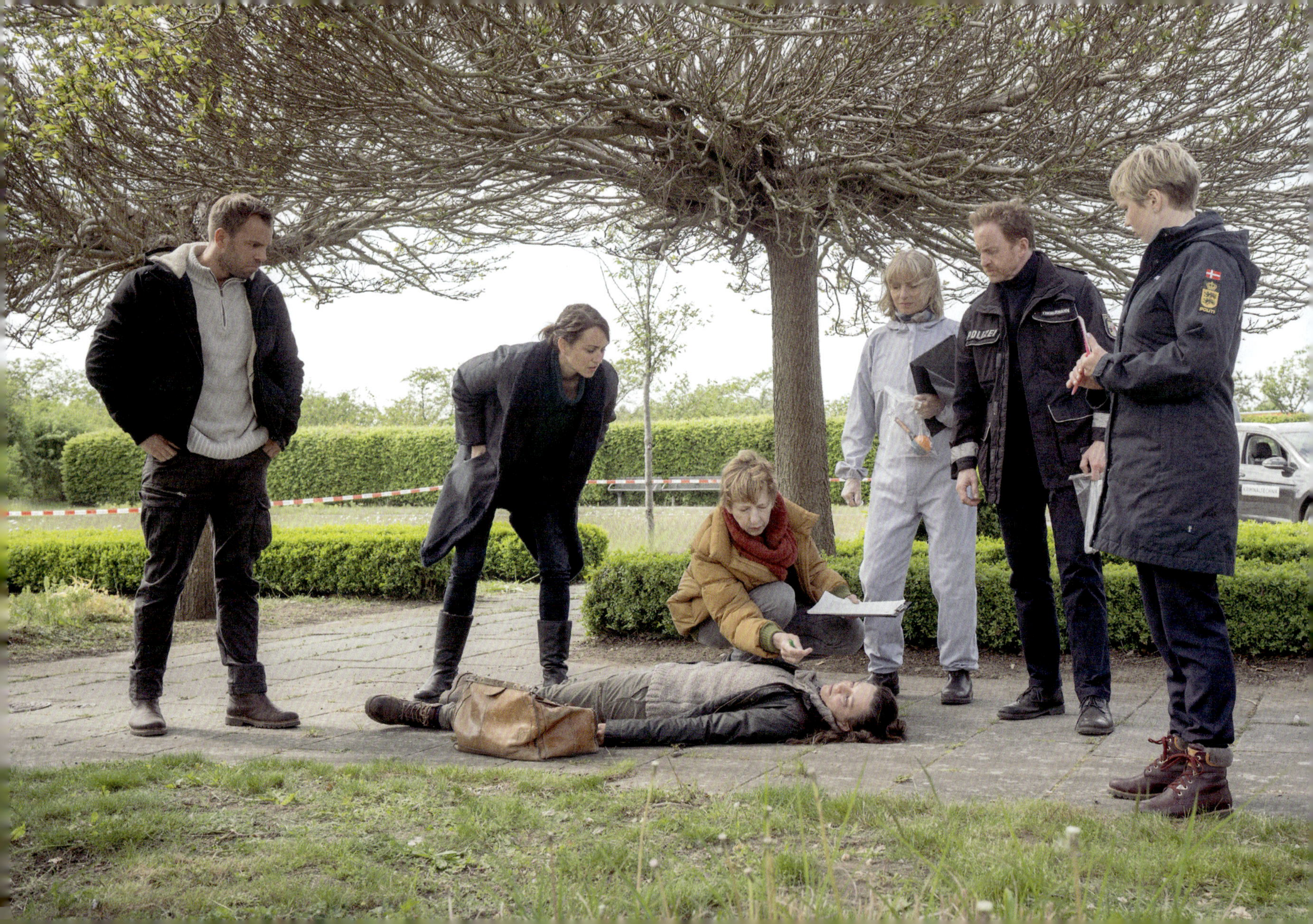
POLIZEI
POLITI

11 BÜRGERPARK

Im Bürgerpark der Hansestadt Wismar findet Hundetrainerin Christin Neuhaus in Staffel 17 Folge 12 den Tod. Der zweite Tatort in der Grünanlage hat es dann für eingefleischte SOKO-Wismar-Fans wirklich in sich. Kein Geringerer als der frühere Polizeihauptmeister Kai Timmermann ist der Hauptverdächtige in Folge 10 der Staffel 17. Er lügt, rückt nicht mit der Sprache raus. Langsam beginnen die ehemaligen Kollegen zu zweifeln und stellen sich die Frage: Können sie Timmermann noch vertrauen? Ganz ohne waren die Dreharbeiten nicht. Alle außer der Crew vom Catering mussten des Öfteren die Treppen des Aussichtsturms erklimmen. Sportliche Waden und Muskelkater sind nach solchen Tagen keine Seltenheit.

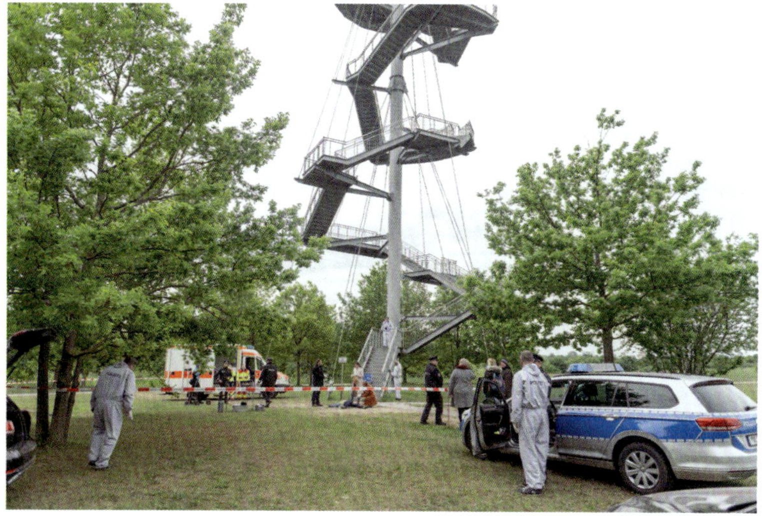

Nur wenige Minuten von der historischen Altstadt entfernt, entfaltet sich der Bürgerpark als eine kunst- wie prachtvolle Landschaft. Im Jahre 1903 im Köppernitztal angelegt, erlebte der Park 2002 zur 1. Landesgartenschau Mecklenburg-Vorpommerns eine umfassende Neugestaltung und Erweiterung.

Ein etwa 2,5 Kilometer langer Rundweg führt Spaziergänger vorbei an verschiedenen Stationen. Ein Highlight bildet dabei der Aussichtsturm, der auf 28 Metern Höhe einen grandiosen Blick über die gesamte Anlage und bei guter Sicht darüber hinaus bietet.

Das Erklimmen der Konstruktion mit ihren freischwebenden Treppen und Zwischenpodesten, die sich um den zentralen Mast winden, erfordert Mut, hat man doch immer das Gefühl, der Turm würde leicht schwingen. Hier wurde übrigens in der Folge „Täter Timmermann" die Leiche gefunden.

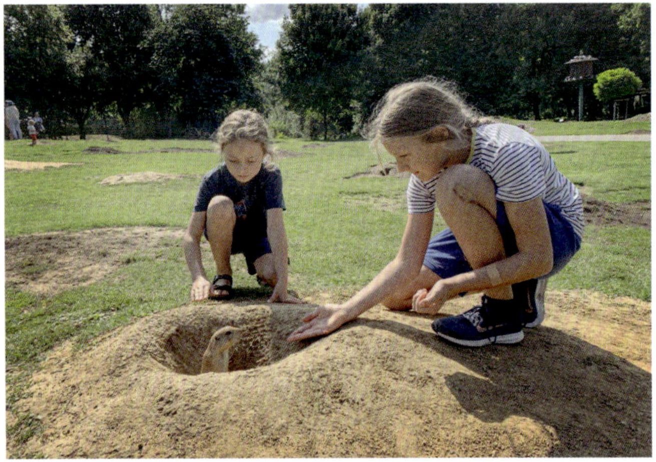

TIERPARK

Der Tierpark erstreckt sich auf 17 Hektar und beheimatet verschiedene Wild- und Haustiere. Besucher können eindrucksvolle Wisente, eine Straußenfamilie und flinke Nasenbären bestaunen, die über ihren Köpfen klettern. Zu den Highlights zählen das Streichelgehege, die Australien-Anlage mit begehbarer Vogel-Voliere und Kängurus sowie die Möglichkeit, Präriehunde und Affen zu beobachten. Zudem bietet ein Bauernhof Einblick in die mecklenburgische Bauernhoftradition.

www.tierpark-wismar.de

PHANTECHNIKUM

Das Technische Landesmuseum Mecklenburg-Vorpommern präsentiert im phanTECHNIKUM viel Wissen zum Anfassen, veranschaulicht Technikgeschichte durch vielfältige Experimente und Modelle. Außerdem bewahrt das Museum historische Zeugnisse der Region auf. Insgesamt umfasst die Sammlung etwa 6.500 Objekte.

www.tlm-mv.de

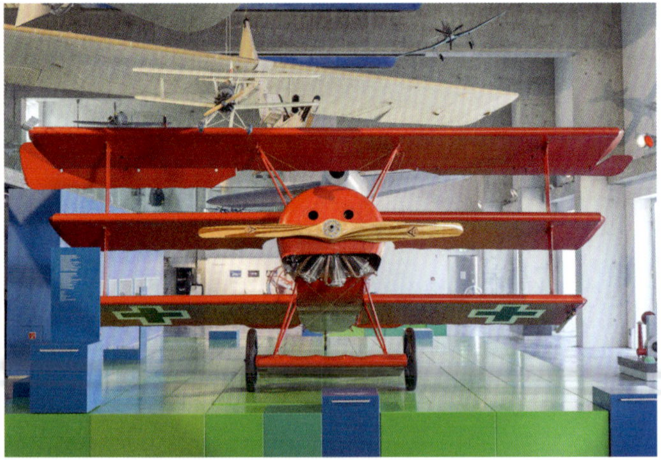

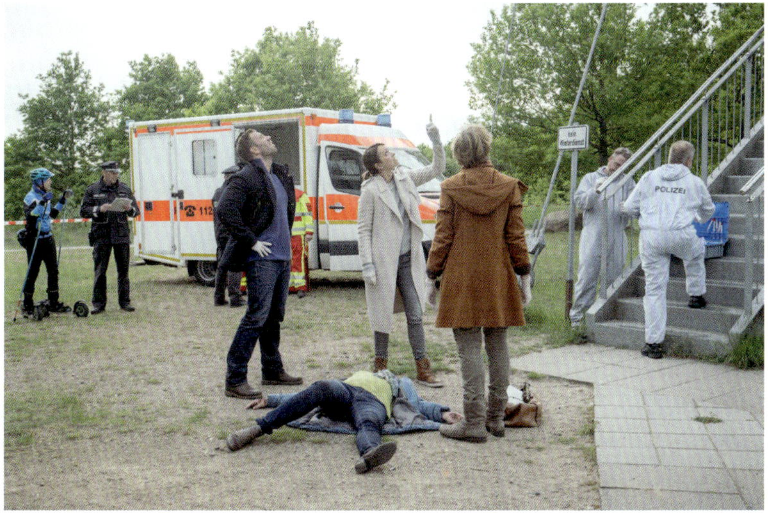

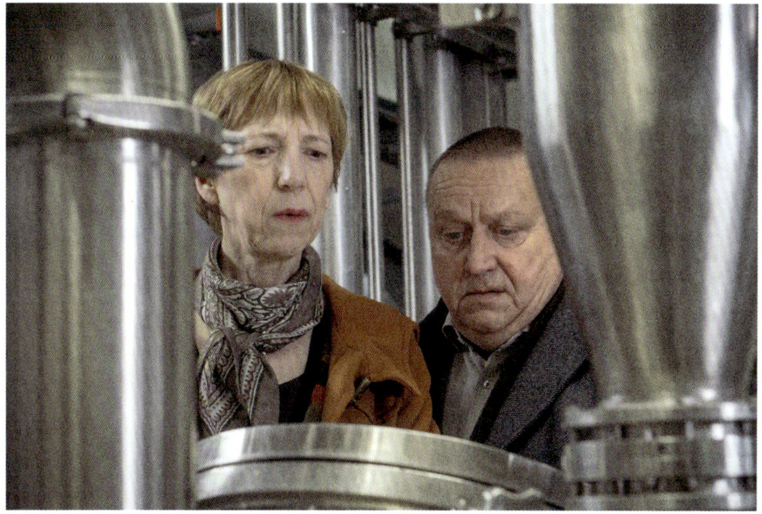

Ein weiterer Höhepunkt ist der Paradiesgarten, umrahmt von über 200 japanischen Blütenkirschen. Dieser Bereich, mit seinen verschiedenen Gartenthemen, Wasserspielen und Seerosenbecken, bildet das Herz des Bürgerparks. In ihm befinden sich außerdem eine Hundewiese, Wasserspiele, ein Heckenlabyrinth, eine Sonnenuhr und ein Beachvolleyballfeld.

Und wem das alles noch nicht genug ist, der kann einen Abstecher in das phanTECHNIKUM oder den angrenzenden Tierpark unternehmen. ●

ZDF MEDIATHEK

Staffel 08 Folge 15 **SCHLAFENDE HUNDE**
Staffel 14 Folge 10 **TÄTER TIMMERMANN**

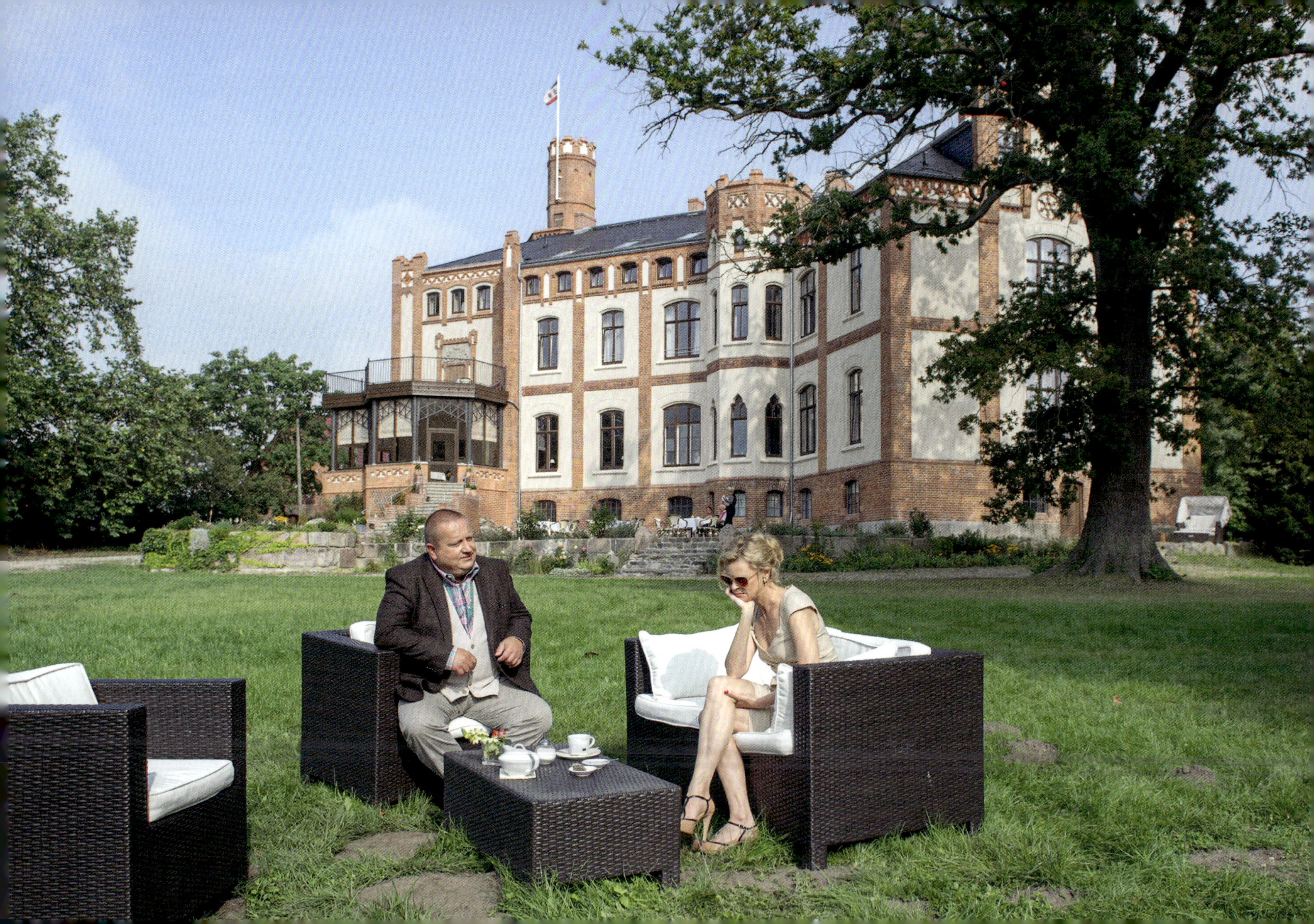

12 SCHLOSS GAMEHL

Das Schloss Gamehl ist für die Macher der SOKO Wismar ein idealer Ort, um Leichen zu platzieren. Das dort ansässige Hotel bietet das passende Ambiente – egal, ob für tote Schönheitschirurgen oder Oldtimerfreunde. Das Fahrzeug, das in „Das schönste Auto der Welt" im Mittelpunkt steht, ist übrigens kein echter Podeus. Den zu organisieren, wäre zu teuer und zu aufwendig geworden. Stattdessen wurde ein ähnlicher Personenwagen in einen Podeus umgelabelt. Was allerdings stimmt: Podeus war ein Unternehmen, das von 1870 bis 1932 bestand und in Wismar auch Autos produzierte.

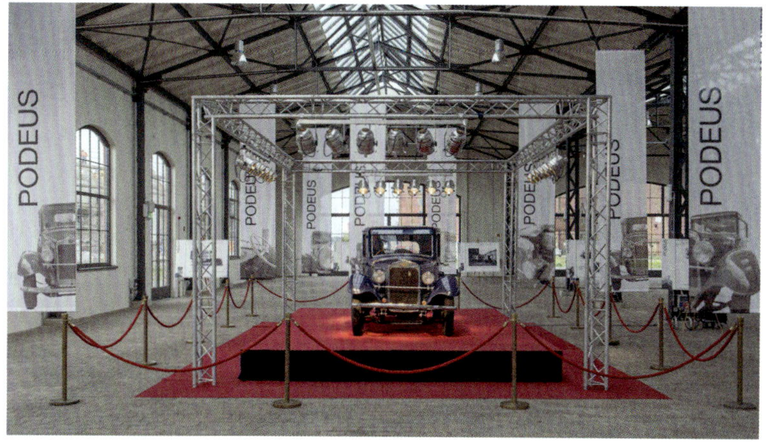

Vor den Toren der Hansestadt Wismar erhebt sich das Schloss Gamehl – ein Juwel der Architektur und Geschichte, das Besucher in eine längst vergangene Zeit entführt. Das neogotische Schloss, so wie es heute dort steht, ließ Franz von Stralendorff 1860 errichten. Der barocke Vorgängerbau von 1711 soll laut der Familienchronik der von Strahlendorfs, die in Gamehl schon seit 600 Jahren wohnhaft waren, des Öfteren ein feuchtes Fundament gehabt haben. Das war dann auch der Grund für den Abriss und den Neubau.

Bis 1945 war Gamehl in Familienbesitz. Dann wurde es mit der Bodenreform enteignet und diente als Unterkunft für Kriegs-Flüchtlinge. Später nutzten der örtliche Supermarkt und der Kindergarten das Anwesen. In den 1970ern riss man die Stallungen und Scheunen der großen Gutsanlage ab.

Anno 2000 erwarb Dagmar von Stralendorff-Wallis das Schloss gemeinsam mit ihrem Mann Georg von Wallis. In den Folgejahren wurde aufwendig saniert und 2008 das Schlosshotel eröffnet. So erstrahlt Gamehl heute wieder in seiner ursprünglichen Pracht.

Der Ortsname Gamehl geht übrigens auf den wendischen Begriff für Hügel zurück und verweist auf die erhöhte Lage des Ortes. Ein ausgiebiger Spaziergang in die Umgebung lohnt.

ZDF MEDIATHEK

Staffel 08 Folge 18 **DAS SCHÖNSTE AUTO DER WELT**
Staffel 09 Folge 15 **KLASSENTREFFEN**

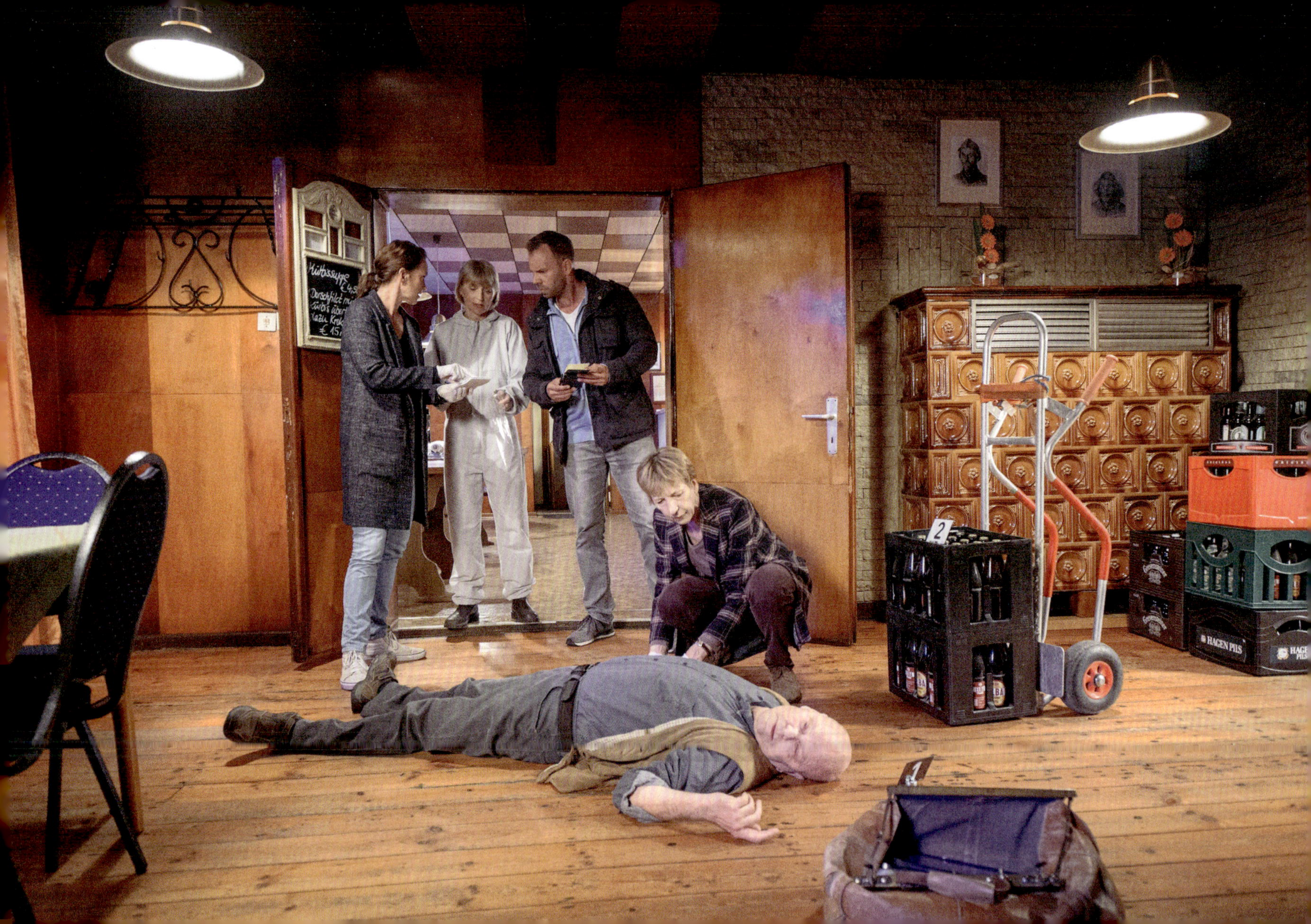
HAGEN PILS

13 KIRCHDORF, INSEL POEL

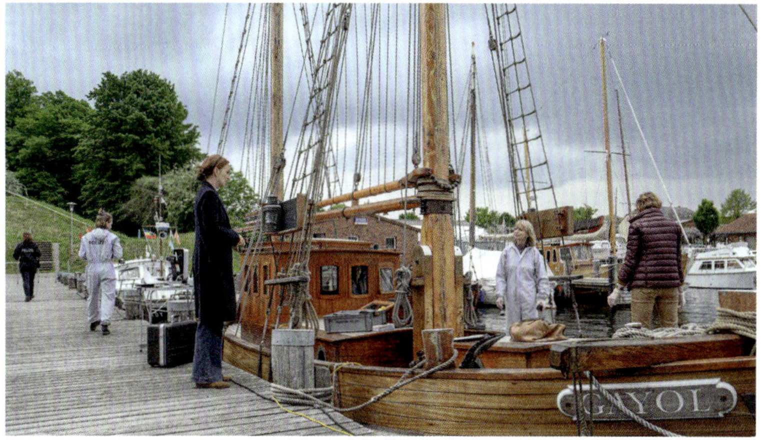

Ob ein toter Praktikant auf einer Werft, der einem angeblichen Ufo auf der Spur war, oder ein Anlageberater, der in einer Räucherhütte erstickt – auf Poel geht es keineswegs nur ruhig und beschaulich zu. Die Rauchhütte für die Episode „Seemannsgarn“ wurde von der Abteilung Szenenbild extra angefertigt. Das war nötig, weil Teile des Baus für bestimmte Bildeinstellungen – die Shoots von innen nach außen – abgerissen werden mussten.
Poel gehört zu den liebsten Orten der Darsteller und der Crew. Das haben sie in zahlreichen Interviews bestätigt. Wen wundert es. Jeder, der die Insel kennt, schätzt deren landschaftliche Weite und das Ursprüngliche.

Offiziell wurde Poel erstmals 1163 urkundlich erwähnt. Die Volksagen aber wollen es besser wissen und berichten von beeindruckenden Begebenheiten: So sollen Riesen die Insel geschaffen haben. Warum sie dies taten? Immer, wenn sie zu ihren Verwandten nach Finnland oder Schweden wollten, bekamen sie nasse Füße. Um das zu vermeiden, beschlossen sie, die Ostsee zuzuschütten. Umgesetzt haben sie ihr Vorhaben allerdings nur teilweise. Ein Ergebnis ihres Tuns ist dennoch unübersehbar: die Insel Poel.

Rund um die Insel ranken sich viele weitere Legenden. Wer sich dafür interessiert, dem sei die Sagenroute empfohlen. Informationen dazu sind in der Kurverwaltung in Kirchdorf zu bekommen und im Inselmuseum.

Kirchdorf ist der größte Ort auf der Insel. Einen Besuch lohnt die Dorfkirche, die in der zweiten Hälfte des 13. Jahrhunderts errichtet wurde. Sie diente der Schifffahrt mit ihrem 47 Meter hohen Turm lange als Landmarke. Von der benachbarten ehemaligen Festung, welche die Kirche mit einschloss, ist heute nicht mehr viel zu sehen. Lediglich einige Erdwälle und Gräben sind noch erhalten.

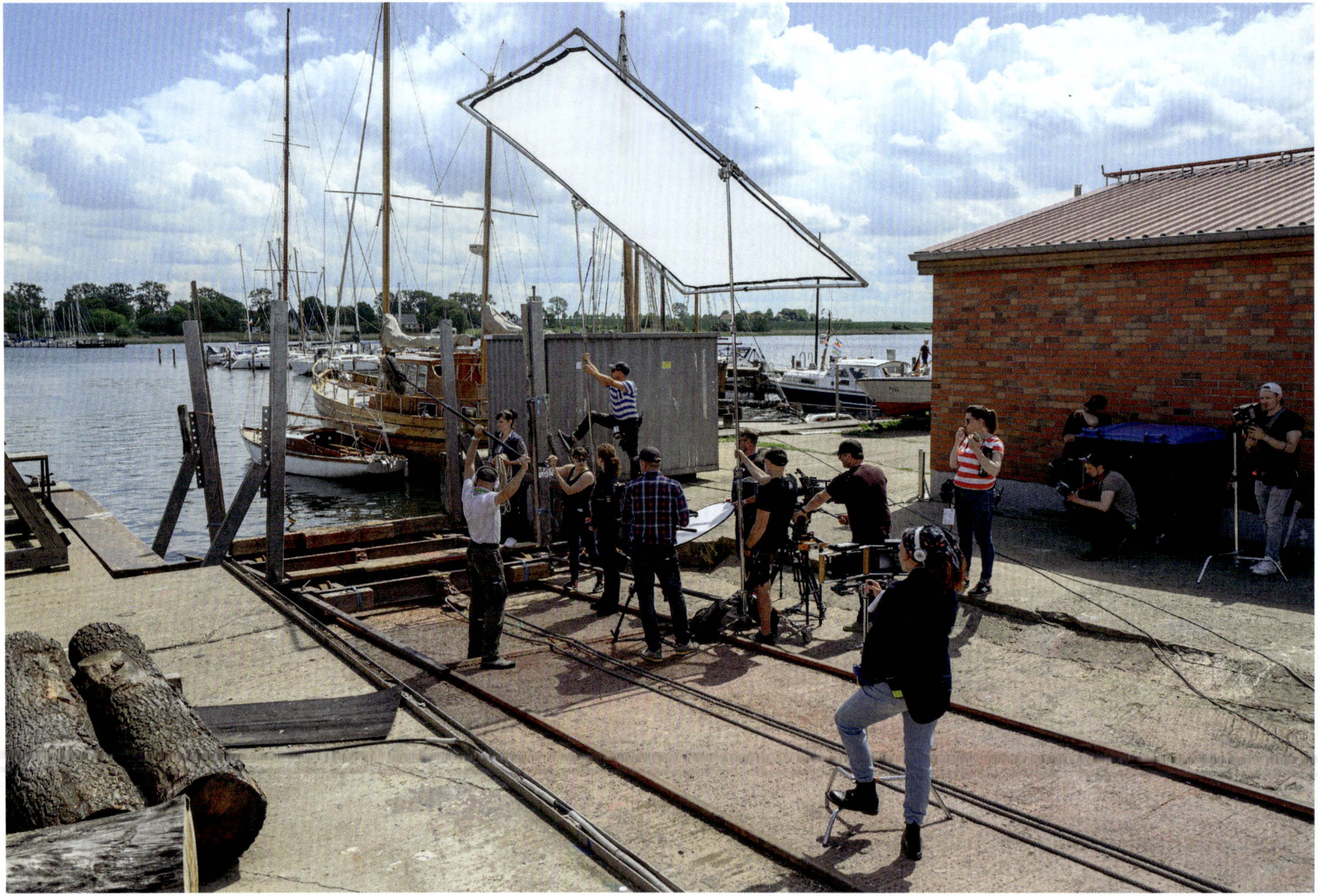

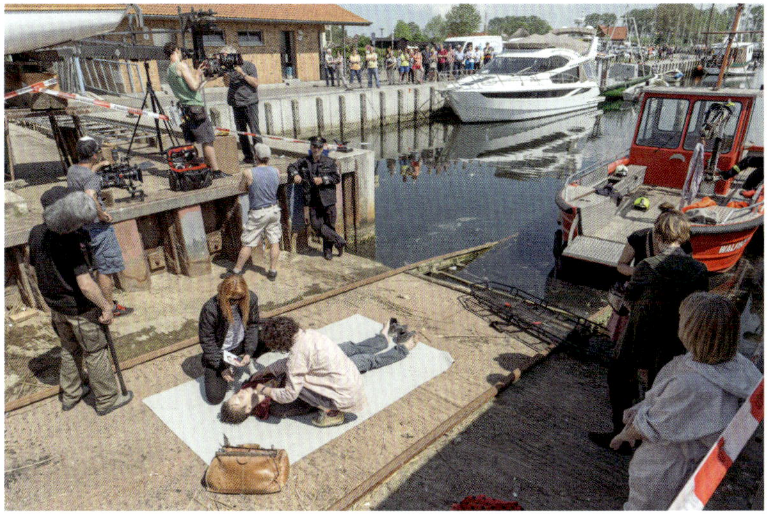

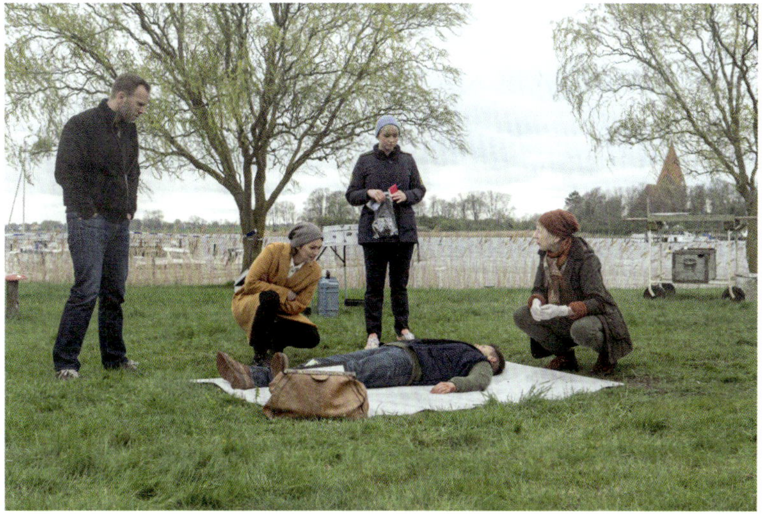

REEDEREI ADLER-SCHIFFE

Dank der Adler-Schiffe gibt es zwischen dem Alten Hafen in Wismar und Kirchdorf auf der Insel Poel eine Fährverbindung. Seit 2024 neu dabei: die „MS Adler nature“, ein zu 100 Prozent elektrisches und emissionfreies Wasserfahrzeug. Die etwa einstündige Überfahrt ist für Landratten genauso ein Erlebnis wie für Seebären. Man lernt eine Menge über die Geschichte der Wismarbucht und die anliegenden touristischen Attraktionen.

ZDF MEDIATHEK

Staffel 14 Folge 07 **TÖDLICHE LICHTER**
Staffel 18 Folge 09 **SEEMANNSGARN**
Staffel 18 Folge 25 **SAG DIE WAHRHEIT**
Staffel 19 Folge 07 **DER RÜCKKEHRER**

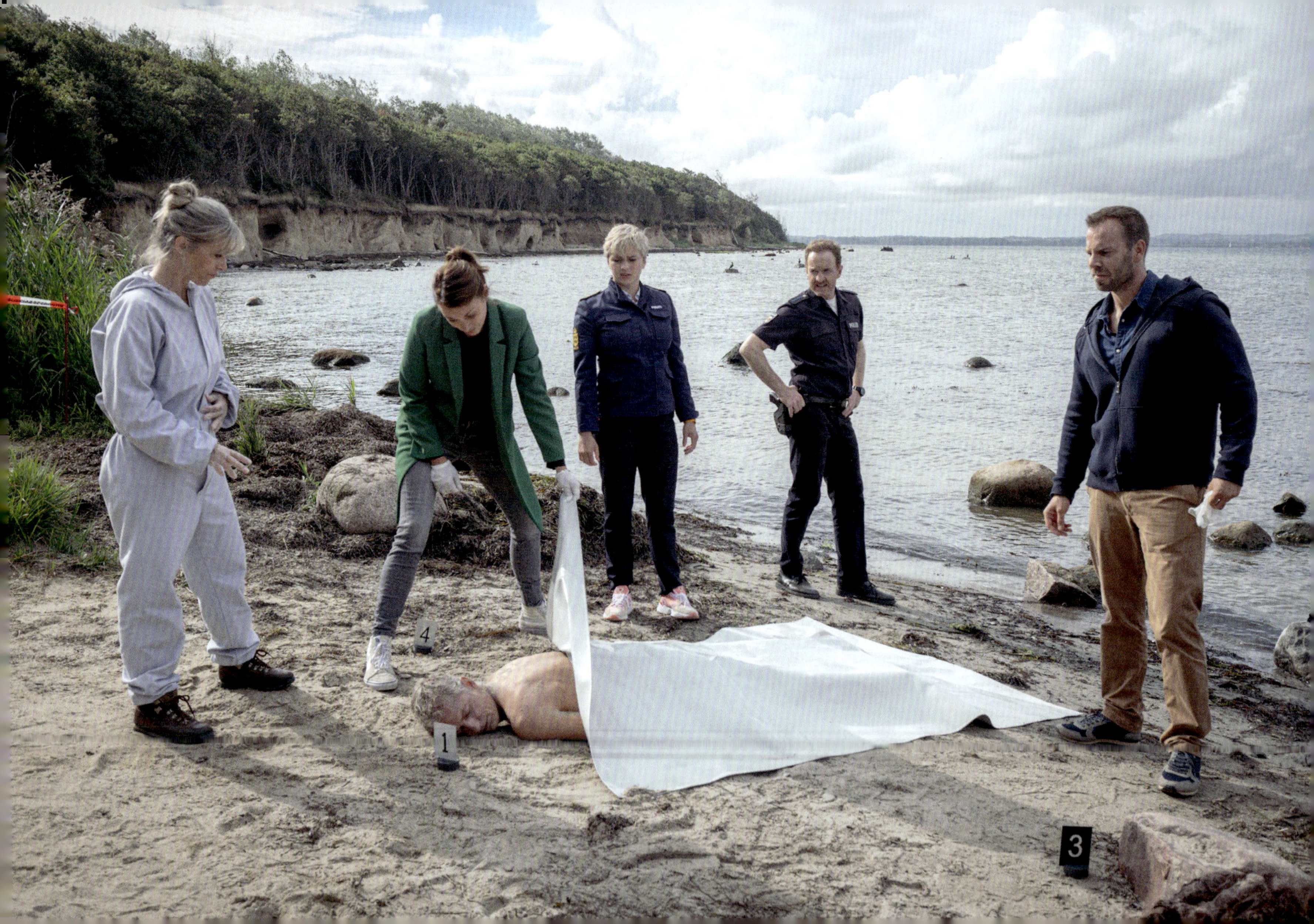
4
1
3

14 TIMMENDORF, INSEL POEL

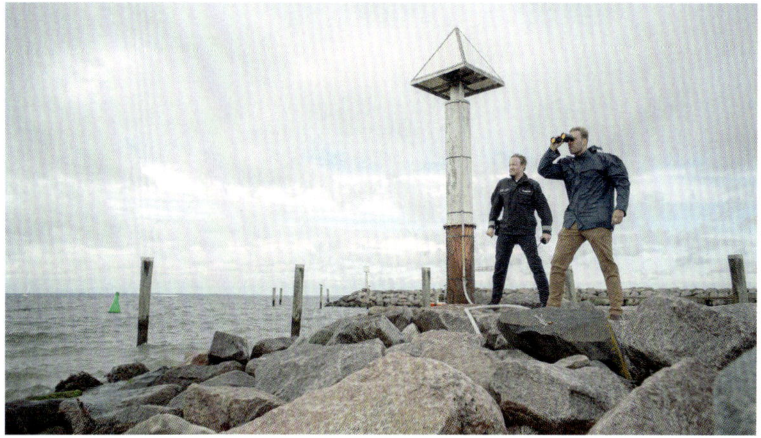

Das Filmteam der SOKO Wismar ist in Timmendorf eher in der Nebensaison anzutreffen. Dann sind statt Badehose meist Mütze und Schal gefragt. Wobei es auch Wagemutige geben soll, die selbst in diesen kälteren Jahreszeiten schon einen Sprung ins kühle Nass gewagt haben. Herausfordernd ist in Timmendorf der feine Sandstrand. Bei Wind und Wetter muss die Crew gut auf die Technik achtgeben, damit diese keinen Schaden nimmt.
Was die Tatorte anbelangt: Die sind abwechslungsreicher, als man vermuten würde. Ob an Land oder im Wasser, ob erschlagen oder ertrunken: Es wird einiges geboten in Timmendorf, inklusive einer der seltenen Episoden, die mit einem tierischen Gast glänzt. Die Rede ist von der Folge „Die Schildkröte". Wird mit Tieren gedreht, ist immer ein Tiertrainer beziehungsweise -betreuer vor Ort. So auch im Falle der Schildkröte. Diese hatte sogar ein eigenes Kunststoff-Double, das für sie in der Ostsee schwamm.

Timmendorf befindet sich an der Westspitze der Insel Poel. Heute ist der Ort vor allem für seinen Badestrand und seinen Hafen bekannt. Und so ist es nicht verwunderlich, dass der touristische Teil des Ortes sich in Strandnähe befindet. Hier gibt es zahlreiche gastronomische Einrichtungen und Läden für Urlauber.

Der historische Kern von Timmendorf ist rund einen Kilometer landeinwärts zu finden. Gegründet wurde das Dorf im 13. Jahrhundert. Durch die Lage am Meer gab es viele Fischer und durch die fruchtbaren Böden viele Bauern. Beide Berufsgruppen sind bis heute auf der Insel zu finden, wenn auch in deutlich geringerer Zahl. Seit Gründung des Ortes gibt es in Timmendorf einen Hafen. 1995 wurde er generalüberholt und teilweise neu aufgebaut. Für Segler und Sportbootfahrer eine wahre Freude.

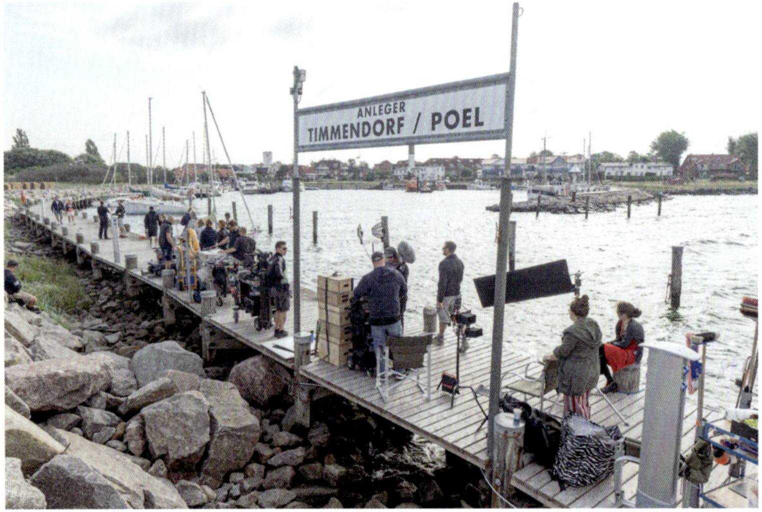
ANLEGER
TIMMENDORF / POEL

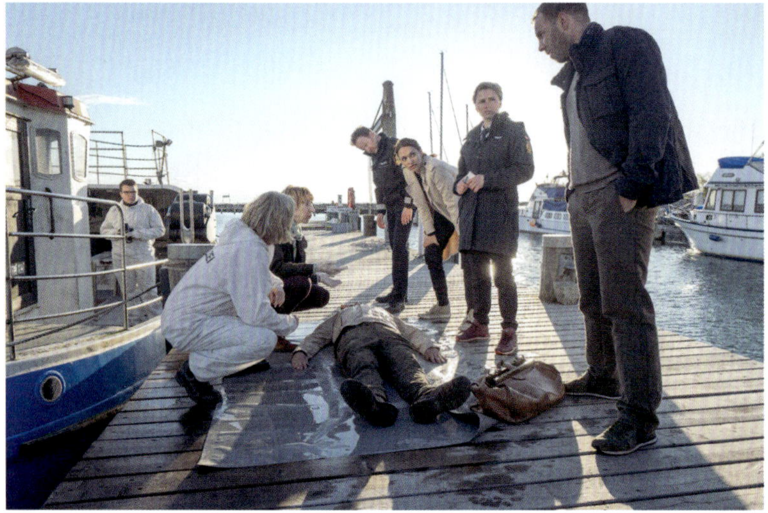

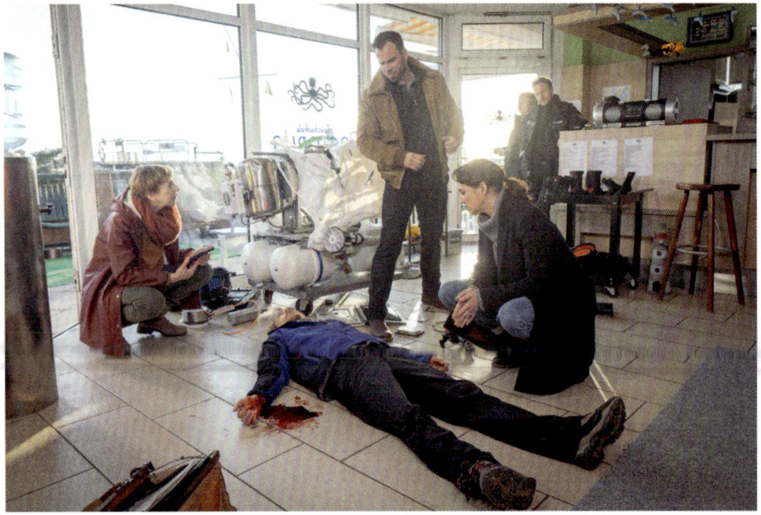

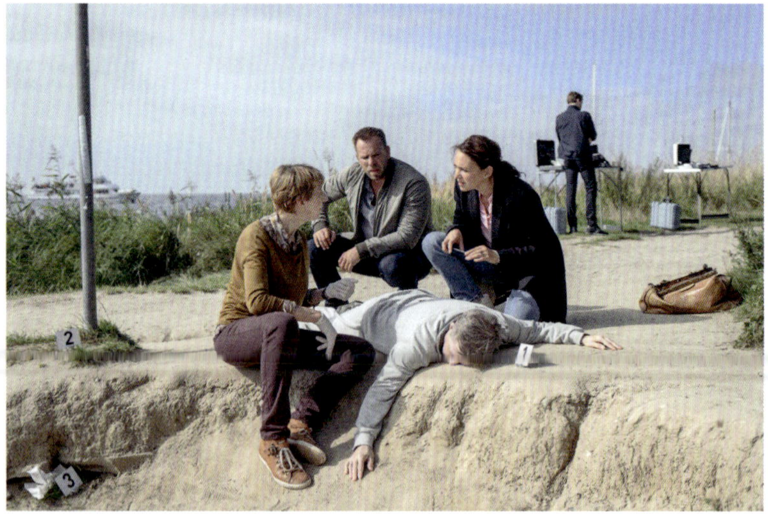

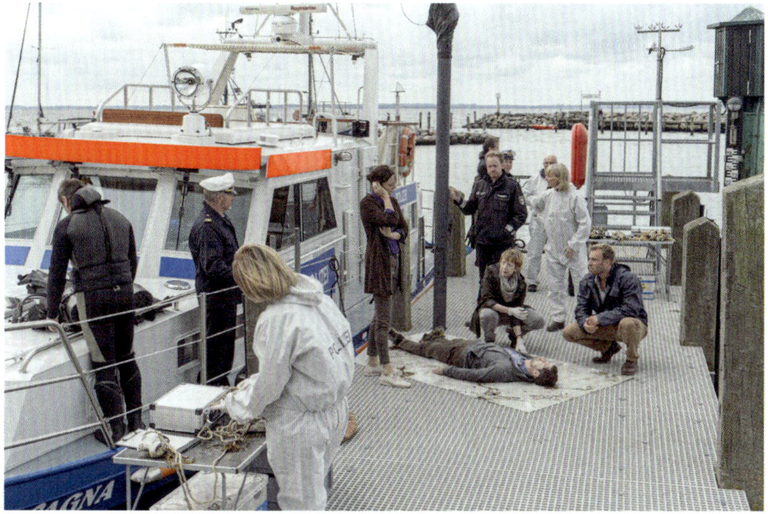

Aufgrund der Lage am Rande der Wismarbucht und des relativ gefährlichen Fahrwassers hatte die Insel schon immer eine große Bedeutung für die Schifffahrt. Dies belegen unter anderem die beiden Poeler Leuchttürme in Gollwitz und Timmendorf.

Der Leuchtturm in Timmendorf markiert die Einfahrt in die Wismarbucht. Er wurde am 1. Oktober 1872 in Betrieb genommen und 1931 um 3,6 Meter auf seine heutige Höhe von 21 Metern aufgestockt. Dieser neuere Teil ist im Gegensatz zum Unterteil nicht weiß gestrichen. Seit 1978 funktioniert die Anlage ferngesteuert. ●

DGZRS

Im Hafen von Timmendorf existiert seit 1869 eine Station der Deutschen Gesellschaft zur Rettung Schiffbrüchiger. Das Revier dieser Station erstreckt sich über die Halbinsel Klützer Winkel im Westen und die Wismarbucht bis zur Halbinsel Wustrow mit dem rückwärtigen Salzhaff im Osten. Über 20 freiwillige Seenotretter sichern das Gebiet. Wird ein Alarm ausgelöst, hat die Crew 15 Minuten Zeit bis zum Start des Bootes. Mindestens drei Besatzungsmitglieder müssen mit an Bord sein. Die Einsätze werden sowohl für die Berufs- als auch für die Sportschifffahrt gefahren. Deutschlandweit rücken die Seenotretter jährlich zu rund 2.000 Einsätzen auf Nord- und Ostsee aus und retten Schiffsbrüchige aus Seenot oder befreien Menschen auf See aus anderen Gefahren.

www.seenotretter.de

ZDF MEDIATHEK

Staffel 12 Folge 16 **DIE WÄRME DES KÖRPERS**
Staffel 14 Folge 20 **SPURLOS**
Staffel 16 Folge 13 **DIE SCHILDKRÖTE**
Staffel 17 Folge 24 **ASCHE ZU ASCHE**
Staffel 18 Folge 07 **GEISTERNETZE**

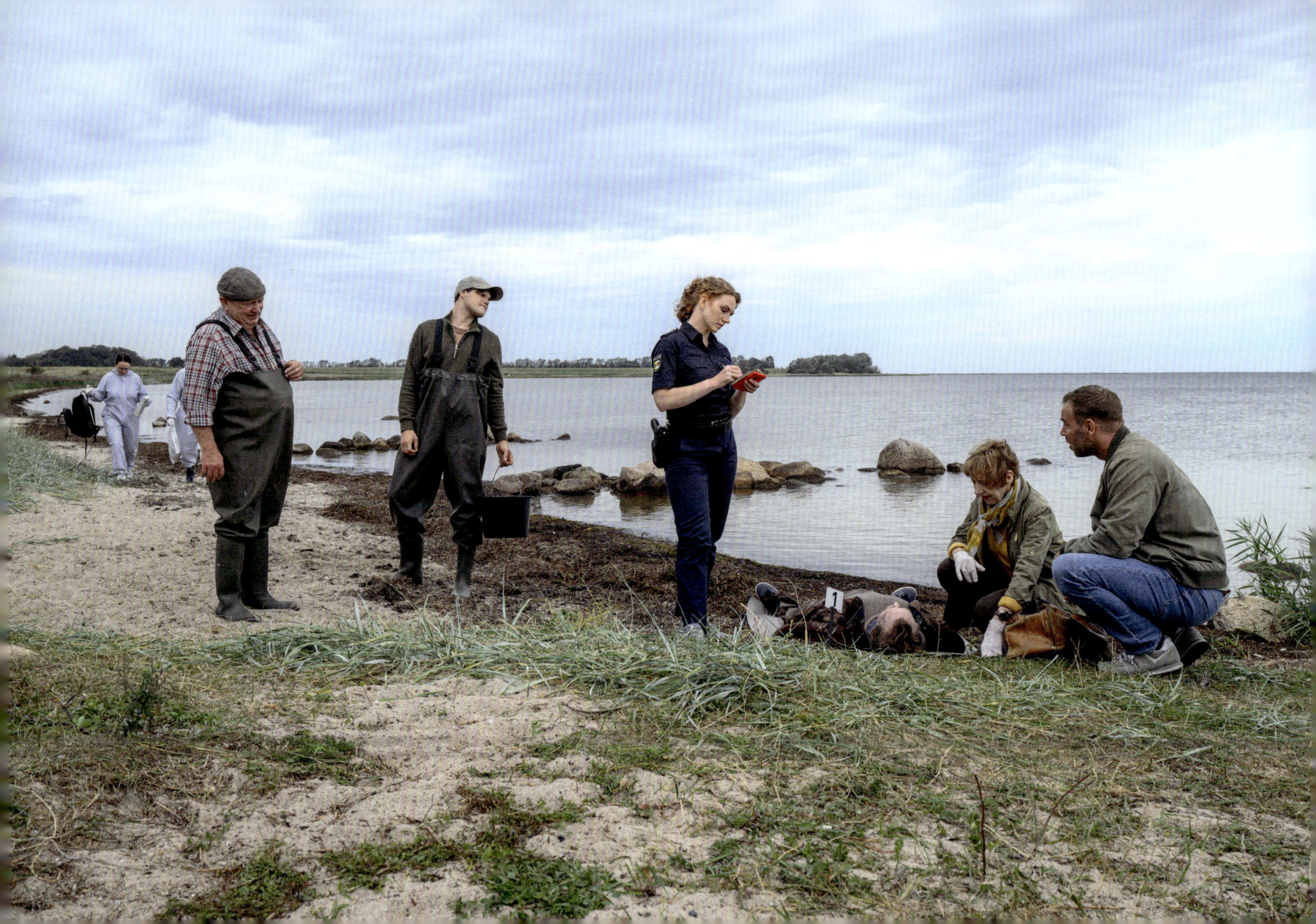

15 BOIENSDORFER WERDER

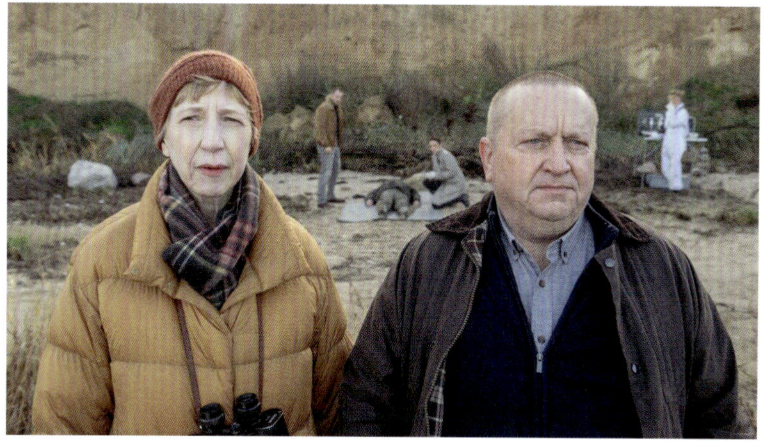

Freikörperkultur. An der mecklenburgischen Ostseeküste nichts Ungewöhnliches. Auch nicht in Boiensdorf. Doch: FKK zeigen, ohne FKK zu sehen – wie soll das funktionieren? Das ist in der Folge „Hühnergott“ zu erleben.
Ansonsten bietet das Boiensdorfer Werder den Machern der SOKO viele Motive auf engstem Raum, was auch die hohe Anzahl der hier gedrehten Episoden erklärt. Fischer, Camping, Hafen und ein direkter Parkplatz vor Ort lässt ihre Herzen höher schlagen. Die Basis der Crew befindet sich meist direkt am Hafen. Da kann es schon mal passieren, dass sich Campinggäste verirren und das Catering für das SOKO-Team mit der Versorgung durch einen lokalen Anbieter verwechseln.

Boiensdorf, nordöstlich von Wismar gelegen und erstmals 1262 als Bauerndorf „Boydwinesdorf“ urkundlich erwähnt, zeichnet die malerische Halbinsel Boiensdorfer Werder aus, die sich etwa einen Kilometer weit in die Mecklenburger Bucht erstreckt und spektakuläre Ausblicke auf die Inseln Poel, Langenwerder sowie die Halbinsel Wustrow bietet.

Die Region ist reich an kulturellem Erbe und natürlicher Schönheit. Eine Attraktion stellt die Stover Holländer-Mühle von 1889 dar, ein betriebsfähiges technisches Denkmal, das das ganze Jahr über Touristen anlockt.

Dort wird Korn traditionell zu Mehl gemahlen und in einem Lehmbackofen zu Brot gebacken. Zusätzlich bietet ein lokal ansässiges Museum vertiefende Einblicke in die kulturelle und historische Bedeutung der Gegend. Wer in den Genuss kommen und das Backwerk probieren kann, sollte nicht zögern und zugreifen. Diese Kalorien lohnen sich.

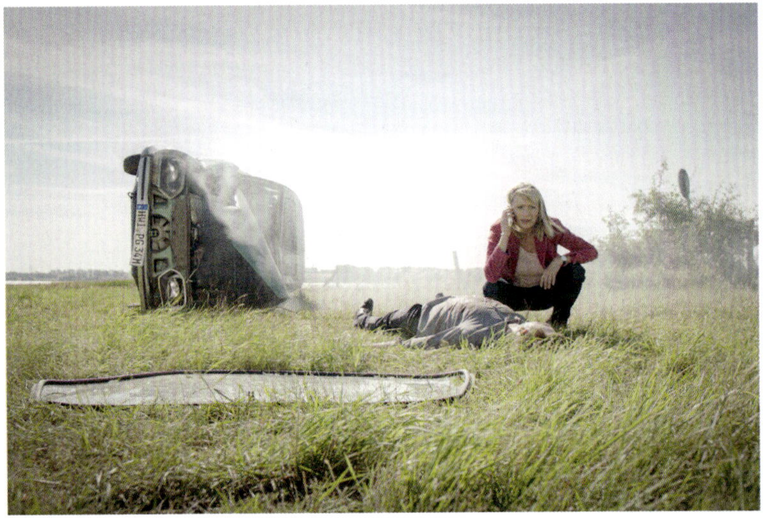

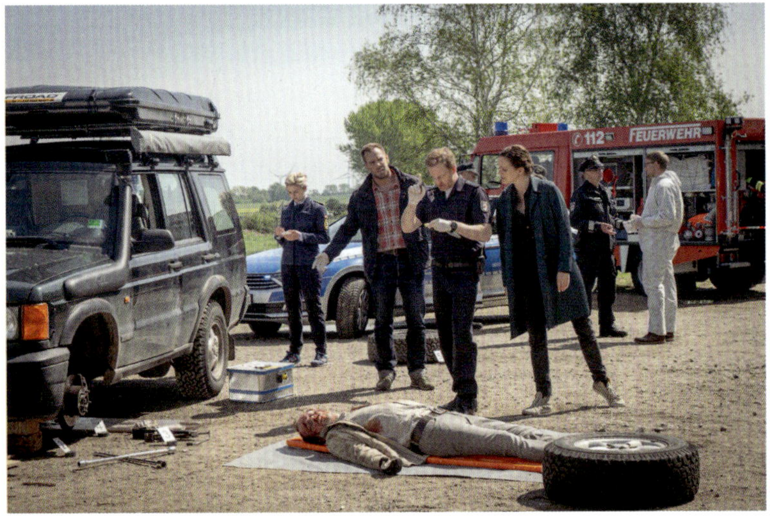

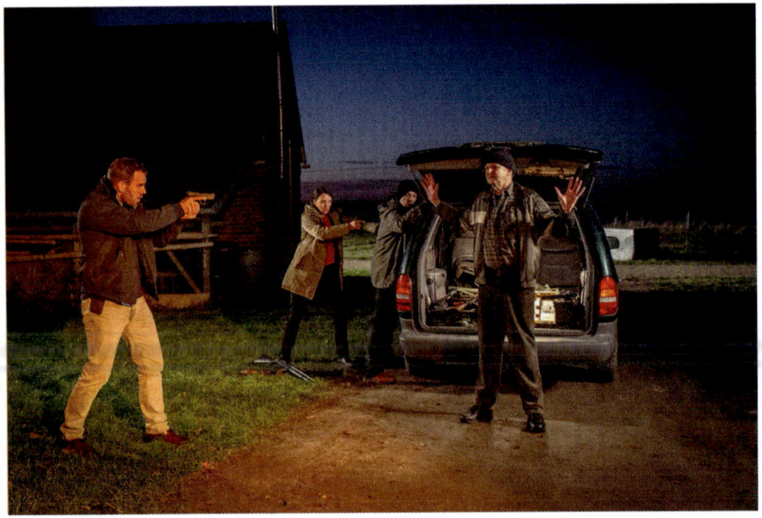

Naturliebhaber schätzen den Boiensdorfer Werder als Teil des EU-Vogelschutzgebiets „Küstenlandschaft Wismarbucht“ und des „Natura 2000“-Netzwerks. Der schmale Sandstrand des Salzhaffs, ein Boddengewässer mit flachen, lagunenartigen Bereichen und einer mittleren Wassertiefe von 2,3 Metern, bietet perfekte Bedingungen für Familien.

Für Aktivurlauber stehen zahlreiche Wege zum Wandern, Radfahren oder Reiten zur Verfügung, die durch die weitgehend unberührte Natur führen.

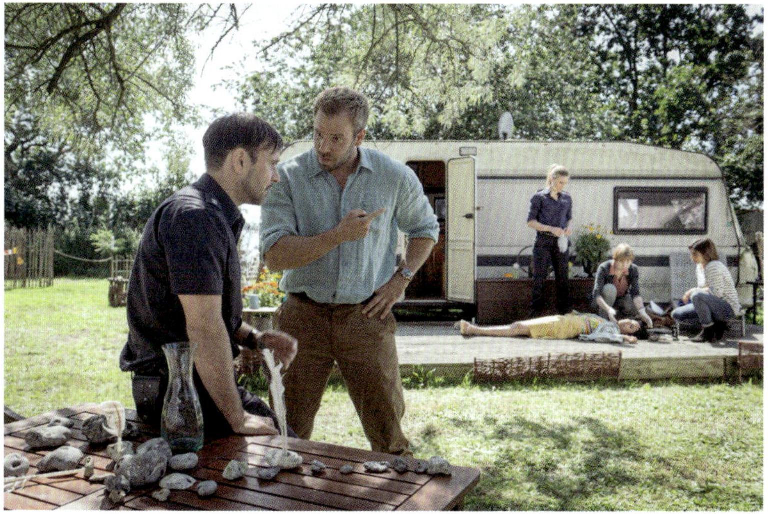

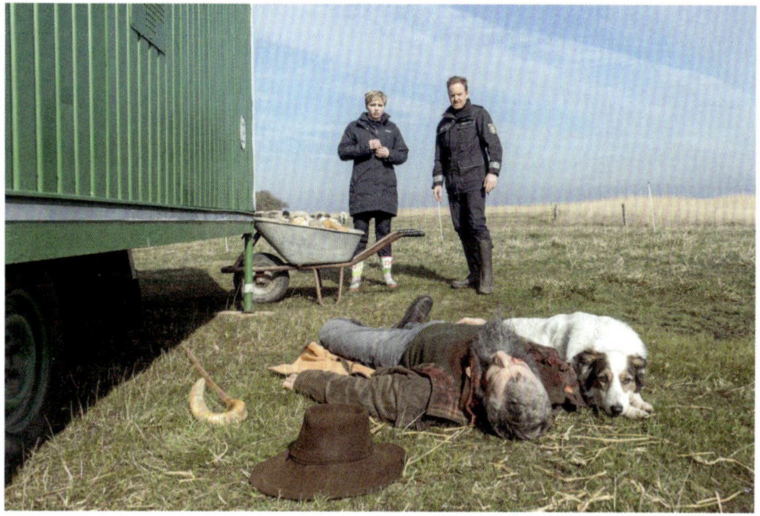

Der südliche Teil des Salzhaffs ist ein beliebter Spot für Kite- und Windsurfer, komplettiert durch eine Kiteschule, die auch Anfängern Unterstützung bietet. Ein speziell eingerichteter Wohnmobilpark und ein naher Campingplatz machen die Gegend für Campingfreunde attraktiv.

Boiensdorf vereint somit kulturelles Erbe, natürliche Schönheit und vielfältige Freizeitmöglichkeiten zu einem idealen Reiseziel für Menschen mit sehr unterschiedlichen Interessen.

ZDF MEDIATHEK

Staffel 11 Folge 20 **DER STÖRENFRIED**
Staffel 14 Folge 15 **HÜHNERGOTT**
Staffel 15 Folge 18 **FREIER FALL**
Staffel 15 Folge 24 **AUS DER KURVE**
Staffel 16 Folge 06 **DER STRANDPIRAT**
Staffel 16 Folge 09 **LEBE LIEBER UNTERIRDISCH**
Staffel 17 Folge 14 **WOLFSTOD**
Staffel 17 Folge 22 **RUND, DRALL UND SO SÜSS**
Staffel 19 Folge 16 **DER UMBETTER**
Staffel 20 Folge 04 **DIE GUNST DER STUNDE**
Staffel 20 Folge 14 **GRABRÄUBER**

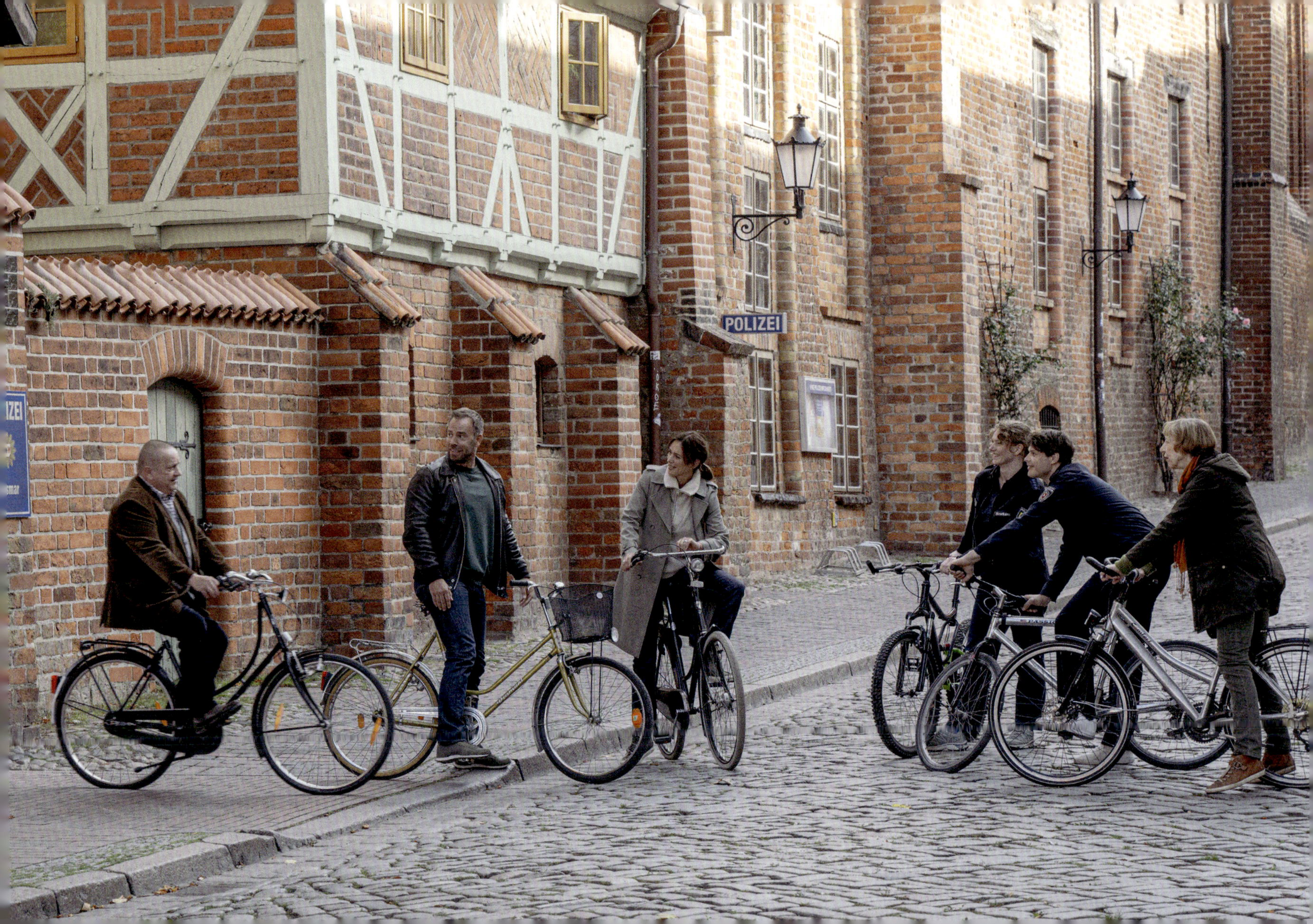
POLIZEI

16 HEILIGEN-GEIST-KIRCHE

Hinter diesen Mauern verbirgt sich das Innere der SOKO Wismar – das Revier. Nun ja, sagen wir lieber: Dieser Satz stimmt nur zur Hälfte. Viel hat im Film bekanntlich mit Illusion zu tun und so ist das Studio für das Polizeirevier tatsächlich in Berlin-Adlershof und nicht hinter den Mauern des Hofes der Heiligen-Geist-Kirche.

Schon von der ersten Folge an dient das Tor zu dem Hof der ehemaligen Hospitalanlage der Kirche den Machern der SOKO Wismar als sogenanntes Splitmotiv. Das Auto fährt durch die Toreinfahrt – und schon ist man in der Hauptstadt.

Übrigens, die SOKO ist nicht das erste Filmteam, das die Anlage nutzte. Schon Friedrich Wilhelm Murnau drehte 1921 „Nosferatu – Eine Symphonie des Grauens" unter anderem hier. Mehr dazu im Kapitel 24 „Wassertor" ab Seite 144.

Das „Sanctus Spiritus" Hospital zu Wismar, erstmals 1255 dokumentiert, wurde von wohlhabenden Bürgern und dem Rat der Stadt gegründet, um soziale Not zu lindern, ansteckend Erkrankte aufzunehmen und Obdachlosen Schutz zu bieten. Bereits zu dieser Zeit verfügte das Gelände über einen Gottesacker. Durch den Bischof zu Ratzeburg war man berechtigt, hier eigene Gottesdienste durchzuführen. Die Hospitalkirche wurde ab 1250 außerhalb der ersten Stadtgrenze errichtet. Sie ist ein schlichter Ziegelbau des 13. bis 15. Jahrhunderts.

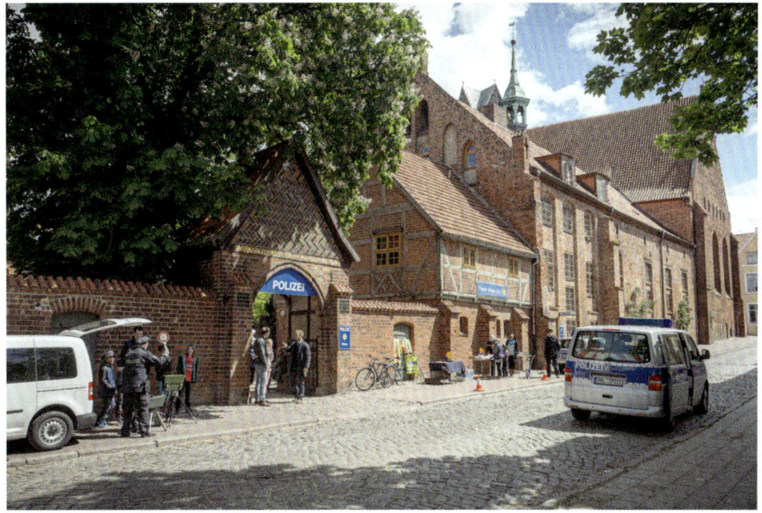

Ihre Konstruktion umfasst spitzbogige Fenster, Stützpfeiler aus dem 17. Jahrhundert und einen teilweise unterkellerten Saalbau, der auch einen Speicherboden beinhaltet.

Am östlichen Ende der Nordseite ist eine Kapelle angebaut, die heute als Winterkirche genutzt wird, früher auch als Beinhaus. Hier steht der gerettete Martin-Georg-Altar aus der Georgenkirche. Die Kirche und das Langhaus, Letzteres um 1410 als Siechenhaus (Hospiz) erbaut und nach 1945 teilweise zu Wohnungen umgestaltet, wurden zwischen 1964 und 1978 umfassend restauriert. Dabei konnten gotische Wandmalereien und eine bemalte barocke Holzbalkendecke von zirka 1700, auf der biblische Szenen dargestellt sind, freigelegt werden.

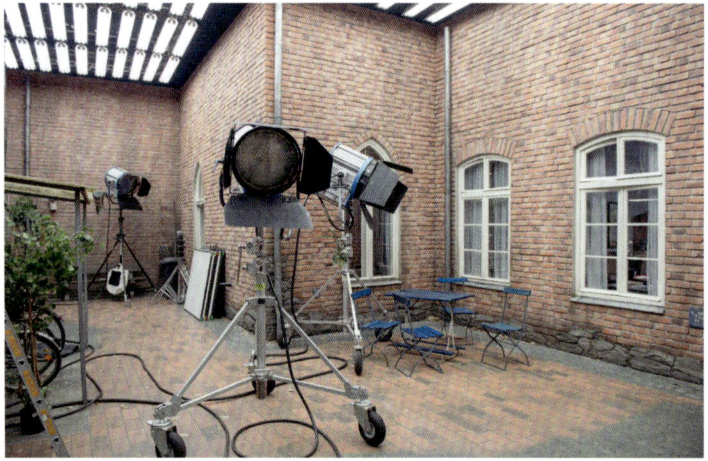

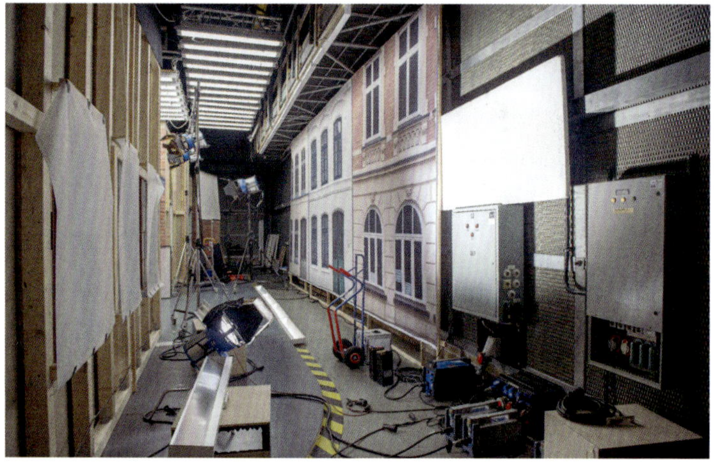

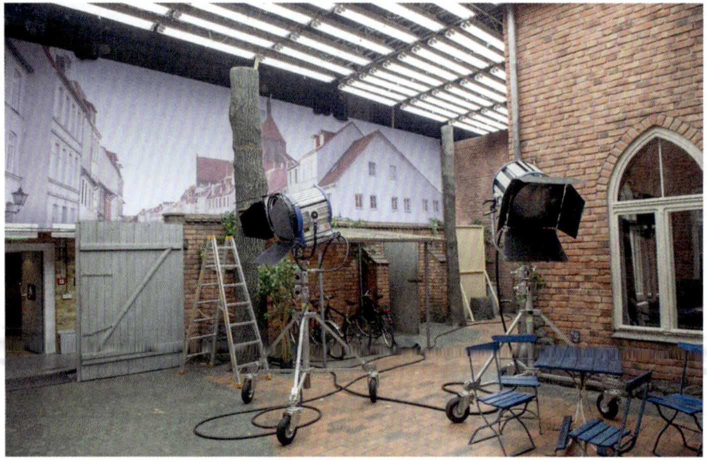

STUDIO IN BERLIN-ADLERSHOF

Das erste Revier der SOKO Wismar befand sich von 2002 bis 2011 in einer alten Tierklinikanlage der Berliner Humboldt-Universität. Dann wurde begonnen, das Studio F in Berlin-Adlershof für die Dreharbeiten der Krimireihe vorzubereiten. Ein neues Studio mit einem neuen Revier entstand, das ab 2012 genutzt werden konnte. Im Jahr 2021 wurde es um einen Raum für die Rechtsmedizin erweitert. Die Räumlichkeiten, die der SOKO in Berlin zur Verfügung stehen, belaufen sich auf insgesamt zirka 640 Quadratmeter. Der reine Studio-Bau nimmt davon zirka 460 Quadratmeter in Anspruch. Ein Drittel der Vorabendserie wird hier produziert.

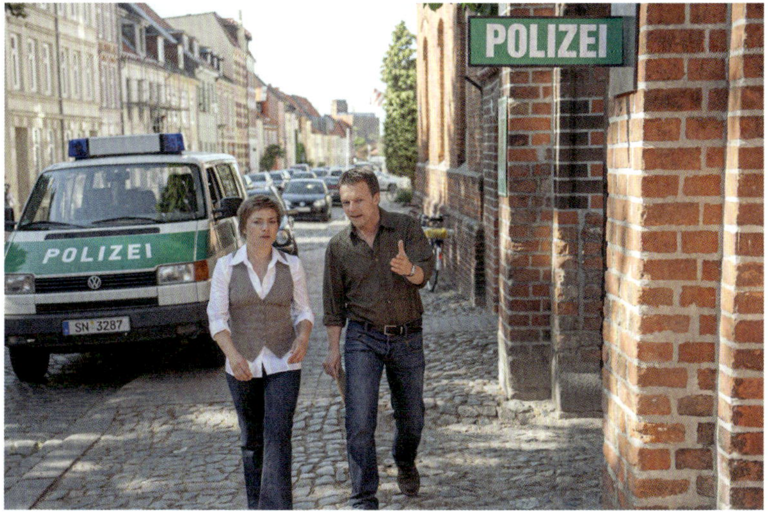

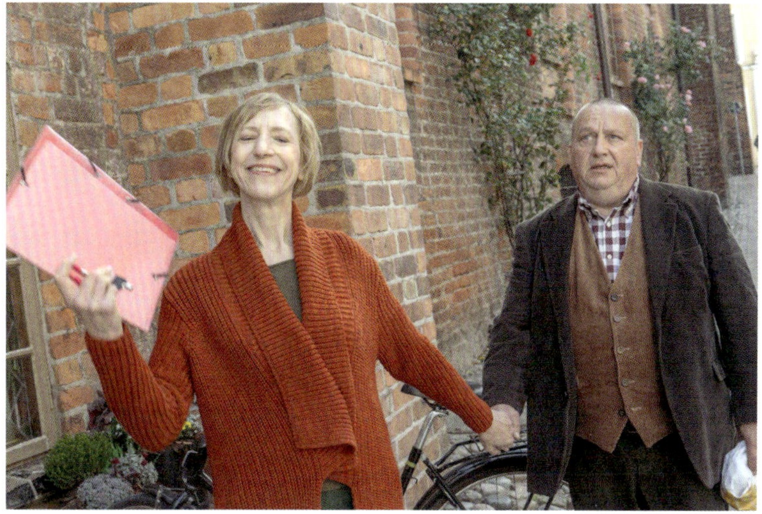

Heute findet ein buntes Gemeindeleben in der Heiligen-Geist-Kirche statt. Die Arbeit mit Kindern und Jugendlichen steht dabei genauso im Fokus wie das Zusammensein älterer Generationen. Außerdem ist die Kirche eine Pilgerherberge auf der Via Baltica.

In den Sommermonaten dient der Heiligen-Geist-Hof, geprägt durch seinen alten Baumbestand, Bänke und einen 1907 von Schülern der Ingenieurs-Academie errichteten Brunnen aus Granit, als Ort der Ruhe. Hier finden Lesungen und Konzerte statt. Und manchmal taucht eben auch das Team der SOKO Wismar auf. ●

ZDF MEDIATHEK

Staffel 10 Folge 13 **KRIEG DER STERNE**

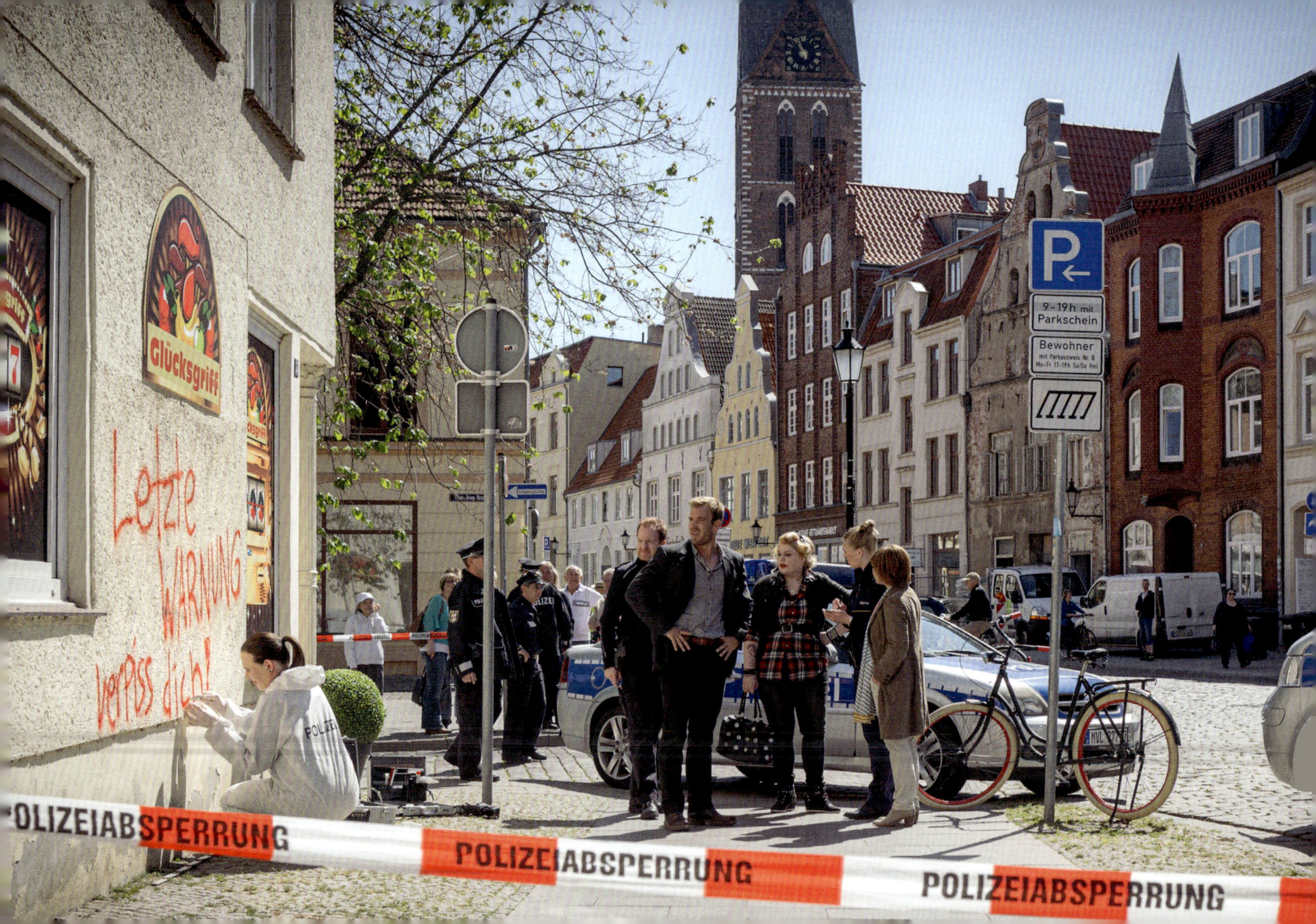
Glücksgriff
Letzte WARNUNG verpiss dich!
9-19h mit Parkschein
Bewohner
POLIZEIABSPERRUNG
POLIZEIABSPERRUNG
POLIZEIABSPERRUNG

17 LÜBSCHE STRASSE

Ein toter Schornsteinfeger. Aufgefunden nach dem Sturz von einem Haus in der Lübschen Straße – war es Mord oder Eigenverschulden? Und auch eine Immobilienkauffrau findet hier ihren Tod. Mehr Opfer gibt es allerdings nicht zu beklagen. Trotzdem ist die Lübsche Straße oft als Bild-Motiv in der Vorabendserie zu sehen, und das seit 20 Jahren. Damit liefert die SOKO Wismar auch ein Stück Zeitgeschichte. Die Zuschauer können beobachten, wie sich das Stadtbild in den letzten zwei Jahrzehnten gewandelt hat.

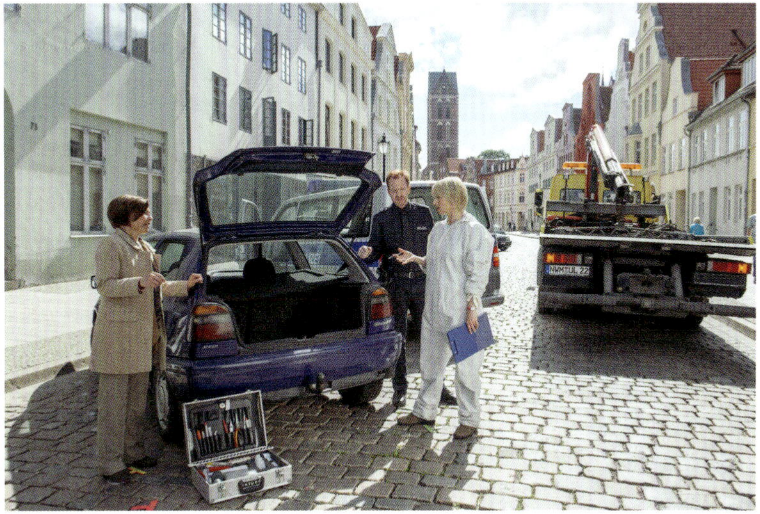

Die Lübsche Straße, eine der längsten in Wismar, ist eine Schatzkammer. Die Häuser, die seit Jahrhunderten auf die Gesichter zahlreicher Menschen geblickt haben. Das Kopfsteinpflaster, das seit Jahrhunderten die Füße vieler Generationen gespürt hat. Die Straße spielte als Teil des wichtigen Handelswegs von Lübeck nach Rostock eine fundamentale Rolle im Hanseverbund. Schon um 1285 fand sie ihre erste urkundliche Erwähnung als „Lübeker Strate".

Ihr Westabschnitt, historisch ein von Wasserkanälen flankierter Bereich, war einst über die Neustadt mit dem Hafen verbunden. Die leichte Biegung nahe dem Heiliggeisthospital entstand vermutlich als Umgehung des Stadthügels.

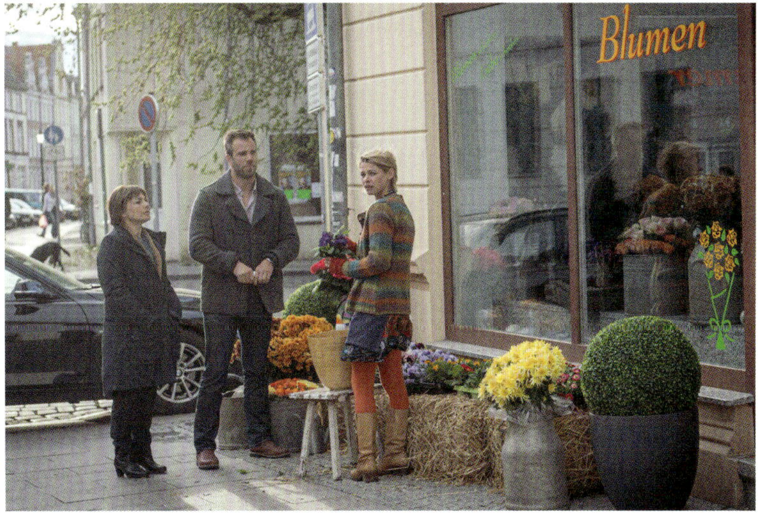

WELT-ERBE-HAUS UND TOURISTINFORMATION

Einen guten Startpunkt, um in die Historie einzutauchen, bildet das Welt-Erbe-Haus in der Lübschen Straße 23. Das Besucherzentrum, im Juni 2014 eröffnete, ist wie ein Schmelztiegel der Geschichte, der die Vergangenheit Wismars lebendig macht. Es lädt dazu ein, auf interaktiven Arbeitstischen und mittels spezieller Themenräume in die Fußstapfen jener Menschen zu treten, die ihre Stadt bauten, die den Handel betrieben, der Wohlstand brachte.

Ein optisches Glanzstück ist das Tapetenzimmer im Obergeschoss, das mit der utopischen Version einer mythologischen Geschichte der „Reise des Telemach auf die Insel der Calypso", zwischen 1815 und 1820 entworfen von Xavier Mader, verziert ist. Die Touristinformation ist neben dem Welt-Erbe-Haus untergebracht. Sie informiert über die Hansestadt, Unterkünfte und kulturelle Veranstaltungen. Öffentliche Führungen durch die Altstadt starten hier. Eine, die wir besonders ans Herz legen wollen: die SOKO-Wismar-Stadtführung.

www.wismar-tourist.de

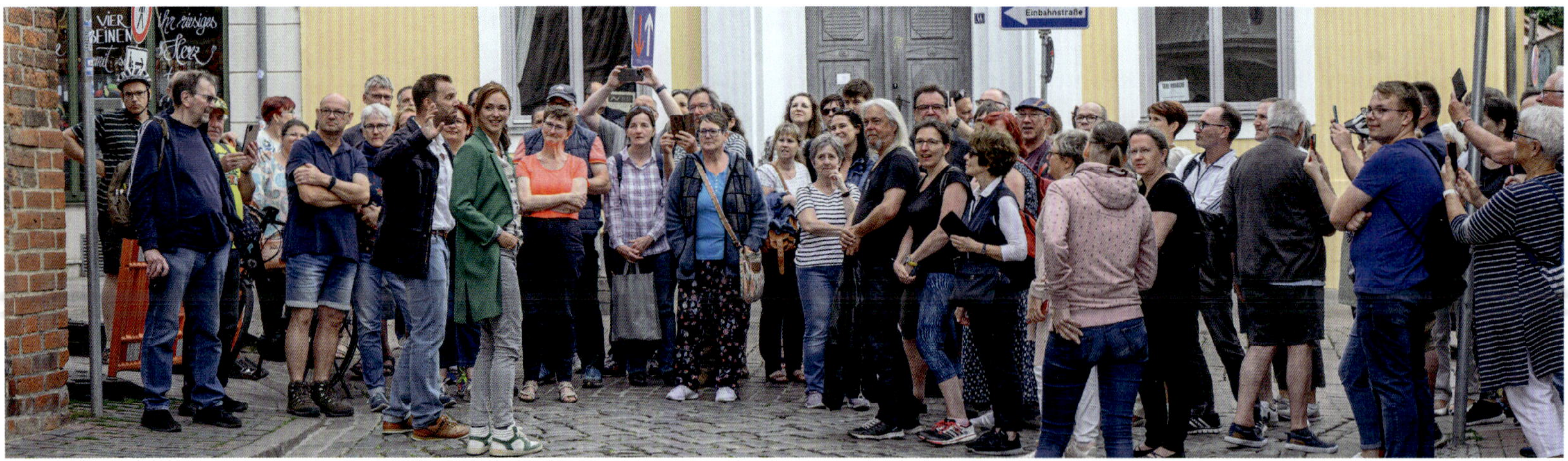

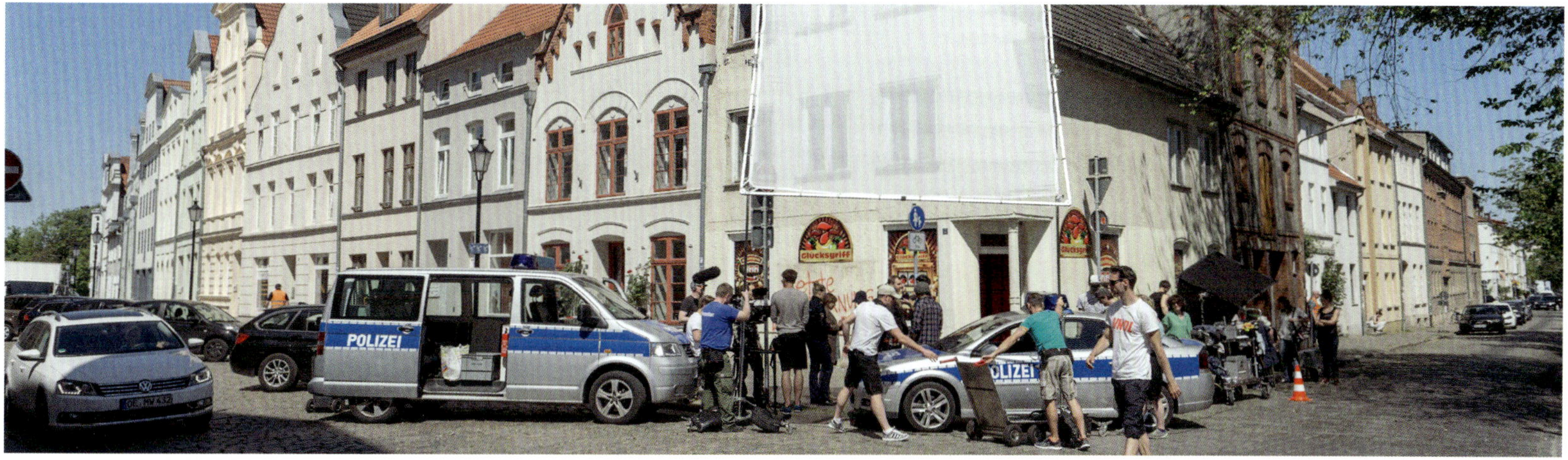

Der komplette Grundriss Wismars ist geprägt von gebogenen Straßenverläufen, unregelmäßigen Kreuzungen und versetzten Häuserfluchten.

Wismar, Mitglied des mächtigen Wirtschaftsverbunds Hanse, zog Kaufleute und Handwerker aus ganz Europa an, und die Lübsche Straße war das prunkvolle Schaufenster dieses Reichtums. Im 17. und 18. Jahrhundert standen hier Giebelhäuser, deren teilweise erhaltene, kunstvoll gestaltete Fassaden noch heute von der einstigen Pracht zeugen. Im Laufe der Zeit musste die Straße jedoch viel über sich ergehen lassen. Kriege und wirtschaftliche Veränderungen führten zu Umgestaltungen und Neuaufbauten.

Doch auch deshalb finden sich in der Lübschen Straße viele Stilrichtungen, die von der Backsteingotik über die Renaissance bis hin zum Barock reichen. ●

ZDF MEDIATHEK

Staffel 05 Folge 10 **DAS VERSCHLOSSENE ZIMMER**
Staffel 09 Folge 18 **FRAU IM SCHATTEN**
Staffel 10 Folge 10 **ÜBER DEN DÄCHERN VON WISMAR**
Staffel 13 Folge 08 **ICH LIEBE EINEN MÖRDER**

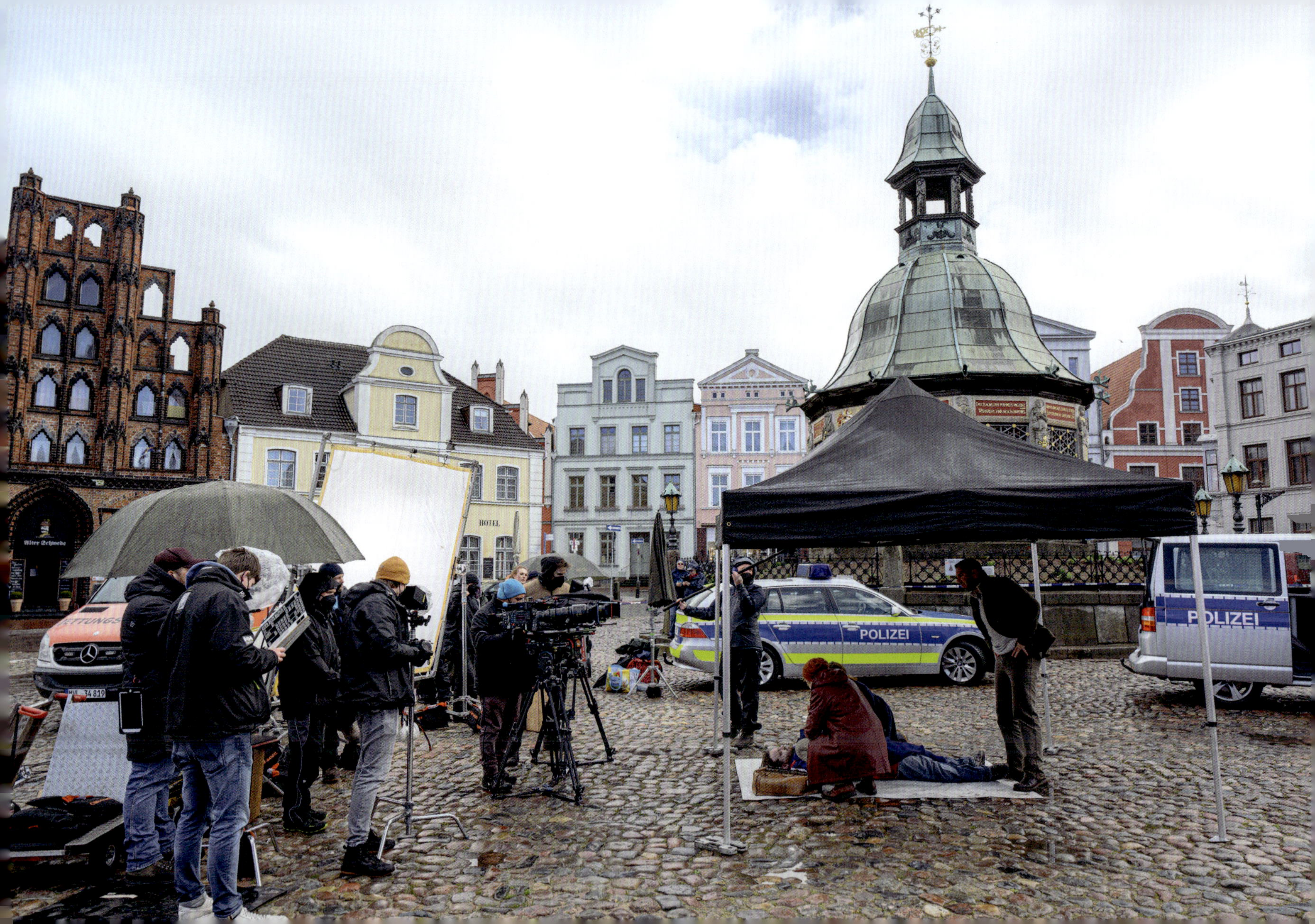

HOTEL
POLIZEI
POLIZEI

18 MARKTPLATZ

Ob nun ein Toter, der im Anhänger einer Bettenreinigungsfirma gefunden wird, oder Wurst-Micha, der während einer hitzigen Debatte mit Fisch-Hein plötzlich tot umfällt: Der Wismarer Markt ist Schauplatz für viele Geschichten und Geschichte. Und das nicht nur bei der SOKO Wismar, sondern schon seit Jahrhunderten. Wer übrigens gedacht haben sollte, in der Episode „Marktschreier" echte Aale zu sehen, den müssen wir enttäuschen. Stattdessen wurden Weidenstöcke in Aalform gebracht, angesprüht und eingeschweißt – fertig war der Fisch für den Verkauf. Die eingeschweißte Wurst hingegen war echt. Am Ende des Drehtages wurde sie an die Wismarer Tafel gespendet.

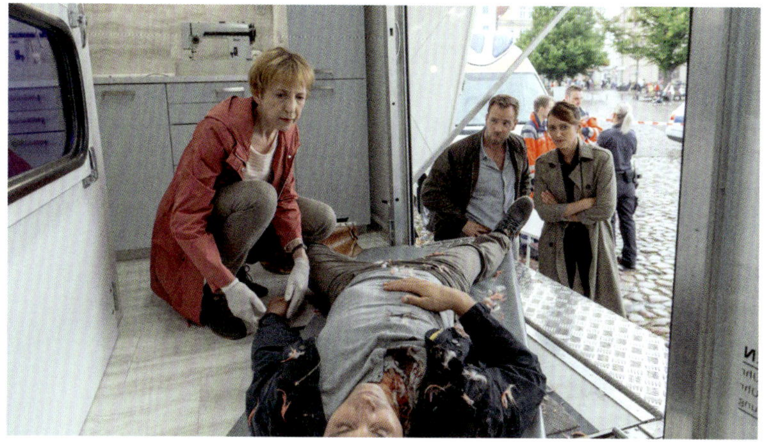

Mit seinen beeindruckenden Maßen von 100 mal 100 Metern handelt es sich bei dem Marktplatz um einen der größten seiner Art in Norddeutschland. Das erste Mal wurde er 1255 als „Forum" erwähnt, was nichts anders als Markt bedeutet. Seitdem ist er das politische und wirtschaftliche Zentrum der Hansestadt.

Bereits im 13. und 14. Jahrhundert war der Markt von den wesentlichen Gebäuden umgeben. Im Westen führte die Hegede auf den Platz, im Norden die Straße Hinter dem Rathaus und im Osten wahrscheinlich die Diebstraße. Vermutlich war der Markt damals größer als heute. Die Häuserzeile zwischen ihm und der Diebstraße entstand wohl erst nach dem Brand des alten Rathauses 1350.

Das Rathaus wurde, nachdem das alte abgebrannt war, auf die Tuchhalle aus dem 13. Jahrhundert im gotischen Stil gebaut. Auf seiner linken Seite stand die offene Gerichtslaube.

Im Zentrum rund um den Markt befanden sich neben dem Rathaus auch schon im Mittelalter die wichtigsten städtischen Einrichtungen: Pranger, Arrest, Wache, Ratsapotheke und diverse Verkaufsläden. Auch der Keller des Rathauses, der sogenannte Ratsweinkeller, war damals von großer Bedeutung. Hier prüften und verkauften sogenannte Rathsmannen bis zum Ende des 16. Jahrhunderts den teuren Wein („Rotspon"), der in die Stadt gebracht wurde. Ende des 16. Jahrhunderts verpachtete die Stadt den Ratsweinkeller und erst ab diesem Zeitpunkt durfte dort auch Bier gezapft werden.

SCHWEDENZEIT

Von 1648 bis 1903 gehörte Wismar zum schwedischen Königreich. 1632 wurde die Stadt im Dreißigjährigen Krieg von dessen Truppen erobert, wobei man Wallenstein und seine Besatzungstruppen vertrieb. 1648 im Westfälischen Frieden sprach man Wismar Schweden zu. Diese ließen die alte Hansestadt zu einer der größten Festungen ausbauen, unter anderem mit zwei riesigen Zitadellen.

Die strategische Lage direkt an der See in einer geschützten Bucht sowie der weiter vorhandene Reichtum der Kommune spielten dabei sicher eine Rolle. Zwar endete die Anwesenheit der schwedischen Besatzung 1803, aber erst 100 Jahre später ging Wismar nach einen hundertjährigen Pfandvertrag zurück an Mecklenburg. So wurden aus den Südschweden wieder Mecklenburger.

Noch heute gibt es Gebäude, die an die einstige Zugehörigkeit zu Schweden erinnern. Beispielhaft seien genannt: das Zeughaus, das ehemalige Proviantshaus an der Bauhofstraße und der „Alte Schwede am Markt". Letzterer jedoch nur vom Namen her.

Im Sommer begeht Wismar alljährlich das Schwedenfest, das an die Zugehörigkeit zum skandinavischen Königreich erinnert.

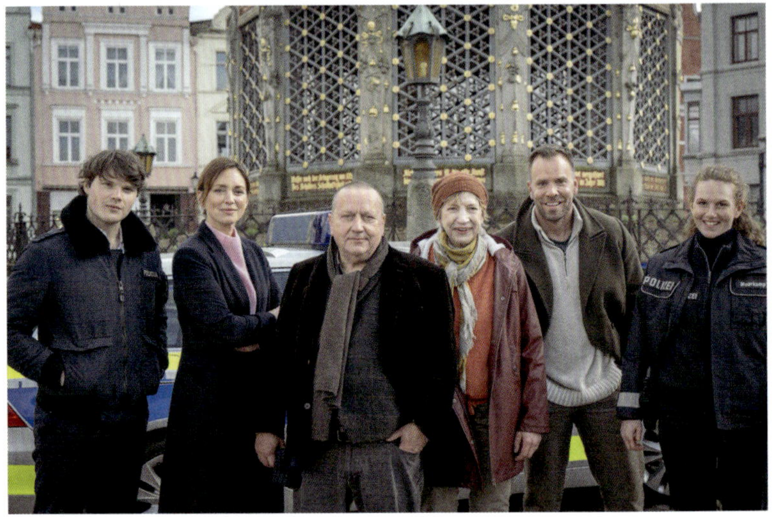

Die Ratsapotheke befindet sich seit 1336 auf dem Marktplatz. Bis 1819 war sie im Besitz der Stadt und diente beispielsweise der Finanzierung des Rathausneubaus. Das erwies sich auch als bitter nötig, denn 1807, während der napoleonischen Besatzung, war das Dach des Rathauses eingestürzt. Erst 1817 wurde mit der Überformung des bestehenden Gebäudes im damals modernen klassizistischen Stil begonnen.

Das Bild des Platzes wurde im Mittelalter neben den Gebäuden stark durch Marktbuden geprägt. Damals sprach man von Schrangen, Bänken oder Scharren.

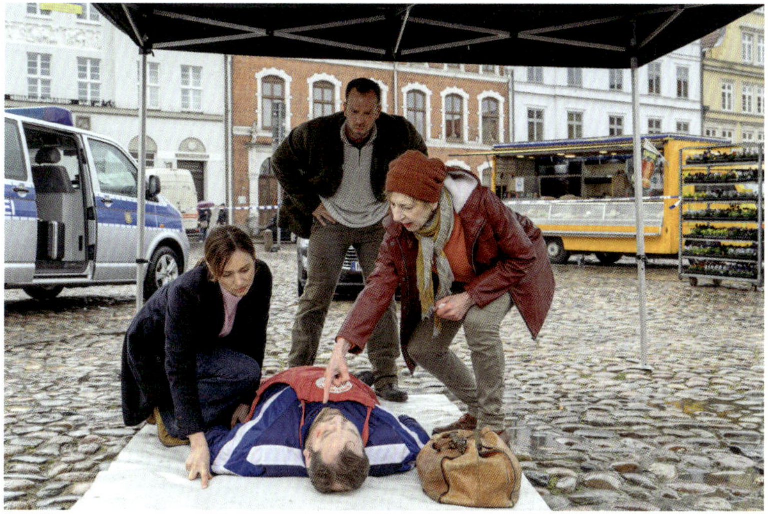

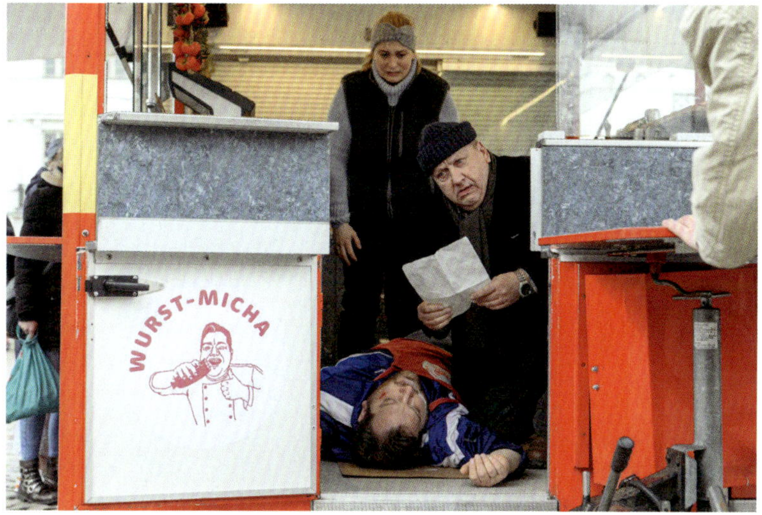

Eine weitere Attraktion der Anlage bildet die „Wasserkunst". Der aufwendige, pavillonartige Bau wurde von 1579 bis 1602 nach Plänen des Utrechter Baumeisters Philipp Brandin im Stil der niederländischen Renaissance geschaffen. Im Wasserleitungsplan von etwa 1710 stellte sie das Zentrum des Wasserversorgungssystems der Stadt dar. Das Wasser wurde aus fünf Kilometern Entfernung von den Metelsdorfer Quellen hierher geleitet. Die Quellen liegen etwa 15 Meter höher als der Marktplatz. Die Wasserkunst diente bis 1897 der Trinkwasserversorgung Wismars.

Heute ist der Markt von Wismar umgeben von historischen Gebäuden, deren Fassaden aus dem 14. bis 17. Jahrhundert stammen beziehungsweise im 19. Jahrhundert umgestaltet wurden. Die Bauwerke sind größtenteils denkmalgeschützt und verleihen dem Platz ein malerisches und historisch bedeutungsvolles Ambiente.

Der Markt ist ein lebendiger Ort geblieben, der Besucher in die Vergangenheit entführt und gleichzeitig das kulturelle Herz der Hansestadt Wismar bildet. ●

ZDF MEDIATHEK

Staffel 16 Folge 21 **DIE WANZE IN MEINEM BETT**
Staffel 19 Folge 03 **MARKTSCHREIER**

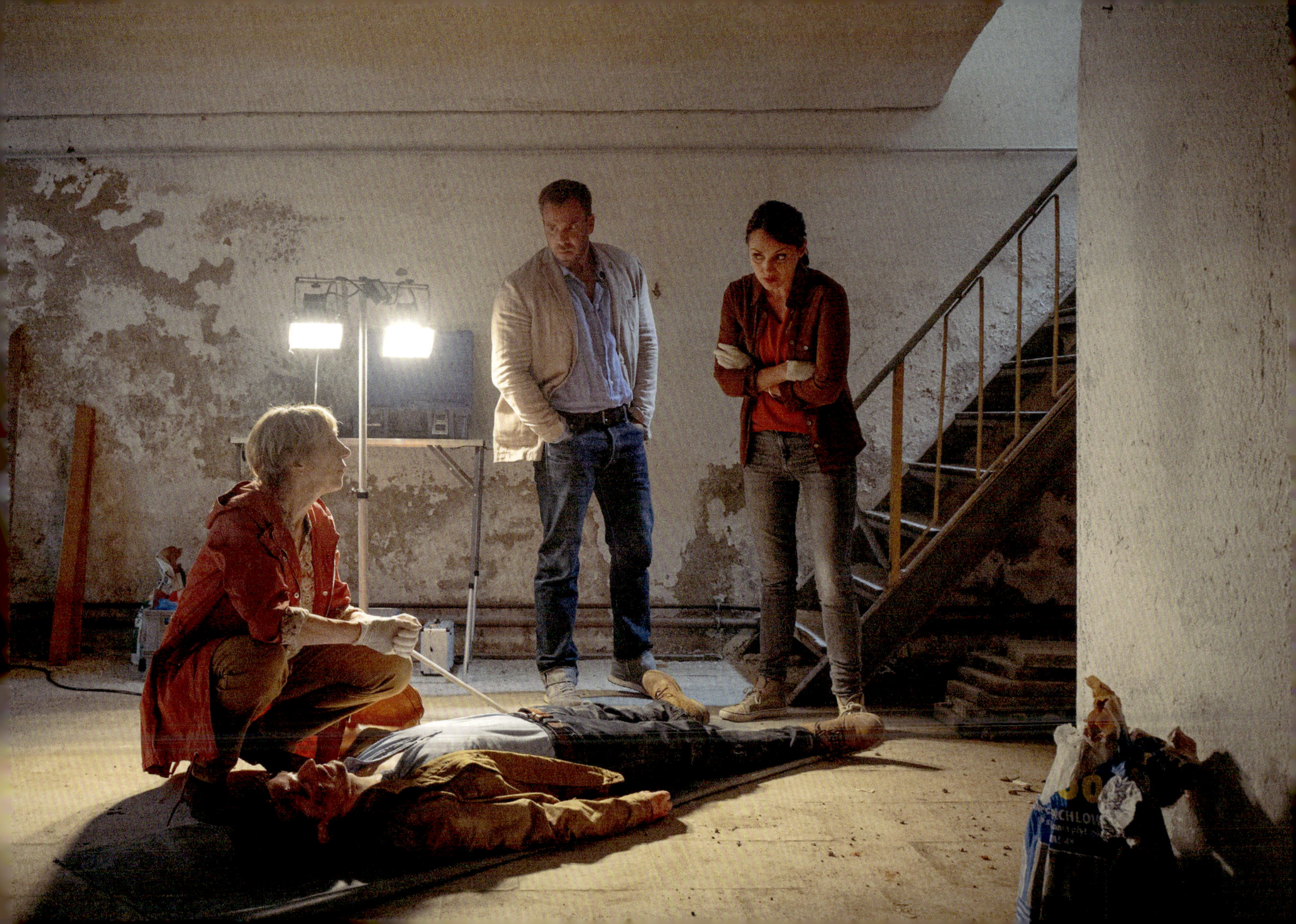

19 KRÄMERSTRASSE

Der Inhaber eines Whiskyladens wird erschlagen hinter dem Tresen seines Geschäfts in der Krämerstraße gefunden. Alle wertvollen Spirituosen sind gestohlen, in der Kasse fehlt das Geld. Raubmord oder steckt doch mehr dahinter? Oder ein zweiter Fall: zwei verfeindetet Tattoo-Ateliers, und das auch noch direkt gegenüber voneinander in der Krämerstraße gelegen. Als der Bruder des Inhabers des neu eröffneten Shops stirbt, während er tätowiert wird, fällt der Verdacht schnell auf den Chef des alteingesessenen Unternehmens.
Im echten Leben befinden sich in diesen Geschäften übrigens kein Shop für stark alkoholhaltige Getränke und keine Tattoo-Studios. Die Macher der SOKO Wismar funktionieren Läden oft um. Immer nur für einen Tag. Manchmal ist es schon passiert, dass Menschen in den Verkaufsraum hineingingen und erst dann feststellten: Sie befanden sich in einem Filmset. Das sorgt gern einmal für Verwirrung und für den ein oder anderen Lacher.

Die Krämerstraße, urkundlich erstmals um 1260 als „platea institorum" erwähnt, spiegelt eindrucksvoll die lange Handelstradition der Hansestadt wider. Ursprünglich ein Zentrum für Krämer, also Kaufleute, die hier ihre vielfältigen Waren wie Garne, Stoffe und Gewürze verkauften, hat sich die Straße über die Jahrhunderte als geschäftliches Herz der Stadt etabliert.

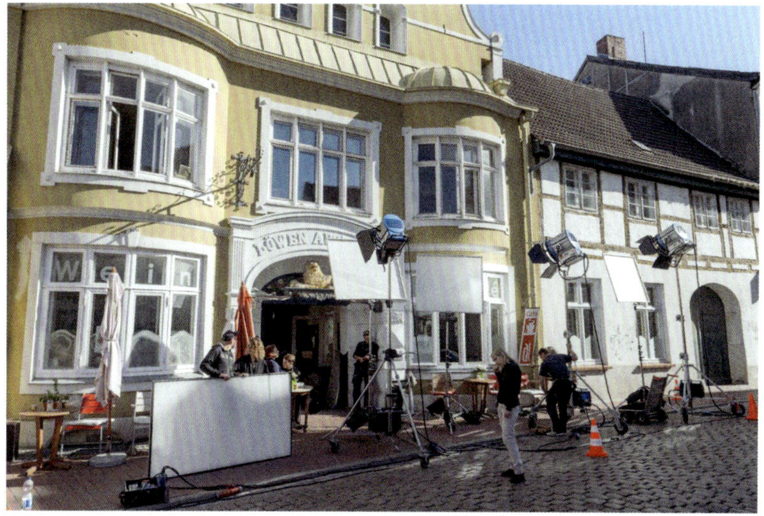

Besondere historische Bedeutung erlangte sie 1881 durch die Gründung des ersten Karstadt-Warenhauses, das nicht nur in Wismar den Beginn des modernen Einzelhandels markierte.

Im Laufe der Jahre zeugte immer mehr repräsentative Architektur entlang der Krämerstraße von der wirtschaftlichen Blüte und dem baukünstlerischen Reichtum der Stadt.

Auf der östlichen Seite dominieren giebelständige Gebäude das Bild. Auf der gegenüberliegenden Seite prägt das 1907 fertiggestellte Kaufhausgebäude die Szenerie. Viele dieser historischen Bauten sind als Zeitzeugen unter Denkmalschutz gestellt.

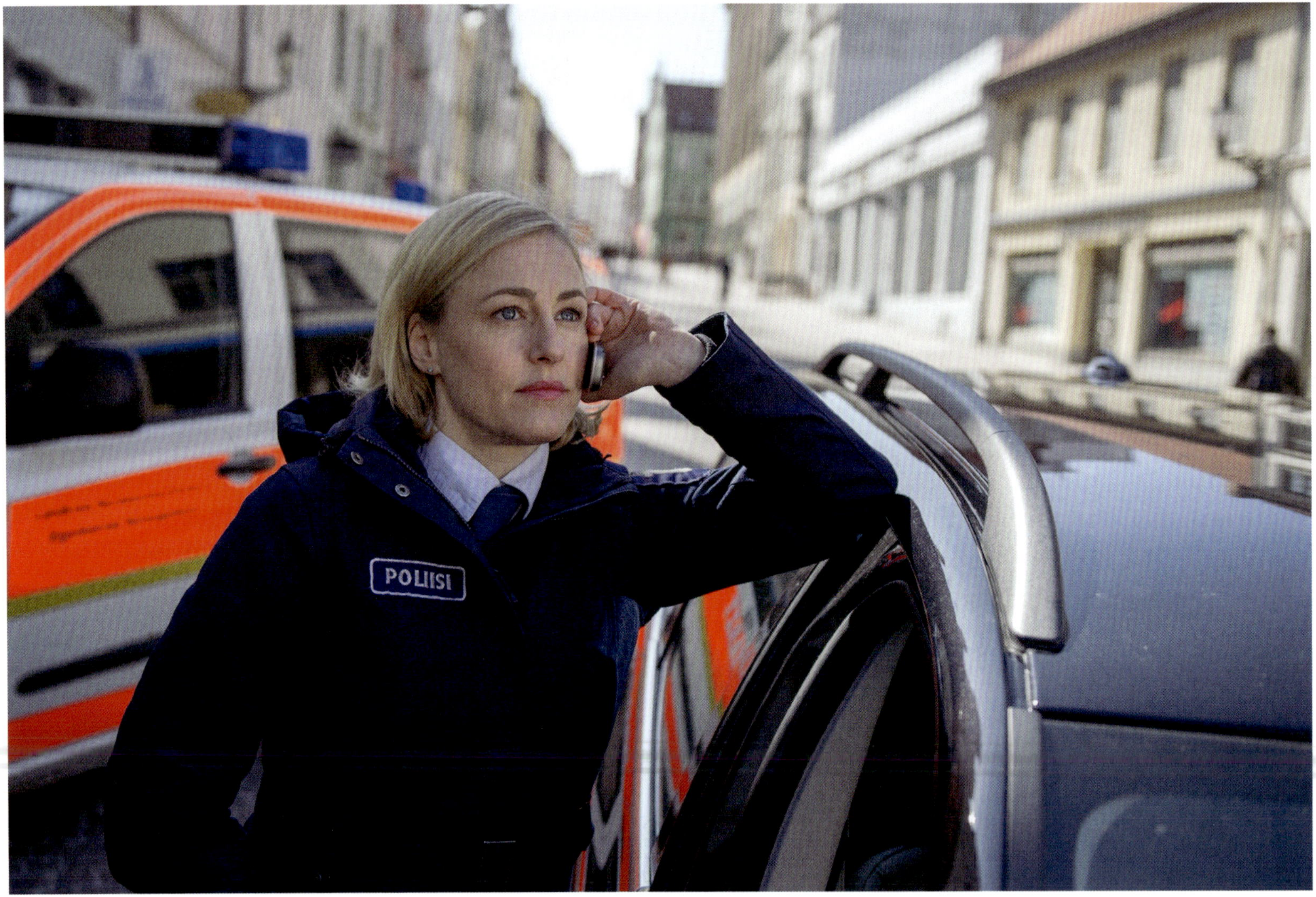
POLIISI

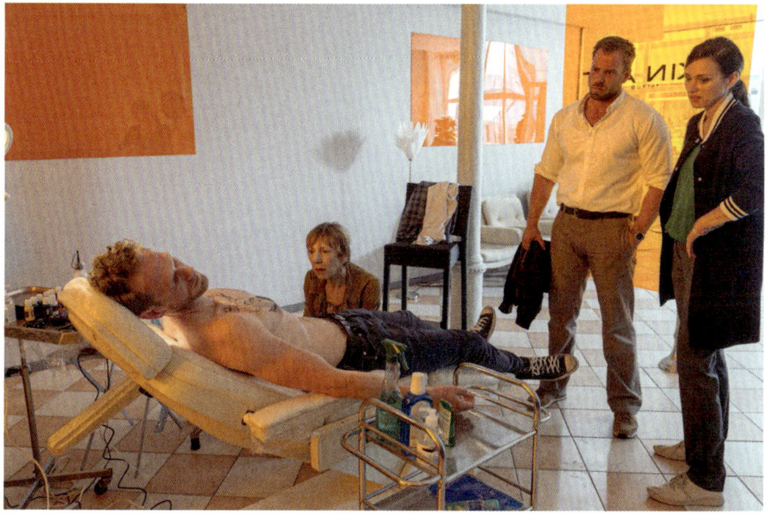

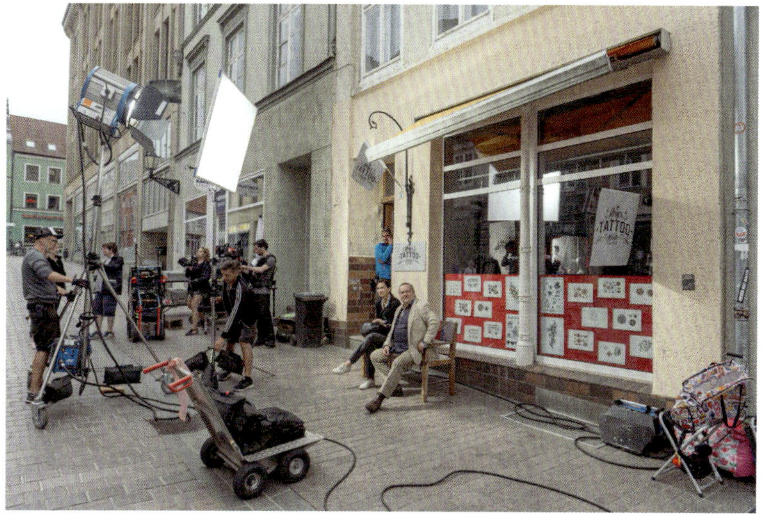

Die Krämerstraße war auch ein wichtiger Verkehrsknotenpunkt, der durch die nahegelegenen Stadttore Mecklenburger Tor im Süden und Wassertor im Norden strategische Bedeutung erlangte. Mit der Umwandlung in eine Fußgängerzone in den 1970er Jahren verlor sie ihre Funktion für den Fahrverkehr.

Im unteren Bereich der Krämerstraße befindet sich ein Springbrunnen. Dieser Platz wird auch Hopfenmarkt genannt, da sich im Mittelalter an diesem Ort ein Marktplatz am Ende eines Hafenbeckens – der heutigen Breiten Straße – befand, auf dem unter anderem mit Hopfen gehandelt wurde.

Heute ist die Krämerstraße ein vitaler Teil der Altstadt Wismars, belebt durch Einzelhandelsgeschäfte und Gastronomie. Sie bleibt ein zentraler Treffpunkt, der sowohl Einheimische als auch Touristen anzieht. Die historische Architektur und die moderne Nutzung schlagen eine Brücke zwischen Vergangenheit und Gegenwart. ●

ZDF MEDIATHEK

Staffel 15 Folge 04 **TATTOO TOD**
Staffel 16 Folge 18 **DER SCHWEDENSCHATZ**
Staffel 19 Folge 20 **EIN LETZTER SCHLUCK**

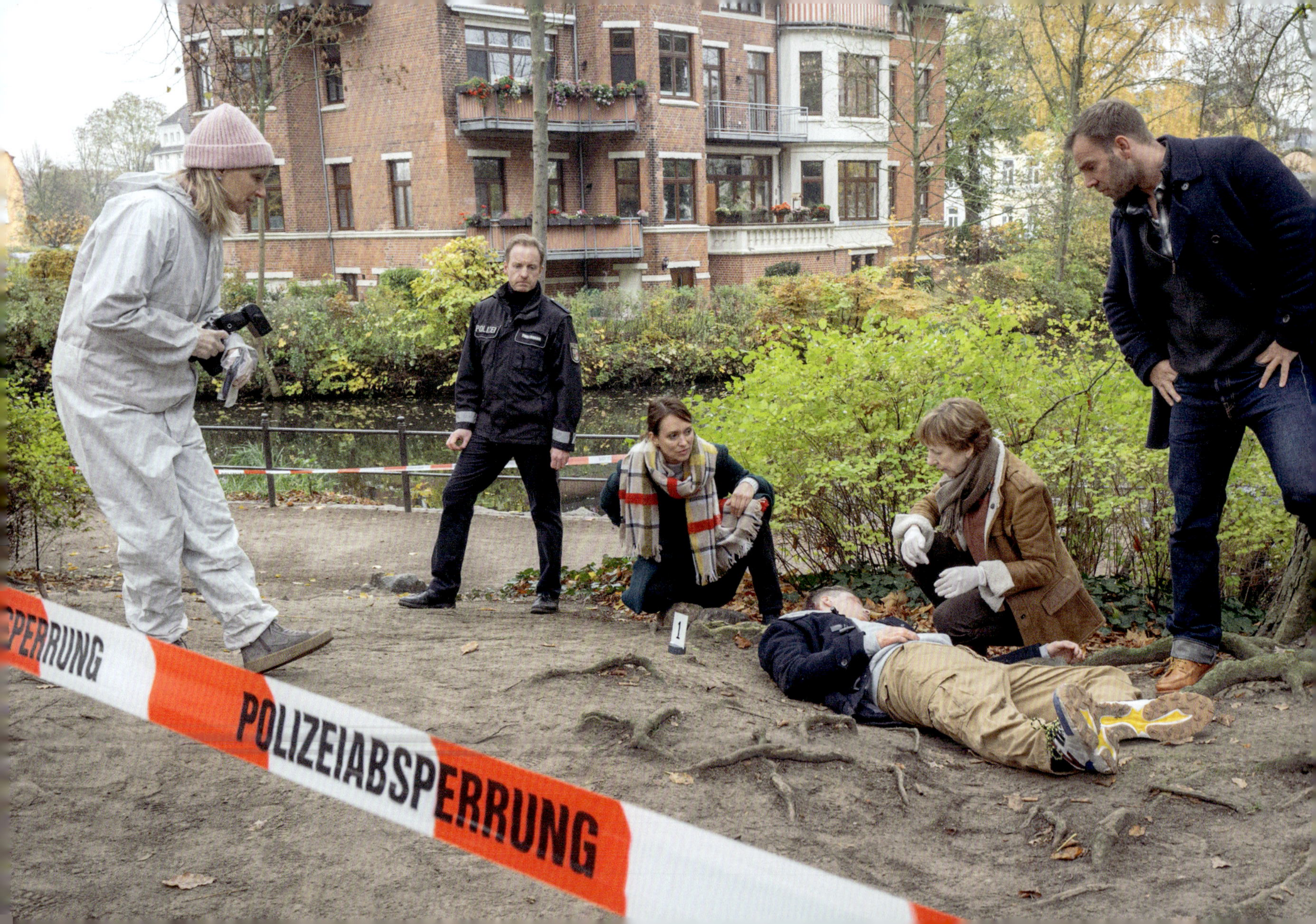
POLIZEIABSPERRUNG
SPERRUNG
POLIZEI
1

20 LINDENGARTEN

Ein übermütiger Teenager findet im Lindengarten den Tod – eine Folge der SOKO Wismar, die es emotional in sich hat, gerade für das ehemalige Ensemblemitglied Kai Timmermann, hat er doch am Abend zuvor am selben Ort eine Gruppe Teenager auf Grund von Ruhestörung verwarnt. Und jetzt ist einer der Jungs das Opfer. Außerdem bekommen wir in dieser Episode eine der wenigen Nachtsequenzen der SOKO Wismar zu Gesicht. Dass Nachtdrehs eher die Ausnahme bilden, hat vor allem mit dem logistischen Aufwand zu tun. Wenn, dann finden sie meist im Winter statt, muss man doch nicht so lange warten, bis es endlich dunkel ist und losgelegt werden kann.

Der Lindengarten ist trotz seiner geringen Größe eine geschichtsträchtige und deswegen auch denkmalgeschützte Anlage. Seine Gründung auf dem Gelände einer ehemaligen schwedischen Befestigungsanlage erfolgte im Jahr 1815 durch die Stadt. Möglich war dies nur durch zahlreiche Spendengelder.

Heute ist der Park ein geschichtliches Zeugnis und eine kleine grüne Lunge im städtischen Raum. Durch ihn fließt der Mühlenbach, der in die Mühlengrube oder nur Grube übergeht (siehe dazu das Kapitel 22 „Frische Grube“ ab Seite 137). Zu den historischen Elementen, die bis in die Gegenwart überdauert haben, gehören die Überreste der mittelalterlichen Stadtbefestigung aus der zweiten Hälfte des 15. Jahrhunderts am nordwestlichen Ende.

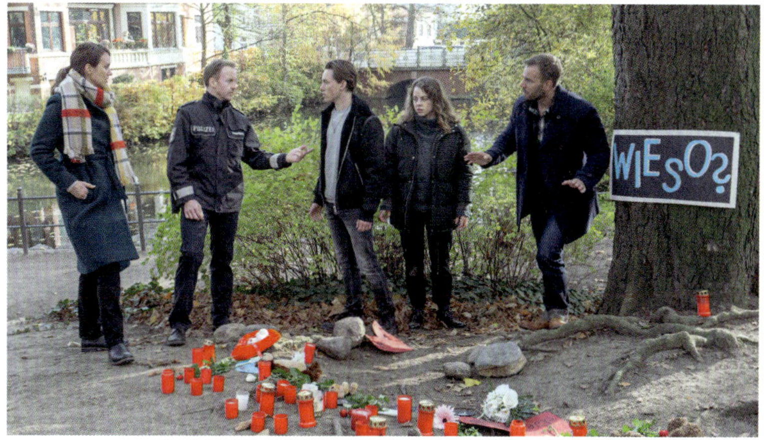

Ein weiteres Zeugnis der Vergangenheit ist der ehemalige Wasserturm, der bis ins 19. Jahrhundert die Stadt mit Trinkwasser versorgte und zwischen 1996 und 1997 umfangreich saniert wurde.

Die bronzene Skulptur „Metamorphose“ von Horst Brühmann, die als Einzeldenkmal unter Denkmalschutz steht, gehört zu den künstlerischen Highlights der Anlage. Sie und der alte Baumbestand tragen zum kulturellen und historischen Wert des Lindengartens bei. ●

ZDF MEDIATHEK

Staffel 16 Folge 12 **AM FALSCHEN ORT**

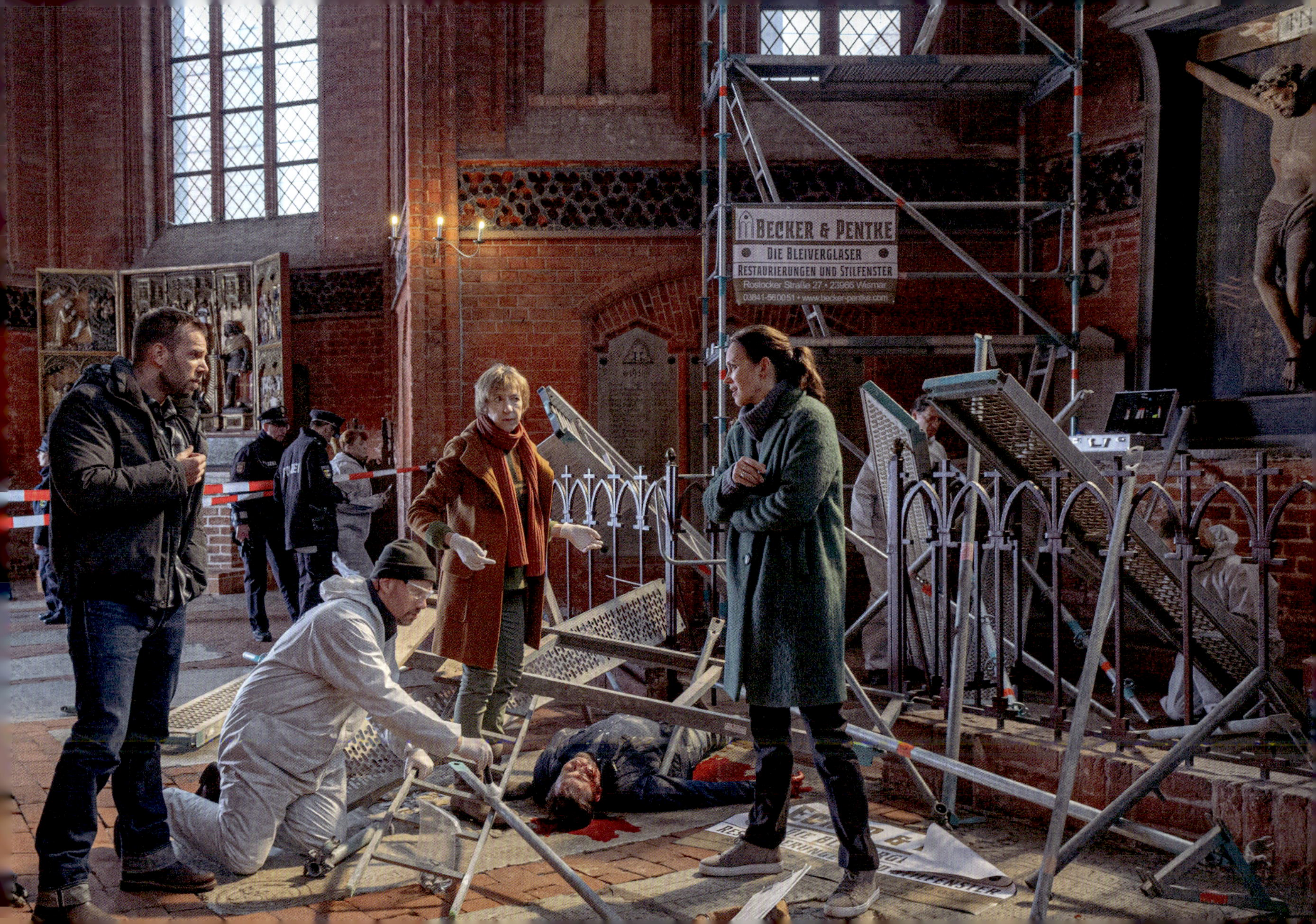
BECKER & PENTKE
DIE BLEIVERGLASER
RESTAURIERUNGEN UND STILFENSTER

21 NIKOLAIKIRCHE

Jene, die in oder an der St. Nikolaikirche ihr Ende fanden und die SOKO Wismar zu Ermittlungen zwangen, eint eines: der Hang zur extremen Fallhöhe. Ein Orgelbauer stürzte in den Tod, unter einem Bleiverglaser brach das Baugerüst während Restaurierungsarbeiten zusammen und ein Zimmermeister wurde vom Kirchturm gestoßen. Also Obacht.
Möglich war die Folge „Wanderjahre" übrigens nur durch den Zufall, dass man den Turm der Nikolaikirche für Baumaßnahmen eingerüstet hatte. Als dies das Team der SOKO erfuhr, wurde die Folge kurzerhand an die Bauzeit angepasst. Und so kam es, dass man oben am Kirchturm drehen konnte. Ein grandioser Blick inklusive. An dieser Stelle sei übrigens verraten: Dominik Boeer hat im echten Leben keine Höhenangst.

Das mittlere Kirchenschiff von St. Nikolai ist nach St. Marien in Lübeck das zweithöchste backsteingotische Mittelschiff der Welt. Es gehört zu den schönsten Zeugnissen mittelalterlicher Architektur in Norddeutschland. Gemeinsam mit der Marien- und der Georgenkirche ist St. Nikolai eine von drei hanseatischen Basiliken, die das Stadtbild Wismars prägen.

1381 begann der Bau. Knappe 130 Jahre später wurde das Mammutprojekt beendet. Die Kirche der Fischer und Seefahrer erhielt einen Turm mit einer Höhe von 120 Metern. Am 8. Dezember 1703 stürzte dieser während eines Orkans herab und zerstörte die Gewölbe des Mittelschiffs.

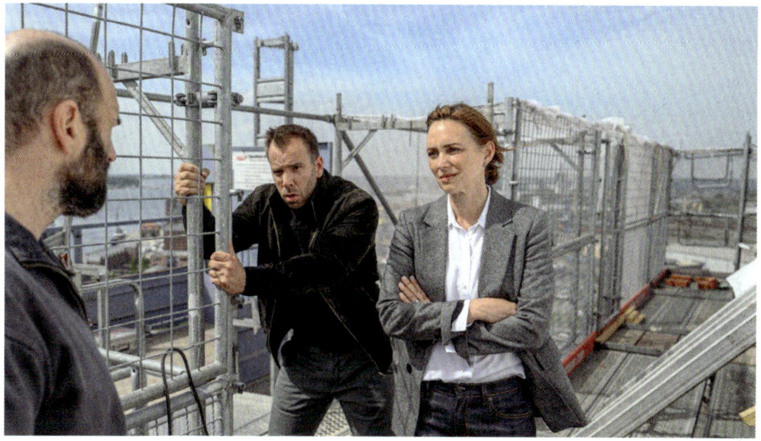

Dabei wurden zudem viele Stücke der mittelalterlichen Inneneinrichtung vernichtet. Die Erneuerung der Ausstattung dauerte bis in die zweite Hälfte des 18. Jahrhunderts. Erst 1867 war ein neues Gewölbe vollendet. Seit 2002 zählt St. Nikolai als Teil der Wismarer Altstadt zum UNESCO-Welterbe. Die Kirche wird das ganze Jahr für Gottesdienste, Ausstellungen und Konzerte genutzt. Außerdem gibt es zur warmen Jahreszeit Gewölbeführungen unter dem mittelalterlichen Kirchendach des südlichen Seitenschiffes. Ein Besuch lohnt sich in jedem Fall. ●

ZDF MEDIATHEK

Staffel 15 Folge 25 **MORD NACH NOTEN**
Staffel 16 Folge 16 **BLEIVERGLASUNG**
Staffel 19 Folge 15 **WANDERJAHRE**

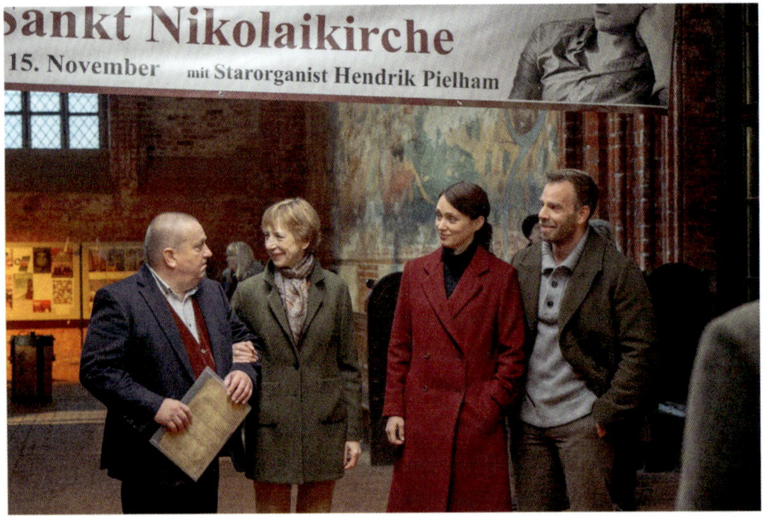

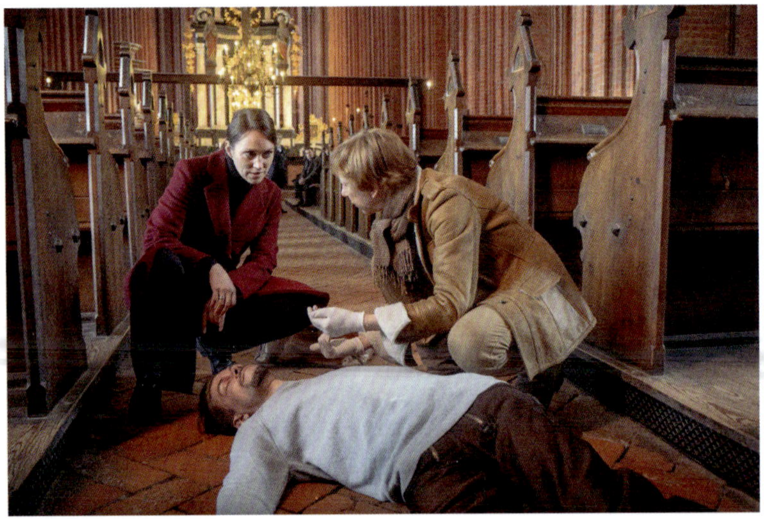

WISMAR UND SEIN BACKSTEIN

In Wismar finden sich zahlreiche Bauwerke der sogenannten Norddeutschen Backsteingotik. Dazu zählen neben St. Nikolai das ehemalige Archidiakonat, zu finden zwischen dem Marktplatz und St. Marien, der einstigen Rats- und Hauptpfarrkirche von Wismar, von der heute nur noch der Turm steht.

In besagtem Turm ist eine wunderbare Ausstellung mit dem Titel „Wege zur Backsteingotik“ untergebracht. Gegenüber von St. Marien sind die archäologisch freigelegten Kellerräume der Alten Schule zu besichtigen, die 1945 bei Luftangriffen beschädigt wurde.

Nur einige hundert Meter weiter, direkt neben dem Fürstenhof, liegt die Stadtkirche St. Georgen. Sie geht auf eine frühgotische Hallenkirche aus dem Jahr 1260 zurück. Ein besonderes Erlebnis ist der Blick von der über einen Fahrstuhl zu erreichenden Aussichtsplattform auf die Altstadt und den Hafen.

Alle genannten Gebäude hatten und haben eines gemein: Sie wurden einst aus Lehm in fleißiger Handarbeit Stein für Stein geknetet, geformt, gebrannt und aufgeschichtet. Mit einfach gebrannten Ziegeln entstanden stolze Bauwerke, die zumindest in Teilen die Jahrhunderte überdauerten.

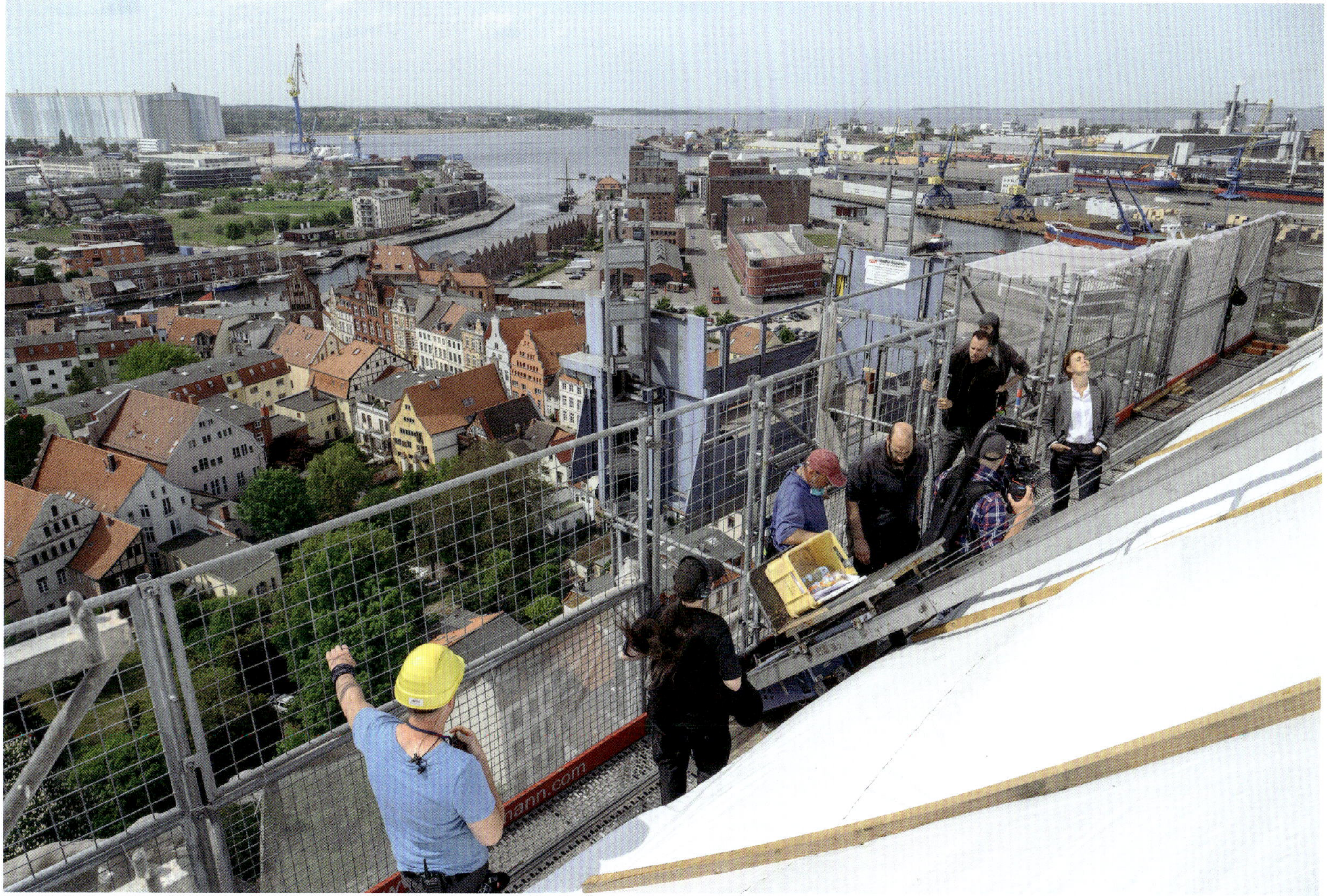

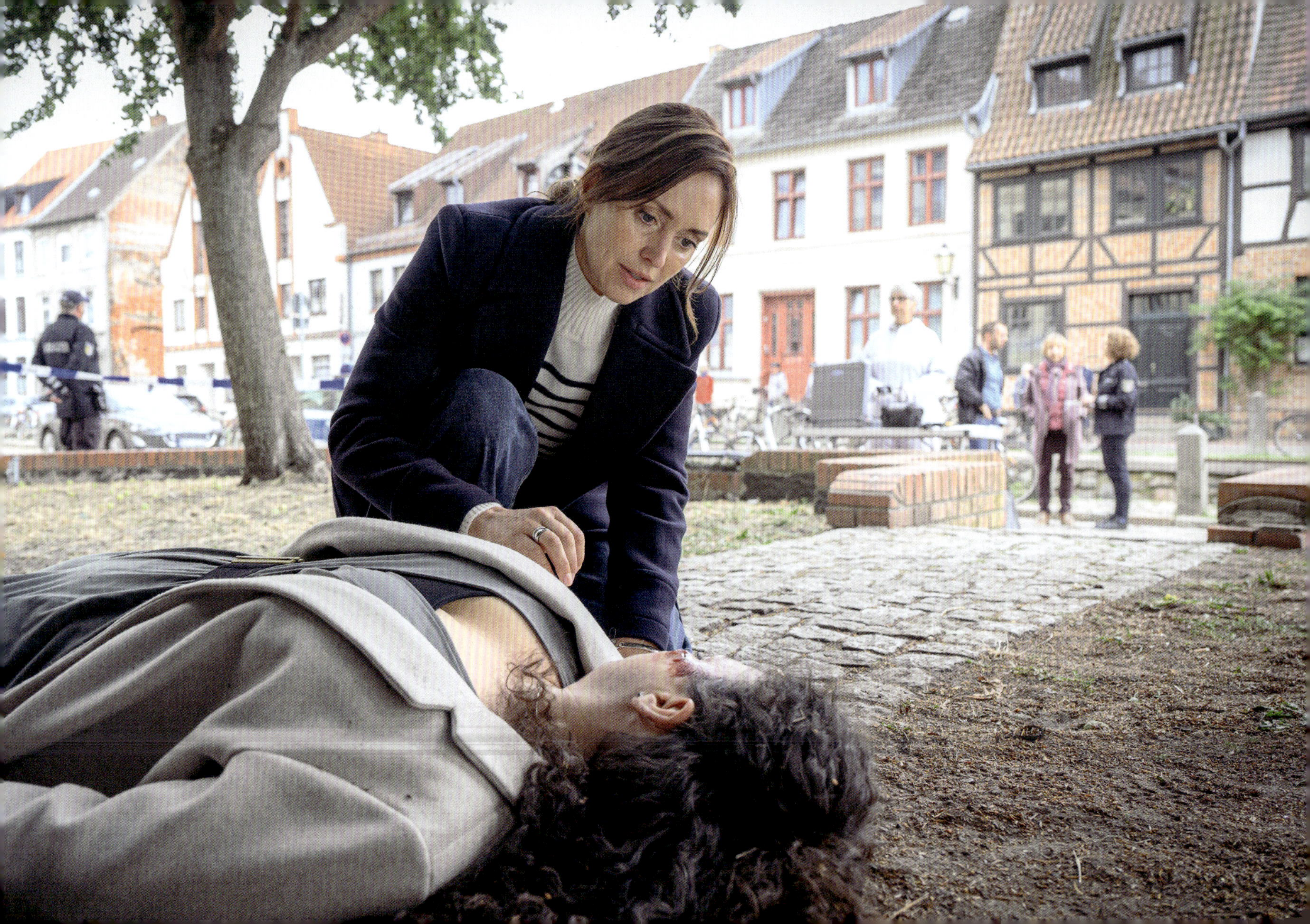

22 FRISCHE GRUBE

Die Frische Grube zählt zu den schönsten Straßen der Wismarer Altstadt. Aber auch hier hat die SOKO wenig erfreulichen Dingen nachzugehen. So findet Hauptkommissarin Karoline Joost eine alte Freundin erschlagen auf.
Die Altstadt mit ihren teilweise engen Gassen stellt die Macher der SOKO Wismar bis heute vor logistische Herausforderungen. Denn der Fuhrpark des Teams benötigt viel Platz. Umso wichtiger ist die Feinabstimmung mit der Stadtverwaltung im Vorfeld. Für die Bewohner und Gäste werden die Drehorte und die betreffenden Termine innerhalb der Altstadt wegen möglicher kurzzeitiger Sperrungen oder Parkverboten immer in verschiedenen Medien veröffentlicht. Gelebte gegenseitige Rücksichtnahme.

Die Straße Frische Grube begleitet beidseitig den letzten noch erhaltenen Wasserlauf aus dem Mittelalter, die sogenannte Grube. Wie der Namenszusatz schon erahnen lässt, führte sie bereits zu Beginn der Stadtgeschichte Wasser, das qualitativ hochwertig (frisch) genug war, um es zur Versorgung der Bewohner zu nutzen. Dabei wurde es in hölzerne Röhren, sogenannte Pipen, eingeführt und verteilt. Die Grube ist im 13. Jahrhundert künstlich angelegt worden, als Verbindung vom Mühlenteich zum Hafen. Bei der Beförderung von Personen spielte der Wasserverlauf immer eine untergeordnete Rolle, aber für den Warentransport und als Löschwasser zur Brandbekämpfung war sie von Bedeutung. Nachdem Pferdekutschen im Winter abgerutscht waren, wurde die Grube 1847 eingefriedet.

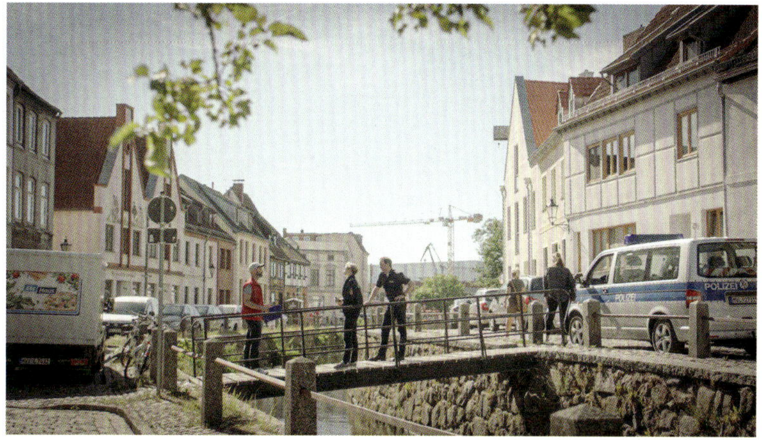

Die Frische Grube ist bei Einheimischen wie Touristen beliebt. Während eines Spaziergangs über die geschwungene Straße gibt es vieles zu entdecken. Seien es die Grabplatten aus St. Georgen und St. Marien, die in die Pflasterung eingelassen wurden, die Glücksschweine an der Schweinsbrücke, eine renommierte Kunstgalerie oder allerlei leckere kulinarische Köstlichkeiten. Und wer noch mehr über die Grube und Wismars Stadtgeschichte erfahren möchte, wird im Stadtgeschichtlichen Museum Schabbell an der Schweinsbrücke fündig. ●

ZDF MEDIATHEK

Staffel 17 Folge 05 **TRITTBRETTFAHRER**
Staffel 18 Folge 10 **MÜLLABFUHR**
Staffel 19 Folge 26 **VORSINGEN**

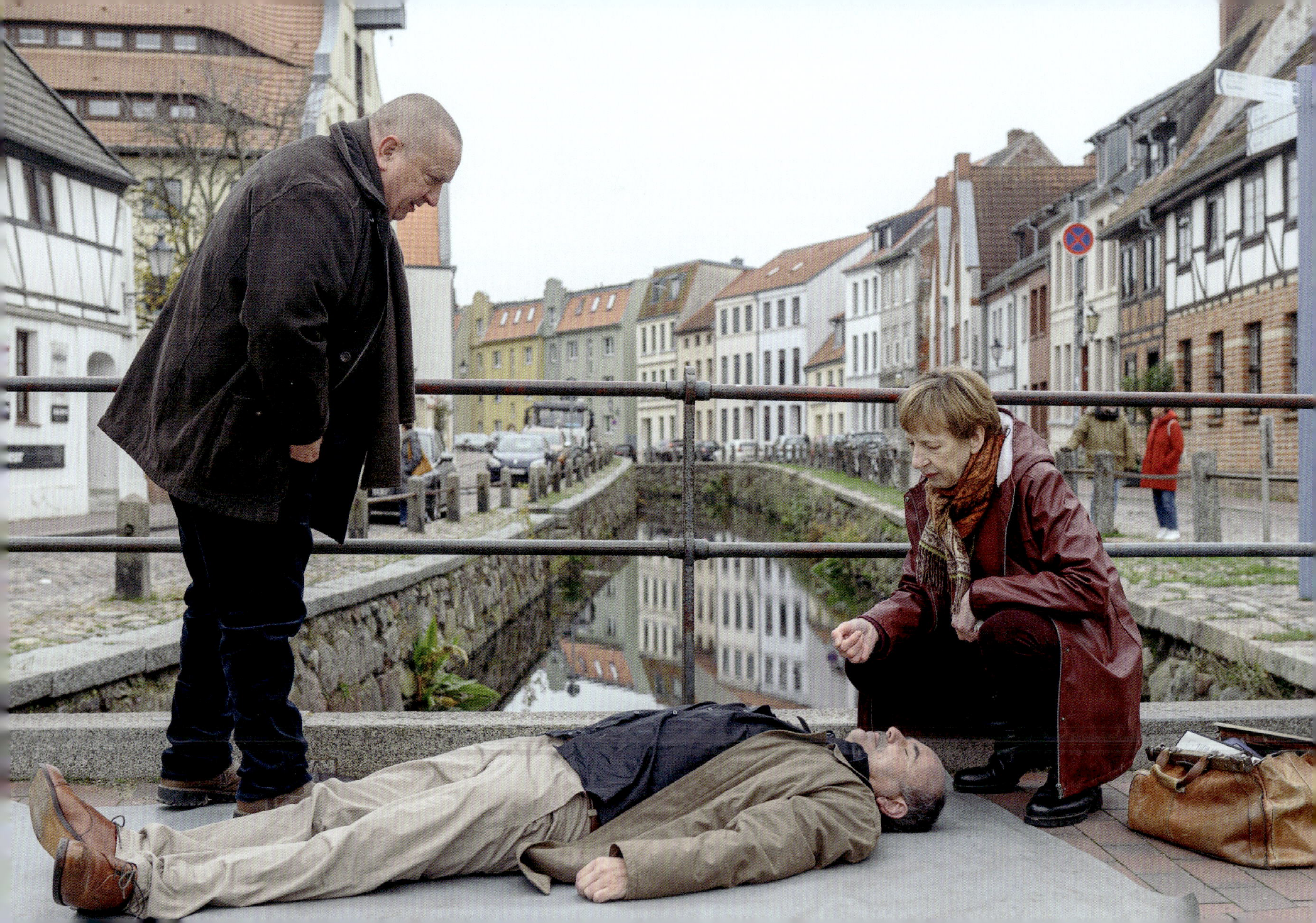

23 ZIEGENMARKT

Ein erstochener Fernseh-Koch in den „Störtebeker-Stuben“, ein Professor, der auf offener Straße während einer Demonstration seinen Tod findet, oder ein Wirt, dem das Leben in seinem Gastraum entschwindet – der Ziegenmarkt hat so einiges gesehen und erlebt. Und das nicht zu knapp. Für eine Episode der SOKO Wismar wurde sogar die Toilette des Restaurants „To'n Zägenkrog“ gesprengt. Aber keine Bange, das geschah während einer Sanierung des Lokals und nicht im laufenden Betrieb. In „Hemingways Bauch“ schafften es neugierige Passanten etwas weiter im Hintergrund sogar in die Folge. Das passiert gar nicht so selten, denn Zaungäste am Set der SOKO gibt es häufig. Kein Wunder, wer möchte denn nicht wissen, wie die Lieblingsvorabendserie produziert wird. Um die fließenden Bewegungen der Kamera auf dem Wismarer Kopfsteinpflaster zu erzeugen, bedienen sich die Macher des Öfteren einer Kameraschiene mit einem sogenannten Dolly. Das englische Wort steht für einen Transportwagen, auf dem eine Kamera befestigt wird. Der Aufbau auf dem Kopfsteinpflaster ist nicht ganz ohne, aber zum einen ist das Team geübt und zum anderen lohnt der Aufwand.

Im Wasserleitungsplan von 1710 wird der Platz erstmals als „Zehgenmarck“ bezeichnet. Der Name geht wahrscheinlich auf die Boote zurück, die man aus dem Hafen hierher „gezogen“ hat, um sie zu be- und entladen, und ist wahrscheinlich schon sehr viel älter.

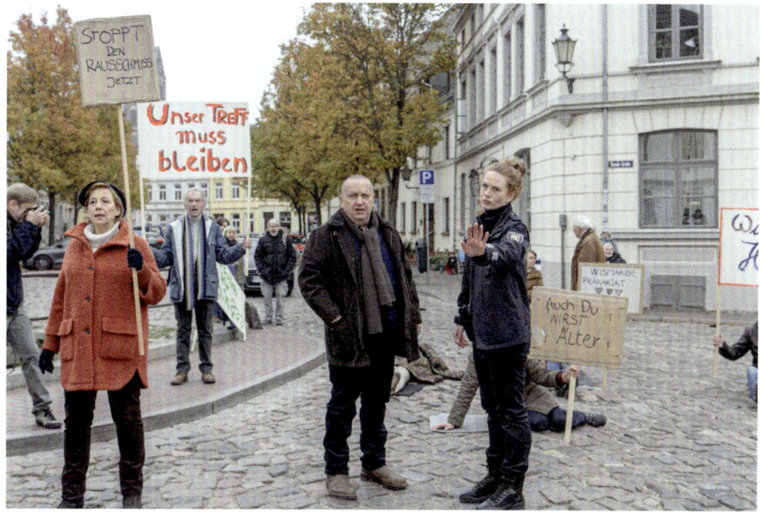

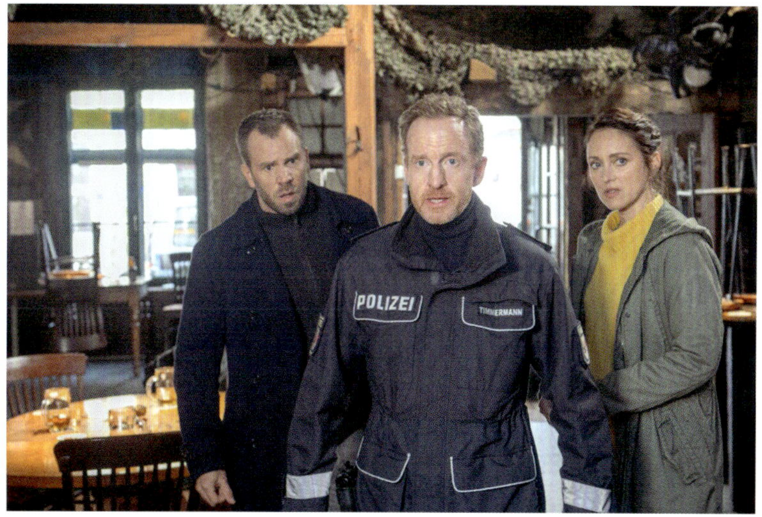

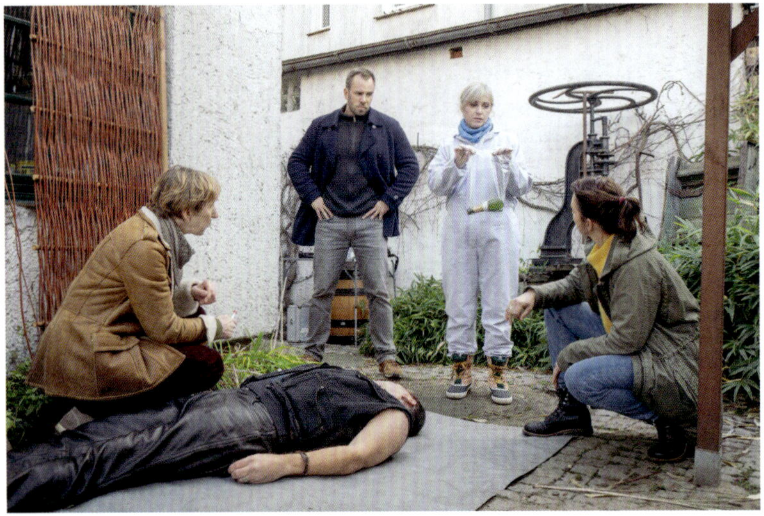

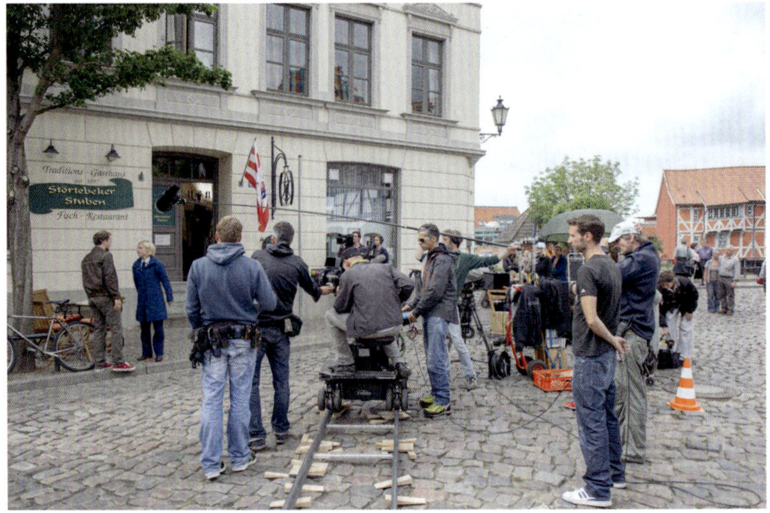

Im 19. Jahrhundert befanden sich auf ihm viele ein- und zweigeschossige sogenannte „Buden“ – im heutigen Sinn vergleichbar mit einer Art Reihenhaus – zur Unterbringung ärmerer Leute. Solche Buden waren aus Fachwerk und nicht aus Backstein errichtet. Oftmals teilten sich mehrere von ihnen ein Dach. Nur ein altes Giebelhaus existierte zu dieser Zeit am Ziegenmarkt. Es diente als Handelshaus. Hier bot man unter anderem Liverpoolscher Salz, schwedischen Teer und viele Sorten Nägel feil.

Die Steinbrücke, auf der auch besagter Demo-Teilnehmer seinen Tod fand, war bis 1822 eine Holzkonstruktion. Sie trug den Namen „Breite Brücke“.

Die ältesten Gebäude am Ziegenmarkt sind die beiden denkmalgeschützten Häuser Nr. 4 und Nr. 13 / 15. Haus Nr. 4 beherbergt heute die Kneipe mit Namen „Fellfresse“ und ist auch der Tatort des Gastwirt-Mordes, bei dessen Aufklärung die SOKO gleich mehrere Verdächtige aus dem engeren Umfeld des Opfers zu überprüfen hat. In der Vergangenheit befand sich hier eine Ankerschmiede. ●

ZDF MEDIATHEK

Staffel 09 Folge 12 **KOLMAR KOMMT**
Staffel 17 Folge 26 **DIE KNEIPE**
Staffel 19 Folge 08 **HEMINGWAYS BAUCH**

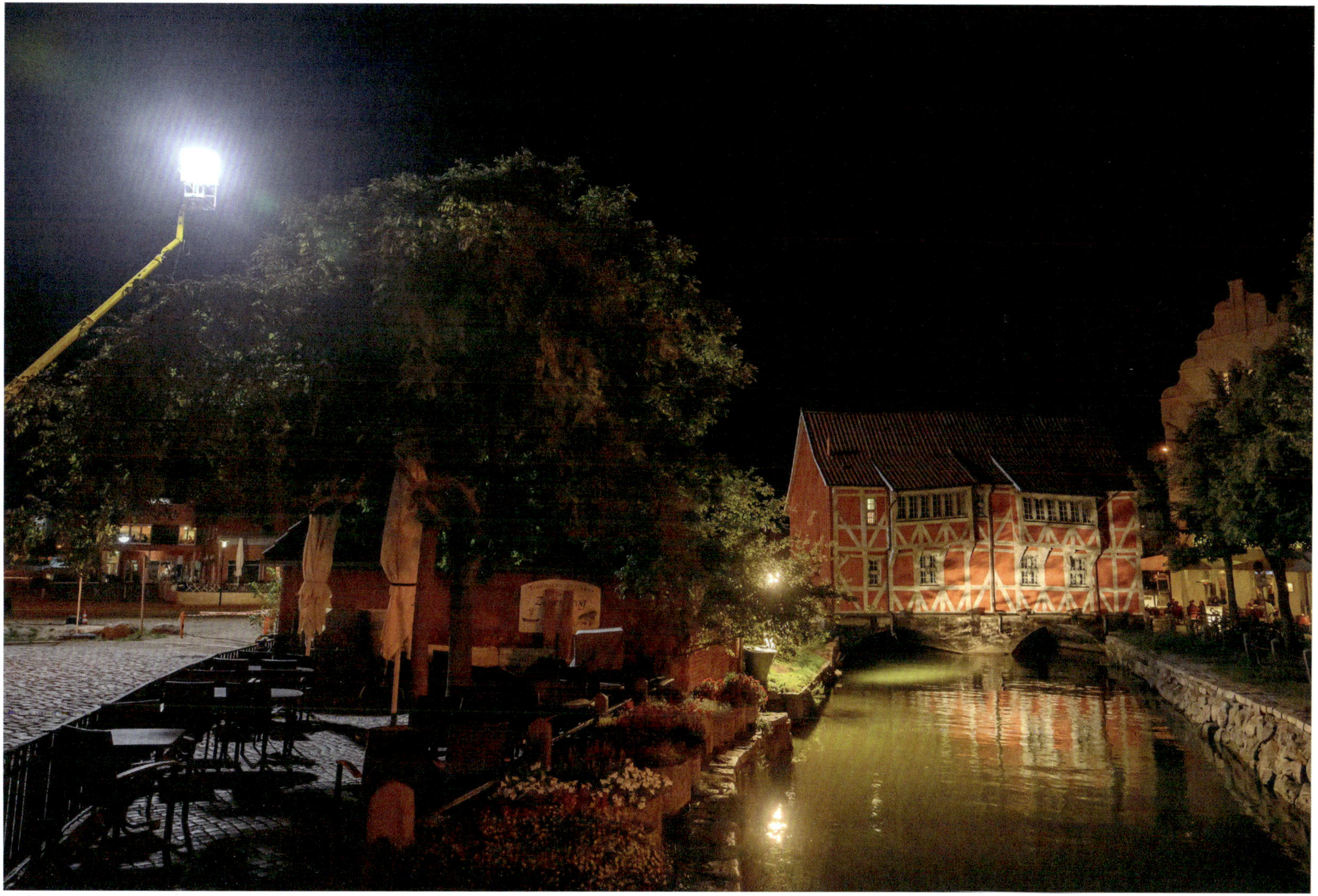

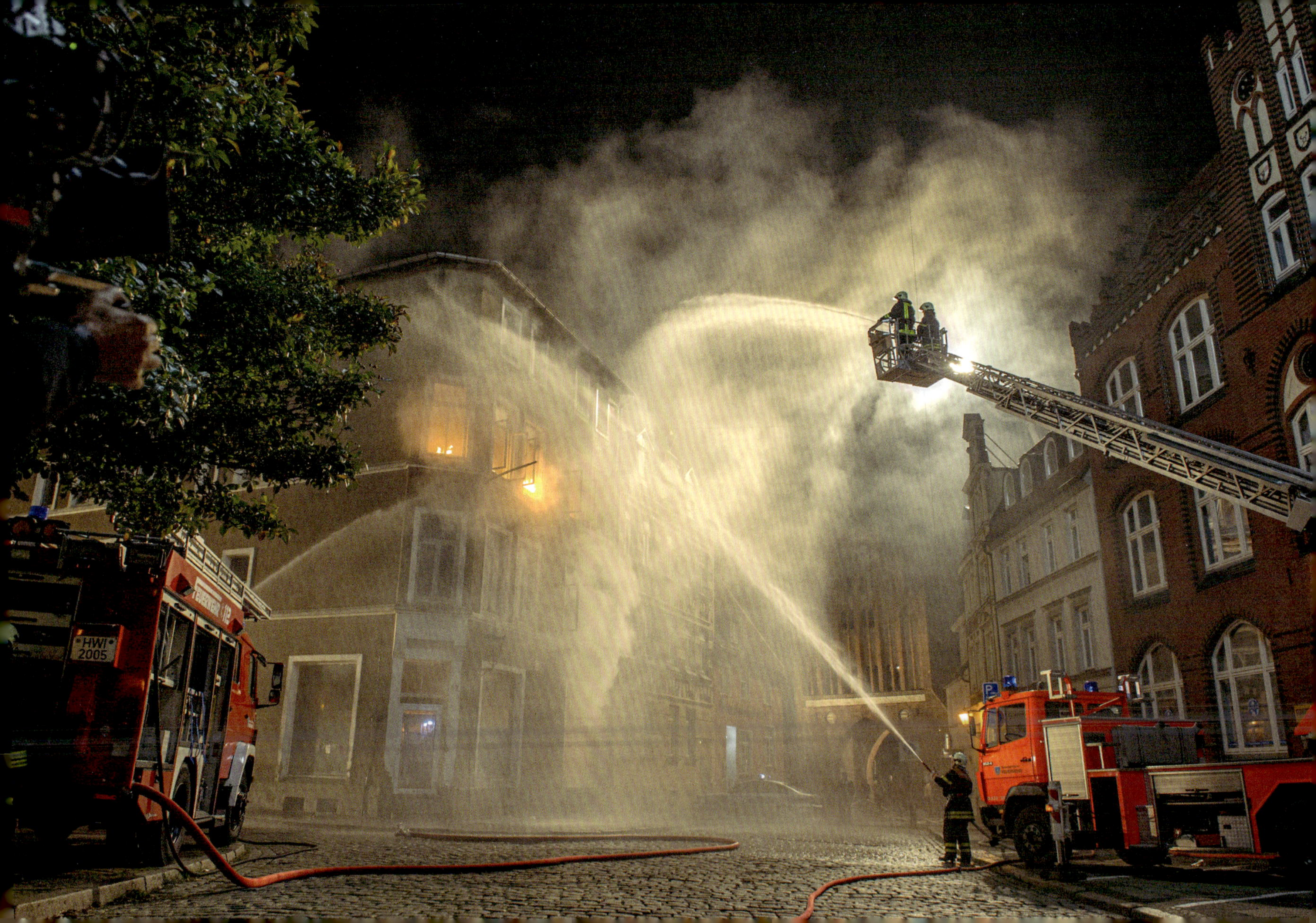
HWI 2005

24 WASSERTOR

Für die Folge „Brandbeschleuniger" durfte die SOKO Wismar tatsächlich einige Szenen in der Wache der Wismarer Berufsfeuerwehr in der Scheuerstraße drehen. Und es gab wirklich den Brand in dem Eckhaus Grützmacherstraße vor dem Wassertor, wenn auch durch professionelle Pyrotechniker kontrolliert herbeigeführt. Derartige Feuereffekte werden häufig mit Hilfe von dünnen Rohren erzeugt, durch die Gas aus einer Gasflasche gezielt geführt werden kann. So regelt man das Flammenmeer zu Beginn der Einstellung hoch und nach dem Take sofort wieder herunter.

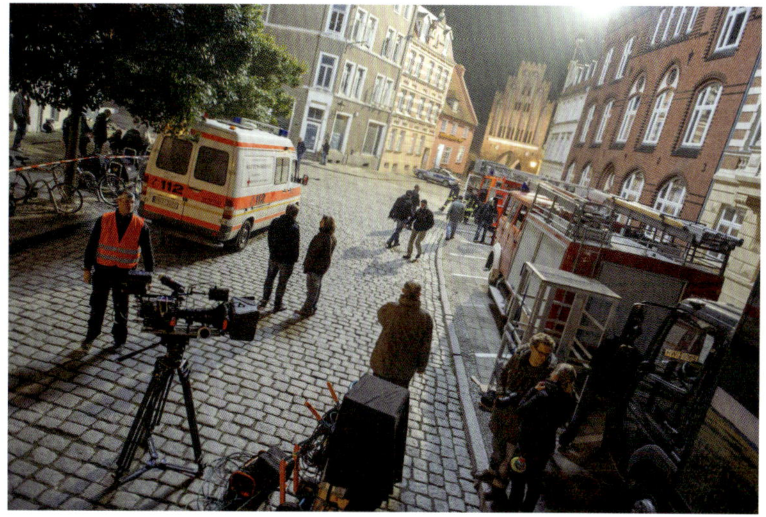

Das Wassertor, erbaut um 1450 im Stil der Backsteingotik, ist das einzige verbliebene von ehemals fünf Stadttoren und war einst Teil der städtischen Verteidigungsanlagen. Es ermöglichte einen direkten Zugang vom Hafen in die Stadt. Dieser zugewandt, präsentiert das Tor einen charakteristischen spätgotischen Stufengiebel, während der um 1600 neu gestaltete Nordgiebel in Dreiecksform erscheint. Beide Giebelseiten sind mit Blendwerk und je zwei Wappen verziert. Im Zuge der industriellen Entwicklungen wurden 1869/70 die übrigen vier Tore sowie die Stadtmauern und Türme abgetragen. Im Mittelalter war das Wassertor auch als „Helleporte" bekannt. Der Volksmund machte daraus die Höllenpforte. Eigentlich steht „Helle" für Abhang. ●

ZDF MEDIATHEK

Staffel 05 Folge 08 **SCHLECHTE ZEITEN FÜR VAMPIRE**
Staffel 08 Folge 23 **BRANDBESCHLEUNIGER**

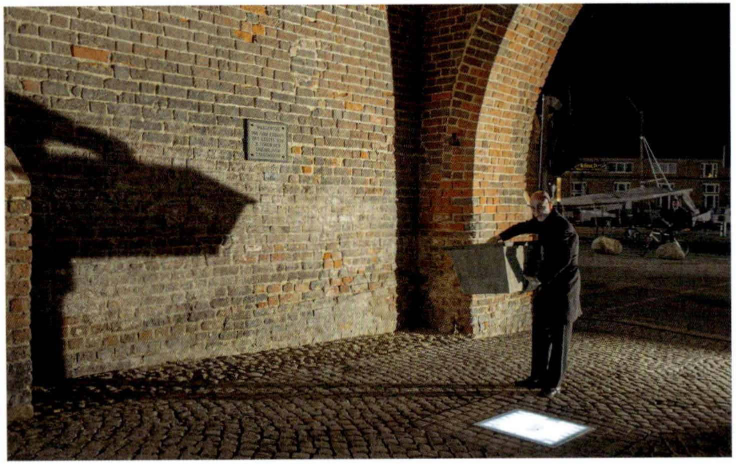

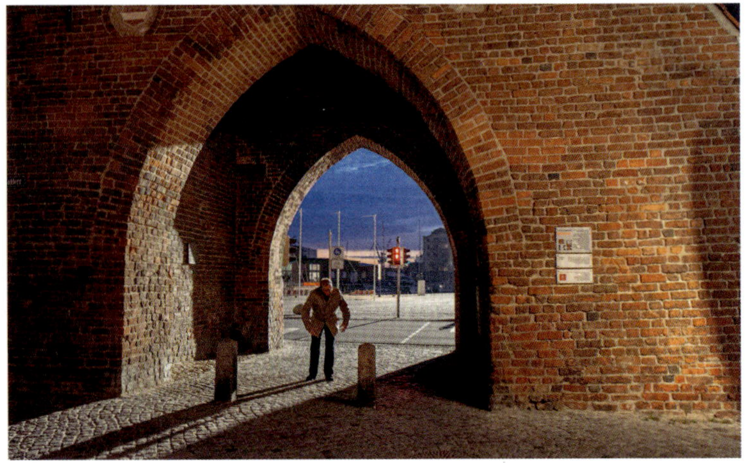

NOSFERATU

Am 15. Juli 1921 begannen in Wismar die Dreharbeiten zu „Nosferatu – Eine Symphonie des Grauens“. Der Stummfilm, inszeniert von Friedrich Wilhelm Murnau, wurde zu einem Meilenstein der Kinogeschichte, wirkte weit über die Genregrenzen hinaus. Wismar, umgestaltet in das fiktive Wisborg, bildete die Szenerie. Noch heute sind die originalen Drehorte zugänglich.

Vermeintlich auf Bram Stokers „Dracula“ von 1897 basierend, kam es zu einem Urheberrechtsstreit, da aus Sicht von Stokers Witwe die Rechte hätten eingeholt werden müssen. 1925 führte dieser zu der Anordnung, alle Kopien des Films zu vernichten. Glücklicherweise blieben – auch durch die mittlerweile internationale Verbreitung von Murnaus Werk – einige erhalten. Heute ist eine restaurierte Fassung verfügbar. Wer sie sieht und Stokers Buch kennt, wird bemerken, dass im direkten Vergleich sich kaum Parallelen zwischen der Geschichte Draculas und der von Nosferatu zeigen.

Bereits die Dreharbeiten hatten großes Aufsehen erzeugt. Allein schon eine Anzeige von Prana-Film, mit der man dringend 30 bis 50 Ratten suchte, dürfte bei manchen wenig angenehme Vorstellungen ausgelöst haben. Und bei der Betrachtung des fertigen Werks sorgte und sorgt bis heute Max Schreck, der

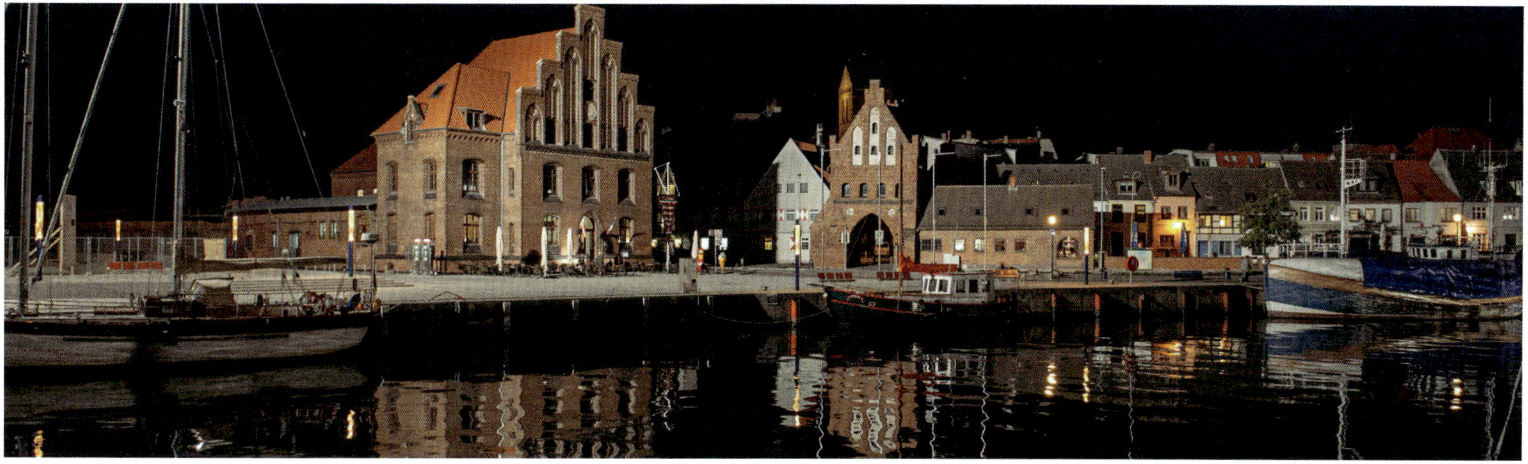

den Vampir Graf Orlok verkörperte, mit seiner überzeugenden Darstellung für Gänsehaut. 2012 wurde in Erinnerung an die Dreharbeiten am Wassertor eine Tafel enthüllt. Weitere Drehorte waren der Hof der Heiligen-Geist-Kirche und der Alte Hafen. Ergänzt wurde der Film durch Aufnahmen in Lübeck, Rostock, Lauenburg und auf Sylt. Innenszenen entstanden in Berliner Studios.

Seit 2012 bietet die Tourismuszentrale im Welt-Erbe-Haus eine spezielle Nosferatu-Stadtführung an, die detaillierte Einblicke unter anderem in die zuvor erwähnten Drehorte gewährt. Weiterführende Informationen sind in der Tourismuszentrale erhältlich, da die thematischen Stadtführungen wechseln.

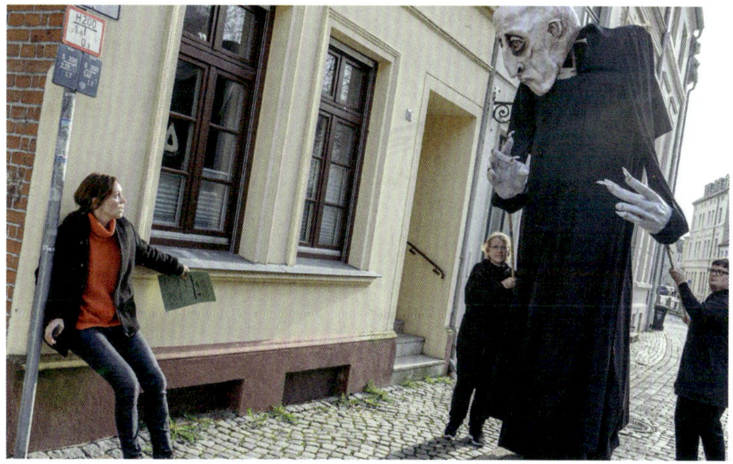

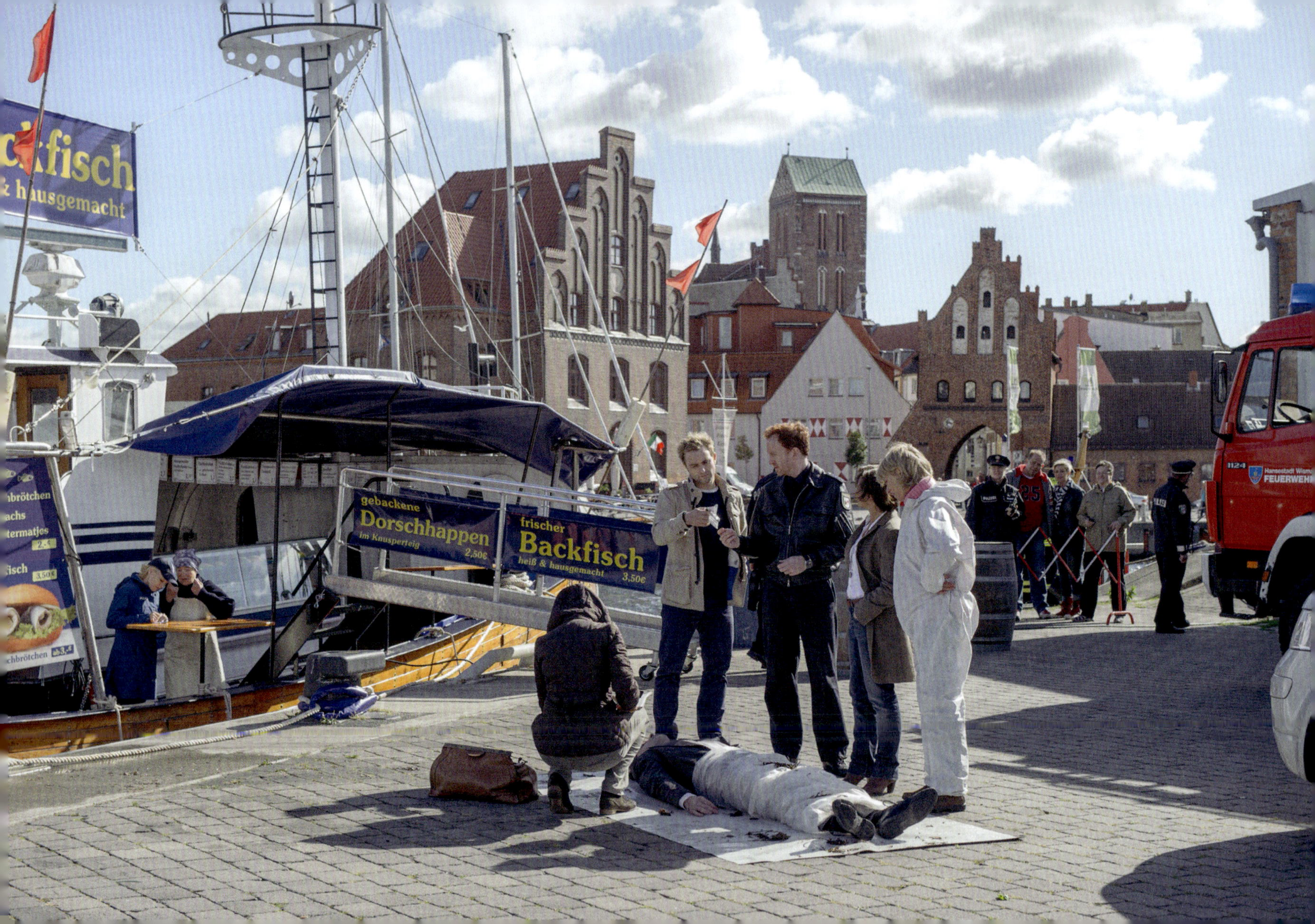
kfisch
& hausgemacht
gebackene
Dorschhappen
im Knusperteig
2,50€
frischer
Backfisch
heiß & hausgemacht
3,50€
FEUERWEHR

25 ALTER HOLZHAFEN

Der Alte Holzhafen ist für die Crew der SOKO Wismar in den letzten 20 Jahren zu einem zweiten Wohnzimmer geworden. Hier geht man spazieren, isst Fischbrötchen oder trinkt in der „kai barcafé" ein kühles Getränk mit Blick aufs Wasser. Man kennt sich, nickt einander zu und dem ein oder anderen rutscht auch mal ein „Moin" über die Lippen. Alles, was in der Serie mit Fischerei zu tun hat, wird hier organisiert. Die Kutter und Boote der Fischer oder auch die Fischbrötchen. Wenn man das Maritime sucht, ist man hier goldrichtig.

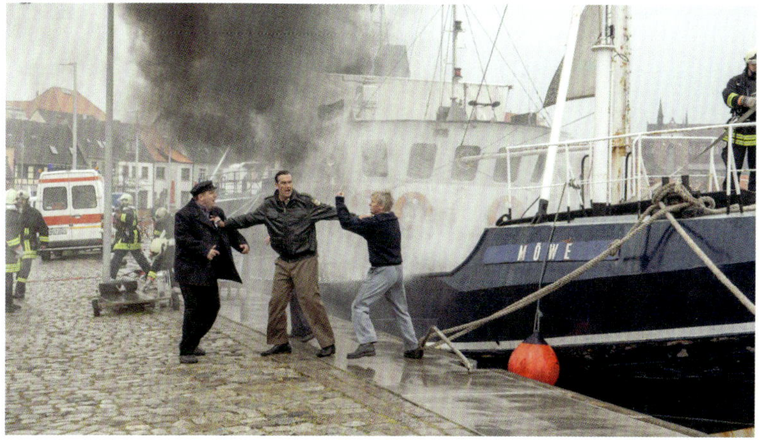

2011 feierte der Wismarer Hafen seinen 800-jährigen Geburtstag. In der ersten urkundlichen Erwähnung von 1211 wurde er „Wissemer" genannt. Nur zum Vergleich: Die erste Nennung der Stadt Wismar lässt sich auf das Jahr 1229 zurückführen. Es wird deutlich, dass sie aufgrund der geschützten Bedingungen der Wismarbucht entstehen konnte. Denn ohne den Hafen und die Fischerei gäbe es Wismar in seiner heutigen Form sicher nicht.

Der 1211 erstmals erwähnte Hafen wurde ab 1830 trockengelegt. Er befand sich zwischen dem heutigen Alten Hafen und Westhafen (Straße Alter Holzhafen). Der West- sowie der See- und Industriehafen sind erst im 19. Jahrhundert angelegt worden. Ursprünglich lag Wismar direkt an der Bucht und der Alte Hafen war nur mit Hilfe von Dalben von ihr abgegrenzt.

Die bei der SOKO Wismar so beliebte Straße Alter Holzhafen und das umliegende Gelände befindet sich am Hafenbecken Alter Hafen und wurde, wie der Name schon erahnen lässt, früher unter anderem für die Lagerung von Holz genutzt. Damit die zunehmend schwereren Schiffe in den Hafen einlaufen konnten, musste seine Wassertiefe ab dem 19. Jahrhundert regelmäßig vergrößert werden. Für diese Arbeiten wurde 1810 der erste Handbagger von der Stadt gekauft.

Ein besonderes Highlight für die Touristen sind die Fischkutter. Sie erinnern unter anderem daran, dass es den Fischfang hier seit der ersten Besiedlung gab. So waren der Hering und die Sprotte Nahrungsmittel nicht nur für das gemeine Volk, was bis heute an den Wismarer Heringstagen im Frühjahr zelebriert wird.

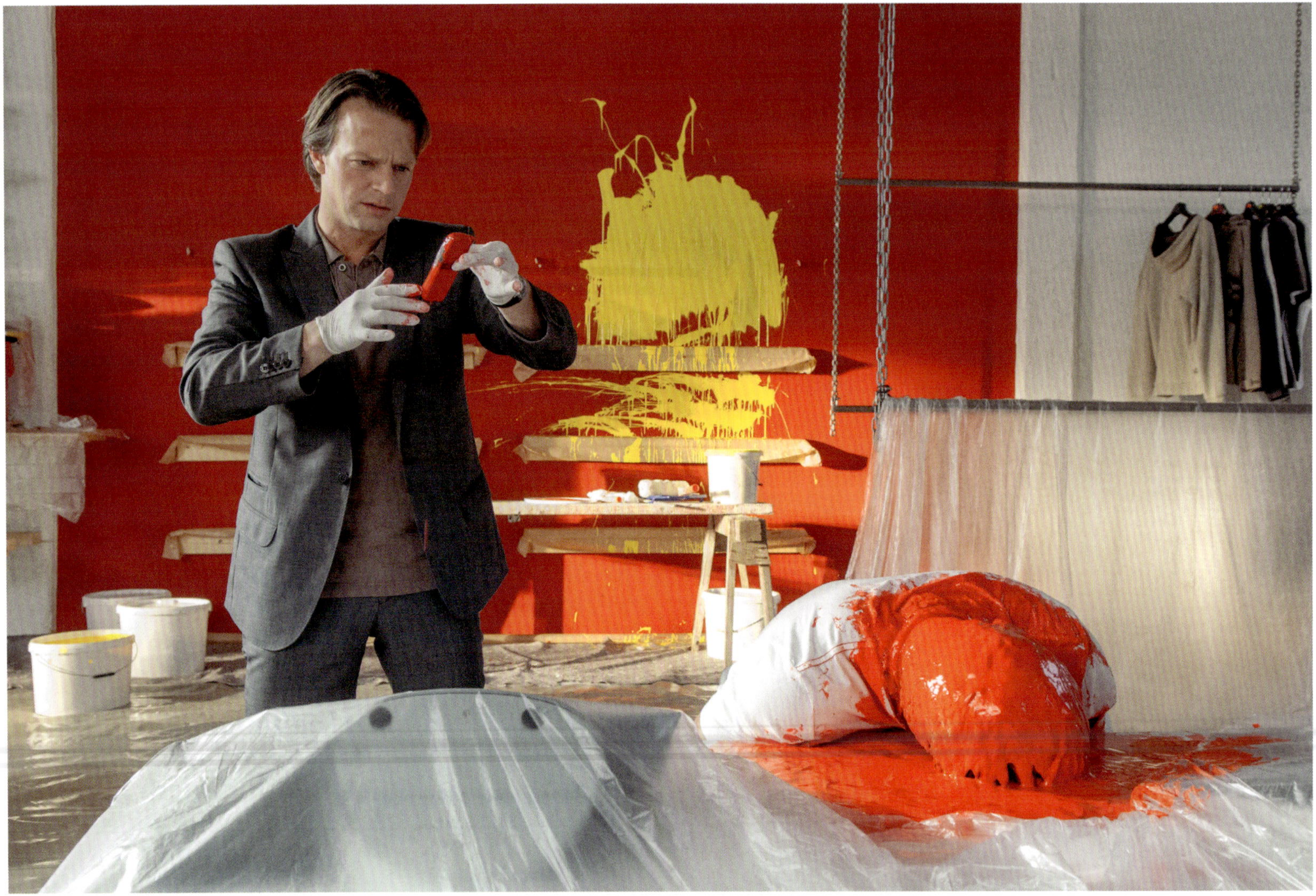

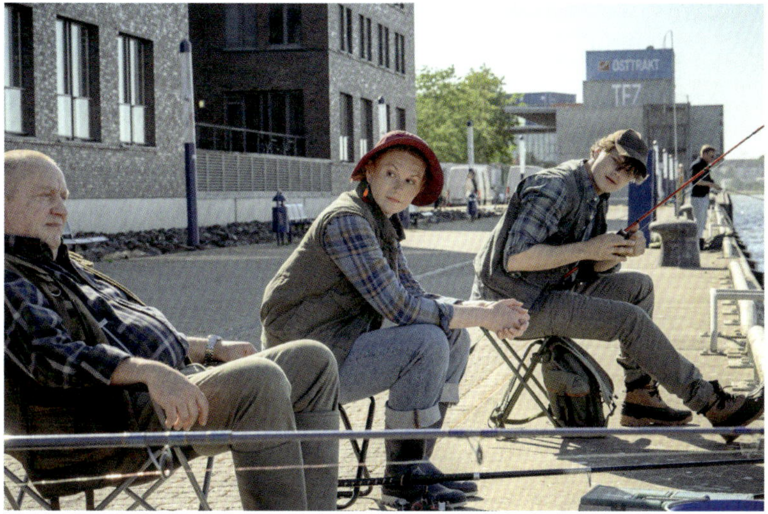

Der Salzhering stellte das Hauptnahrungsmittel während der Fastenzeiten dar. In manchen Jahren blieb der Fisch aus. Im Mittelalter dachte man, das sei eine Strafe Gottes für das Fehlverhalten der Menschen.

Alte Chroniken informieren darüber, dass schon damals der Rat der Stadt die Größe und Menge der Fische, die gefangen werden durften, reglementierte. So sollte sichergestellt werden, dass im folgenden Jahr wieder ausreichend Fische vorhanden waren. Diese Maßnahmen betrafen aber nur die Bereiche direkt in der Bucht vor der Stadt.

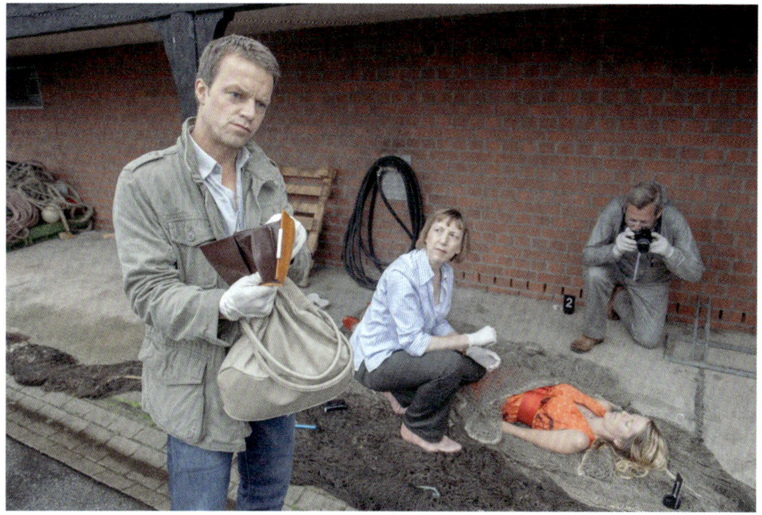

Der Großteil des Herings wurde in der Meerenge im Öresund gefangen und mit Salz aus dem Seine-Delta haltbar gemacht, was den Händlern und Fischern im Mittelalter zu großem Reichtum verhalf.

Bis in die 1980er Jahre dominierten Fischerboote den Hafen, unterstützt von der genossenschaftlich organisierten Fischereiproduktionsgenossenschaft „V. Parteitag“. Auch die Hochseefischerei war bedeutend, erkennbar an den von der Werft gebauten großen Kristall-Schiffen. Nach der Wende verlor der Beruf des Fischers immer mehr an Bedeutung.

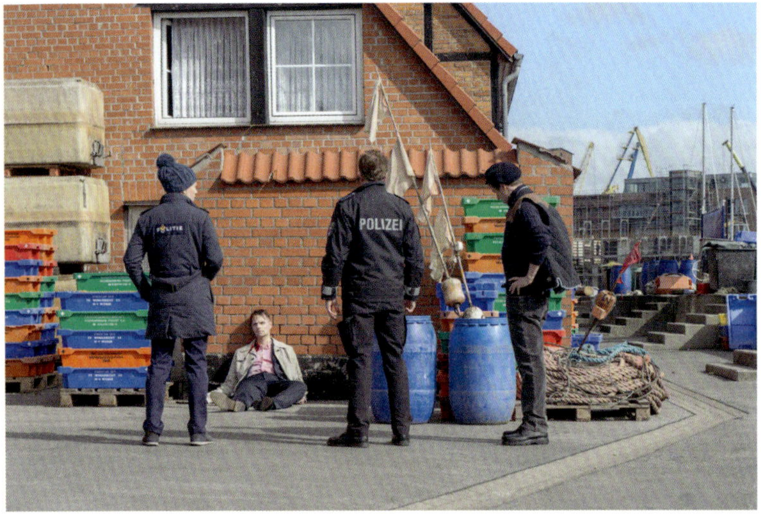
POLIZEI

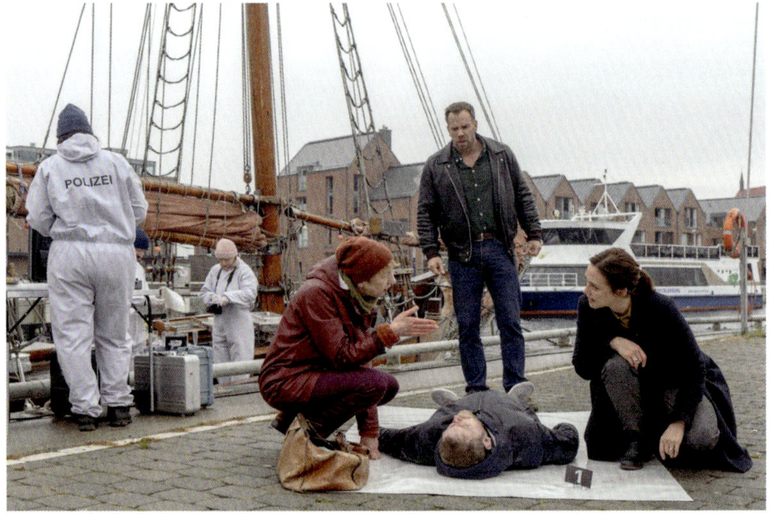
POLIZEI

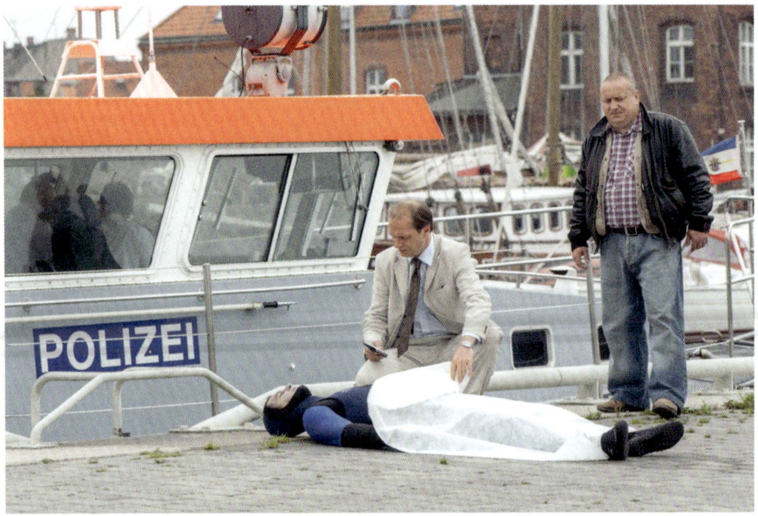
POLIZEI

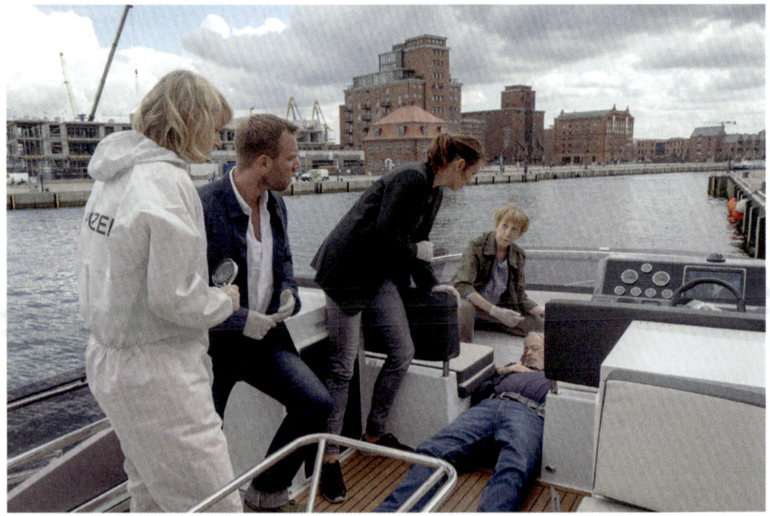

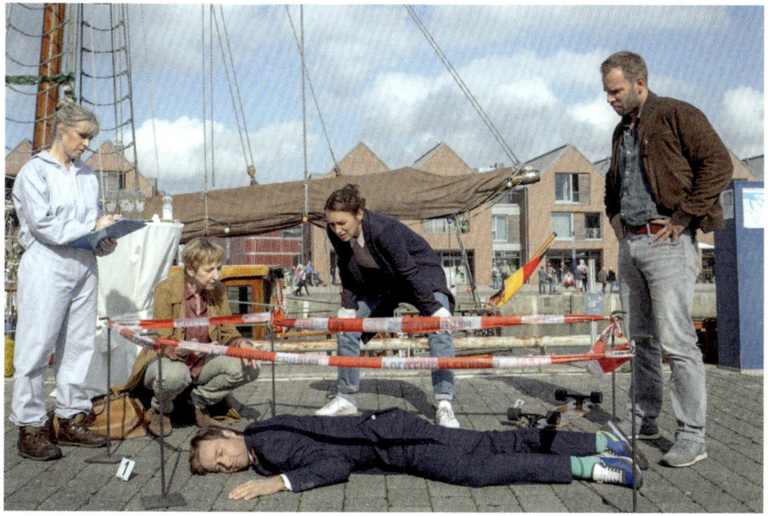

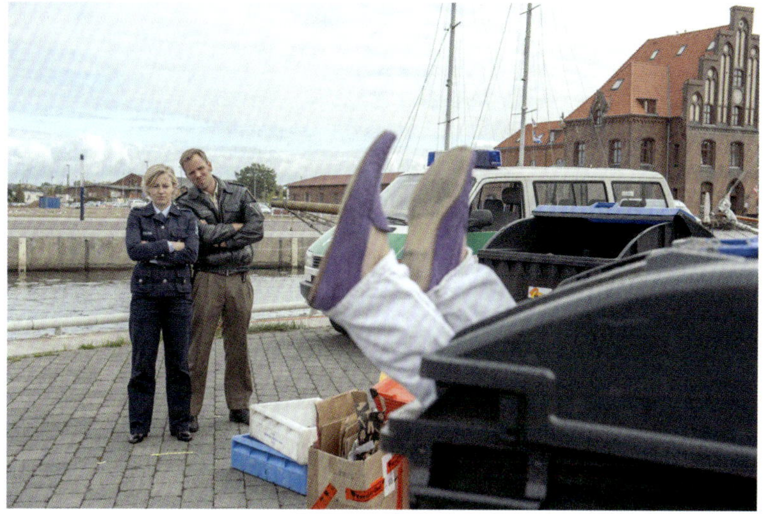

So zählte die nach der deutschen Vereinigung neu gegründete Fischereigenossenschaft „Wismarbucht“ mit Anlandehäfen von Tarnewitz bis nach Warnemünde anfangs noch 80 Fischer. Heute sind es gerade noch 24 Haupt- und Nebenberufsfischer. Sie müssen sich in der Direktvermarktung behaupten.

Mit etwas Glück kann man in Wismar weiterhin frischen Fisch direkt vom Boot oder aus den der Genossenschaft angegliederten Vermarktungsbetrieben kaufen. Oder man besucht das Restaurant der Fischereigenossenschaft, den „Kutterkaten“. Wer es etwas rustikaler mag, ist im kleinen Fischimbiss „Zur Fischerkoppel“ gut aufgehoben. Beide Lokale befinden sich im Alten Holzhafen. ●

ZDF MEDIATHEK

Staffel 02 Folge 01 **DIE MÖWE BRENNT**
Staffel 04 Folge 13 **ABGEFISCHT**
Staffel 06 Folge 19 **SPIEGLEIN, SPIEGLEIN**
Staffel 13 Folge 03 **ANONYME MÖRDER**
Staffel 17 Folge 23 **TOXISCHE VERBINDUNG**
Staffel 20 Folge 08 **TOUR DE TOD**

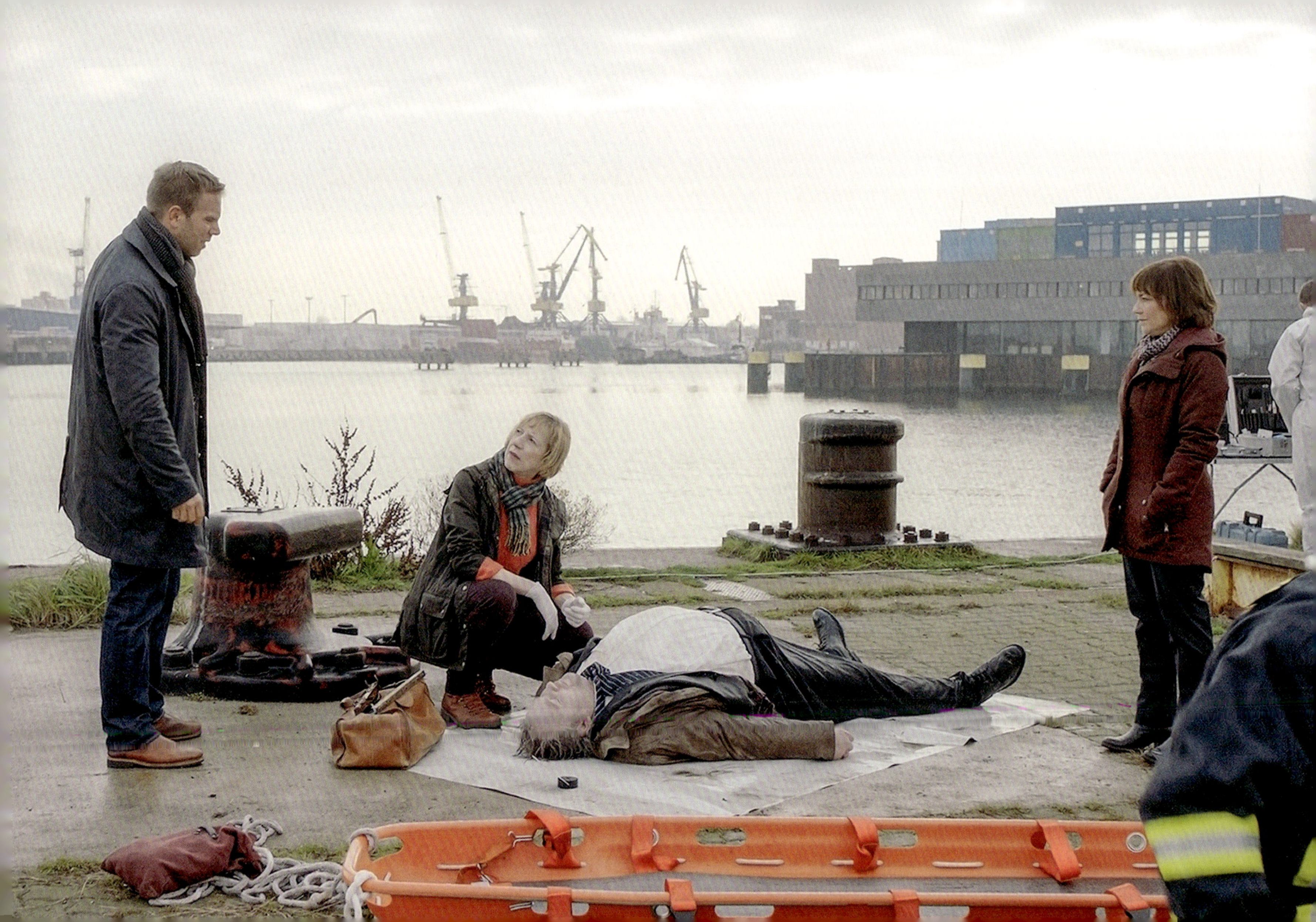

26 TGZ

Immer wieder schafft es die SOKO, uns Einblicke und Ausblicke zu ermöglichen, die etwas Besonderes sind. Mal sehen wir zum Beispiel das Innere einer Werft, mal eine Vogelperspektive auf das Technologie- und Gewerbezentrum TGZ. Doch was gibt der Folge „Der schöne Schein“ eine besondere Note? Eine Leiche an der Hafenspitze beim TGZ wird ausgerechnet von Helene und Reuter gefunden. Oh, là, là. Das sorgt für Gesprächsstoff bei den Kollegen.

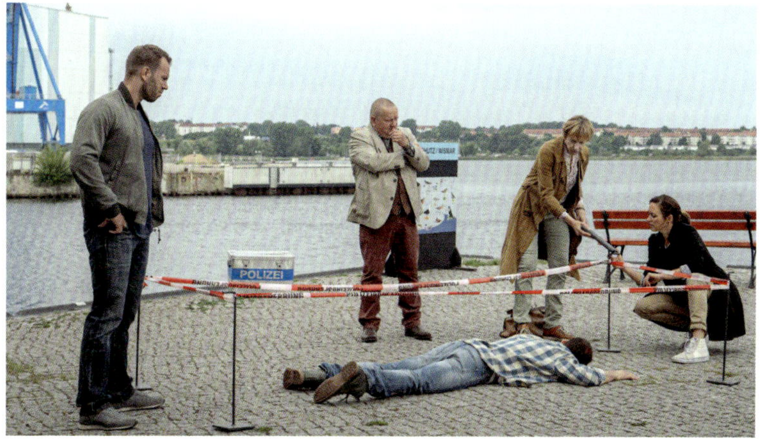

Das TGZ wurde von dem renommierten französischen Architekten Jean Nouvel entworfen. Es steht seit seiner Fertigstellung 2003 exemplarisch für moderne maritime Architektur, die den Geist und die Geschichte des Ortes aufgreift. Nouvels Formensprache nutzt die raueren Elemente der Hafenarchitektur. Das Gebäude, das an eine Ufermauer erinnert, passt sich nahtlos in die Umgebung ein. Der Gebrauch von vorgerostetem, dann jedoch behandeltem Cortenstahl an den Fassaden verstärkt diesen Eindruck.

Ein weiteres wesentliches Merkmal des TGZ ist die zurückgesetzte Erdgeschossfassade, die Platz schafft für einen öffentlichen Weg entlang der Uferlinie, welche die Verbindung des Gebäudes mit dem umgebenden Raum betont und Schutz sowie Zugänglichkeit bietet. Bei den Einheimischen und Gästen ist diese Partie für einen Spaziergang inklusive großartigen Fotomotiven sehr beliebt. Ein Funfact: Hier werden auch sehr gern Bewerbungsfotos gemacht.

Trotz der Nähe zur beeindruckenden, 72 Meter hohen Werfthalle beschränkte sich Nouvel auf eine Höhe von zwei Geschossen und trat mit seinem Entwurf bewusst nicht in direkte Konkurrenz zur dominierenden Werft.

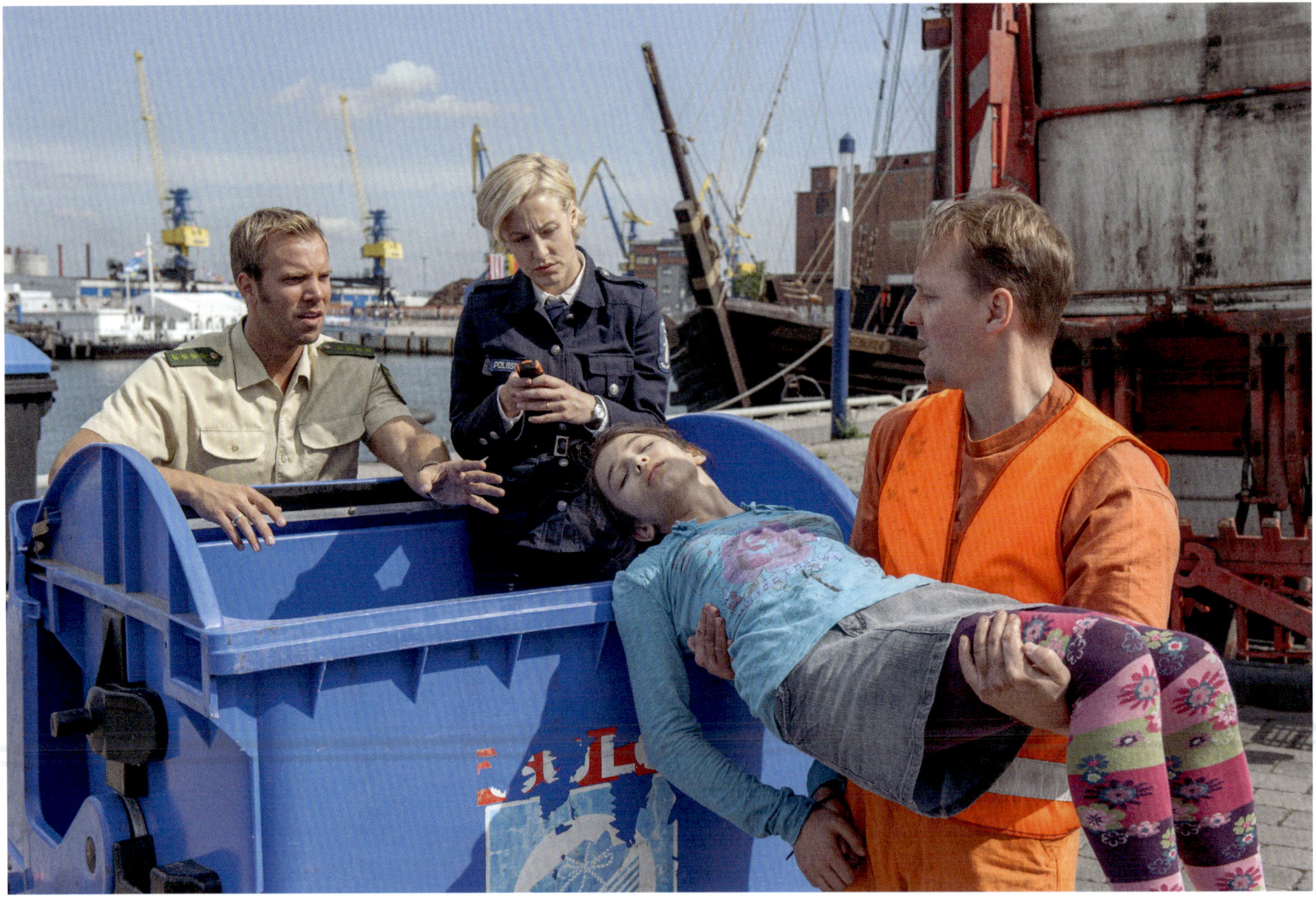

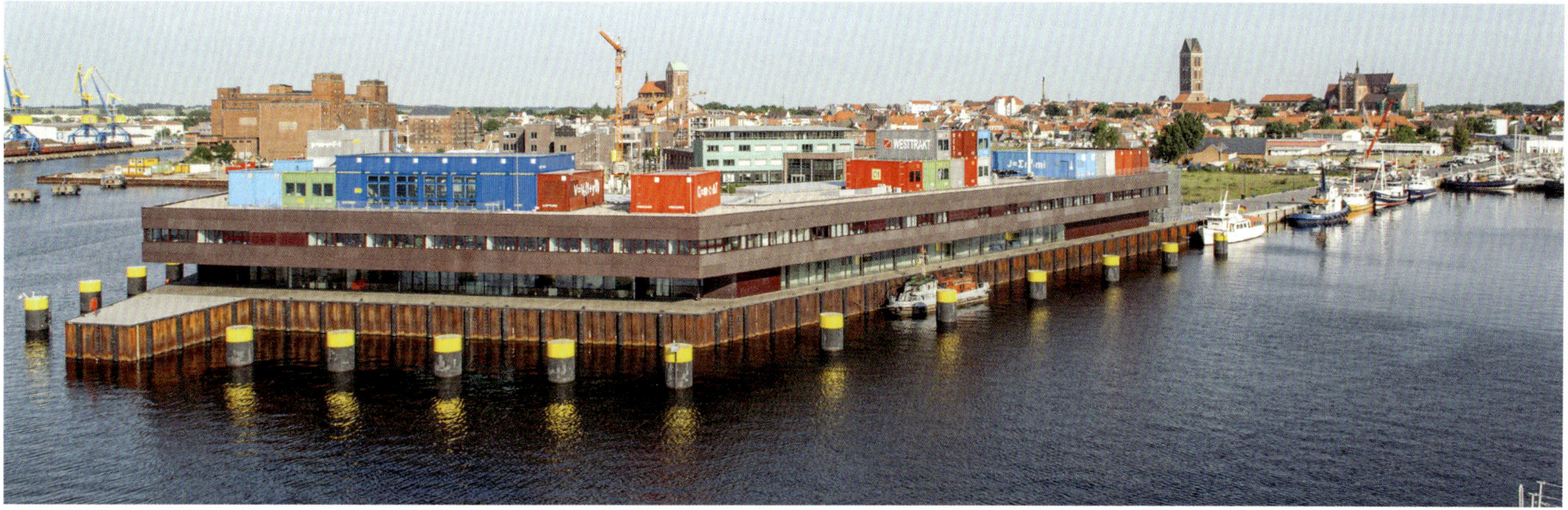

Auf dem Dach des TGZ befinden sich zusätzliche Technik- und Nebenräume sowie ein Konferenzbereich, verpackt in Elemente, die Schiffscontainern ähneln, jedoch keine sind, sondern aus Gründen der Maßstäblichkeit nachgebaut wurden. Eingefleischte SOKO-Wismar-Fans kennen diesen Bereich natürlich besonders gut, spielte er doch im Trailer jahrelang eine dominante Rolle.

Umgeben von modernen Glasfassaden befindet sich im Innenhof des TGZ das denkmalgeschützte Lotsenhaus. Hier ist der Mittagstisch des „Luv + Lee" denjenigen zu empfehlen, die eine simple, leckere Hausmannsküche schätzen. Nordischer Schnack natürlich immer inklusive. ●

ZDF MEDIATHEK

Staffel 04 Folge 11 **NASSER TOD**
Staffel 05 Folge 09 **DER BLONDE HANS**
Staffel 11 Folge 02 **DAS WUNDER VON WISMAR**
Staffel 16 Folge 17 **ÄLTERMÄNNER**
Staffel 17 Folge 16 **DER SCHÖNE SCHEIN**

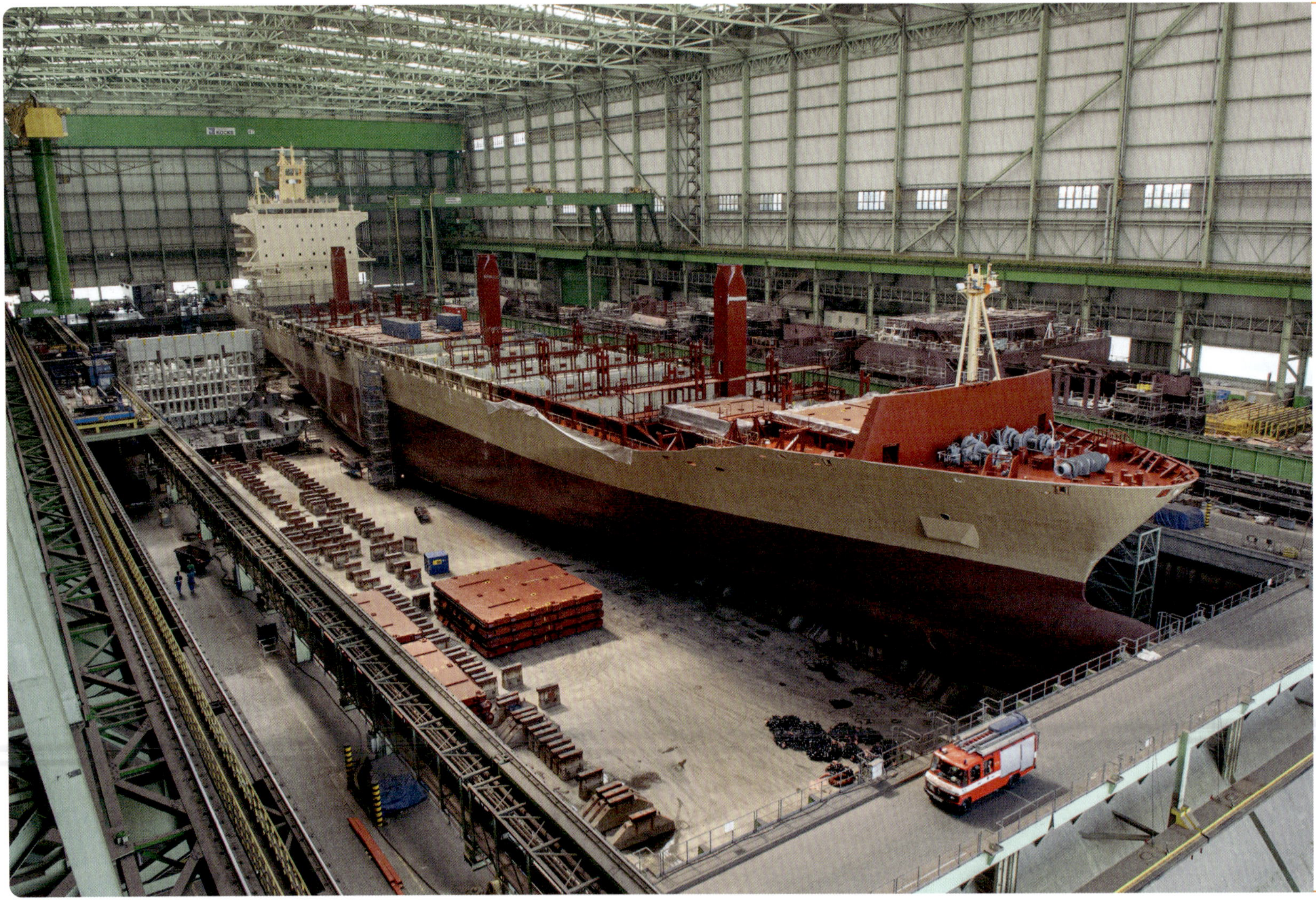

WERFT

Im Jahr 1946 errichtete die Rote Armee ein Schiffsreparaturwerk in Wismar, das 1947 an die deutsche Landesverwaltung überging. 1951 fusionierten die ehemalige Hansewerft, die Bootswerft „Schröder & Schackow" und die Schiffsreparaturweft zum Volkseigenen Betrieb (VEB) Mathias-Thesen-Werft, benannt nach dem 1944 im Konzentrationslager Sachsenhausen ermordeten kommunistischen Reichstagsabgeordneten und Widerstandskämpfer gegen den Nationalsozialismus.

Ab den 1950er Jahren spezialisierte sich die Werft auf die Produktion von Hochseeschiffen für die Handels- und Fischfangflotte der DDR, für Mitgliedsländer des RGW (Rats für gegenseitige Wirtschaftshilfe) sowie für den internationalen Markt. Zwischen 1982 und 1985 wurden umfangreiche Modernisierungen durchgeführt, um die Anlagen technisch auf den neuesten Stand zu bringen.

Nach der Wende wurde die Mathias-Thesen-Werft in eine Kapitalgesellschaft transformiert und eine Tochtergesellschaft der Deutschen Maschinen- und Schiffbau AG (DMS) in der Hansestadt Rostock, die sich vollständig im Besitz der Treuhand befand. In den folgenden Jahren wechselten mehrfach die Besitzer. Thyssenkrupp Marine Systems ist der mittlerweile siebte Eigner.

Die Dockhalle in ihrer heutigen Gestalt wurde 1998 fertiggestellt – ein beeindruckendes Gebäude mit einer Höhe von 72 Metern, einer Breite von 155 Metern und einer Länge von 395 Metern. Die Dimensionen werden besonders bei einer Hafenrundfahrt nachvollziehbar. Mit etwas Glück ist das Tor geöffnet und man schaut in das Innere des immensen Bauwerks. Auf der rechten Seite ist ein verschwindend kleiner Eingang zu erkennen – die Lkw-Zufahrt.

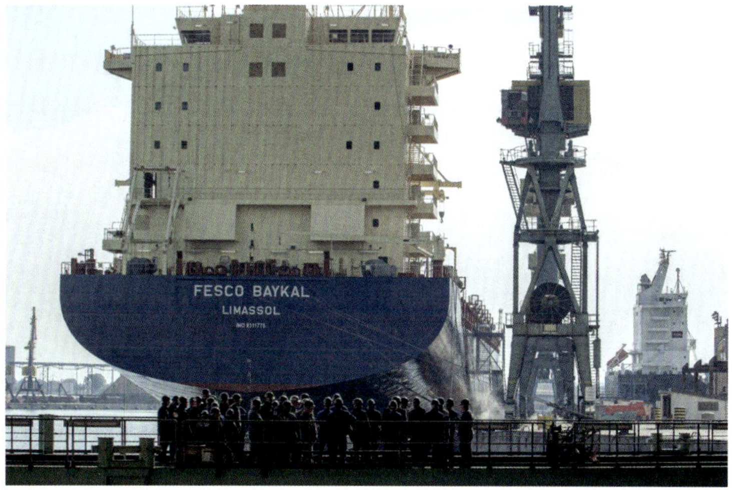

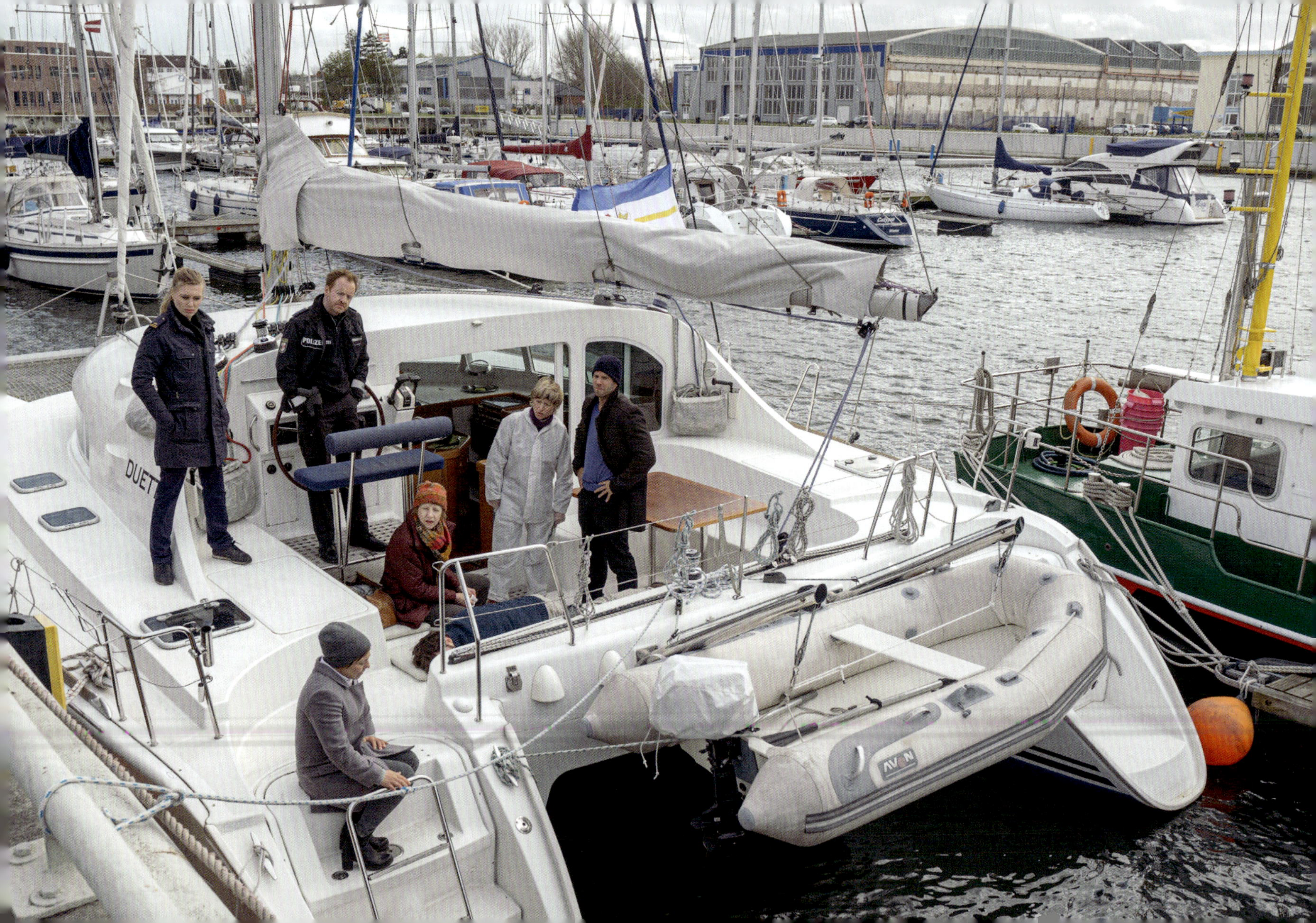
AVON

27 WESTHAFEN

Arbeiten, wo andere Urlaub machen. Das trifft wohl überall in und um Wismar zu. Wenn für die SOKO vor Ort gedreht wird, bedeutet das für alle im Team natürlich Anstrengung, aber sie können gleichzeitig genießen – etwa die Schönheit der natürlichen Kulissen. Und es soll auch schon vorgekommen sein, dass Einheimische und Crew-Mitglieder zu guten Bekannten wurden und sich der Freude eines gemeinsamen Feierabend-Segeltörns inklusive leckerem Getränk hingaben. Segeln ist ein passendes Stichwort. In der Folge „Numerus Clausus" konnte sich das Setdesign wieder einmal austoben. Wir sehen eine Yacht, die fast untergegangen ist. Das Segelboot sollte in Wirklichkeit eigentlich verschrottet werden. Perfekt für die SOKO. Die Macher beauftragten kurzerhand eine Wismarer Werft, denn laut Drehbuch sollte es sich um ein gepflegtes Schiff handeln. Keine Woche später war die „Lisa" wieder auf Vordermann gebracht und konnte für den Dreh versenkt werden. Luftsäcke sorgten dafür, dass die Yacht ausreichend Auftrieb hatte. Nach dem Dreh pumpte die Feuerwehr „Lisa" wieder leer und ein Kran hob sie mit Hilfe von Gurten an Land. Von dort konnte sie sich wie geplant auf ihre letzte Reise begeben – und die SOKO hatte eine spannende Szene im Kasten.

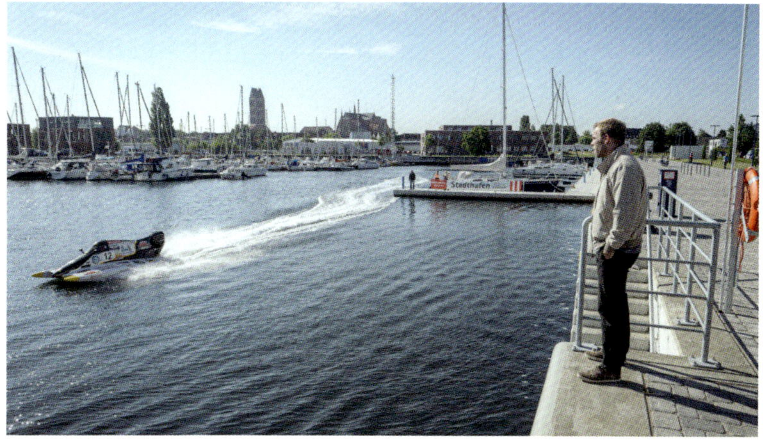

Steht man am Ende des Hafenbeckens im Westhafen, so befindet man sich am südlichsten Punkt der Ostsee. Es gibt sogar eine Segelregatta, die in der Wismarbucht startet und den nördlichsten Punkt des Binnenmeeres, die Posttonne von Törehamn in Schweden, zum Ziel hat. Die Rede ist von der „MidsummerSail", mit 900 Seemeilen die längste Wettfahrt in der Ostsee.

Aber zurück zum Westhafen. Steht man an der Kaikante, fallen einem in den Sommermonaten sofort die vielen weißen Segelyachten ins Auge. Die Marina ist bei den Einheimischen, aber auch Besuchern sehr beliebt, landet man doch fast direkt in der Altstadt an.

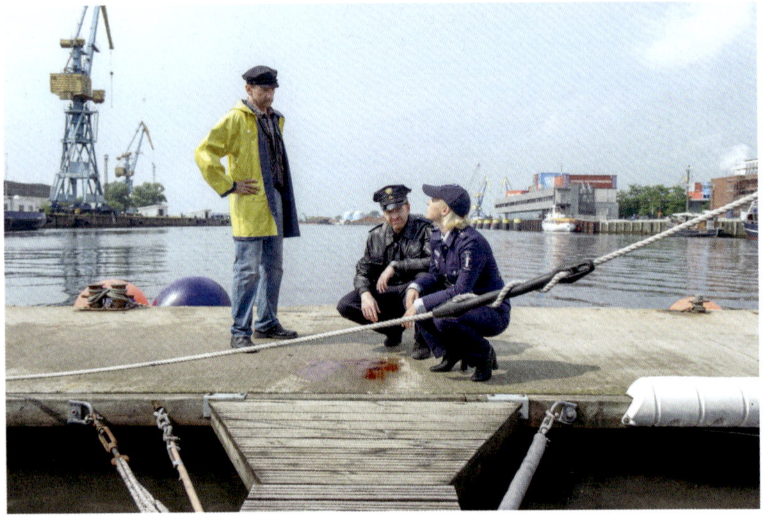

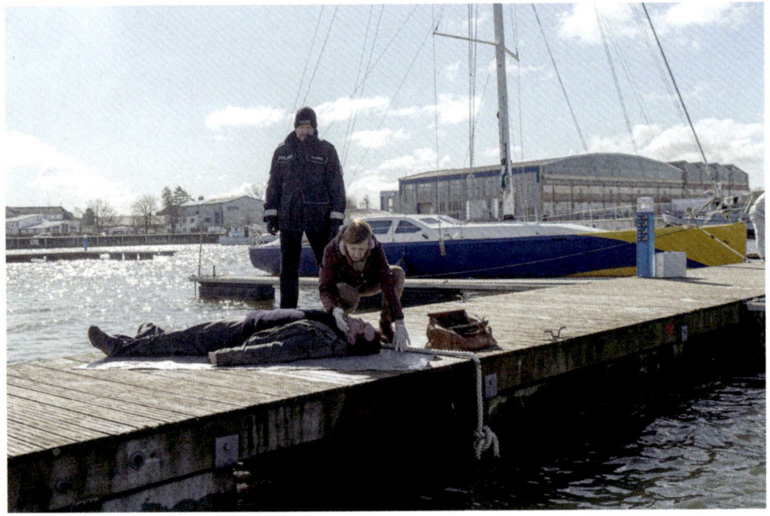

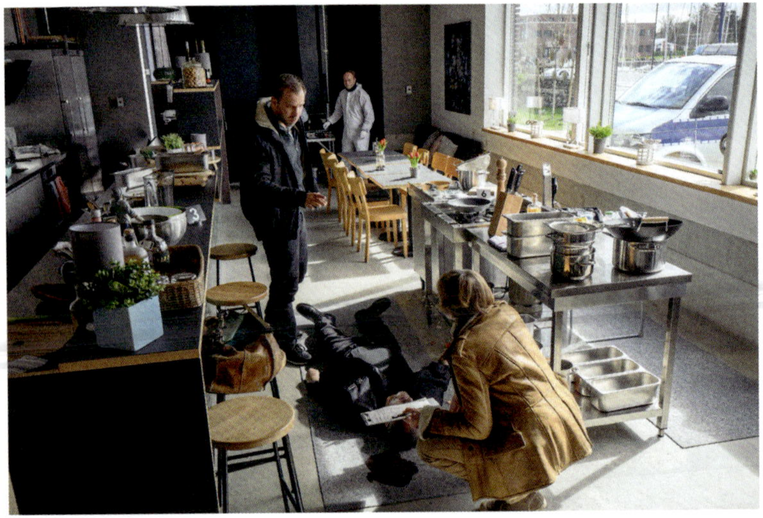

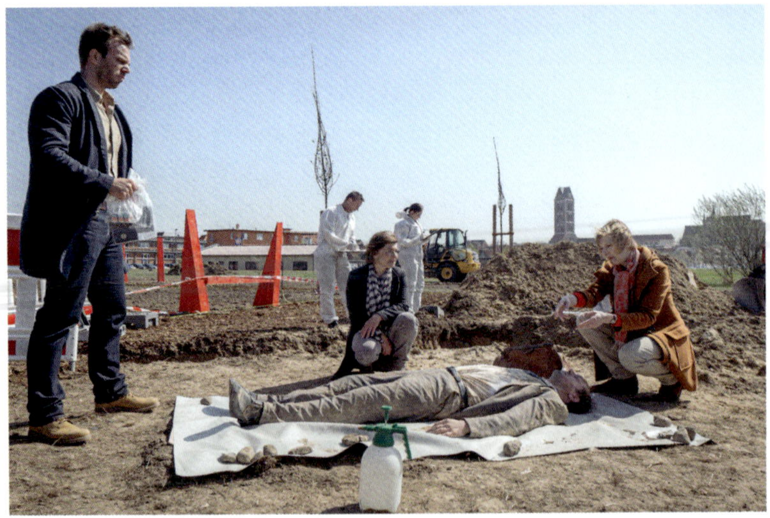

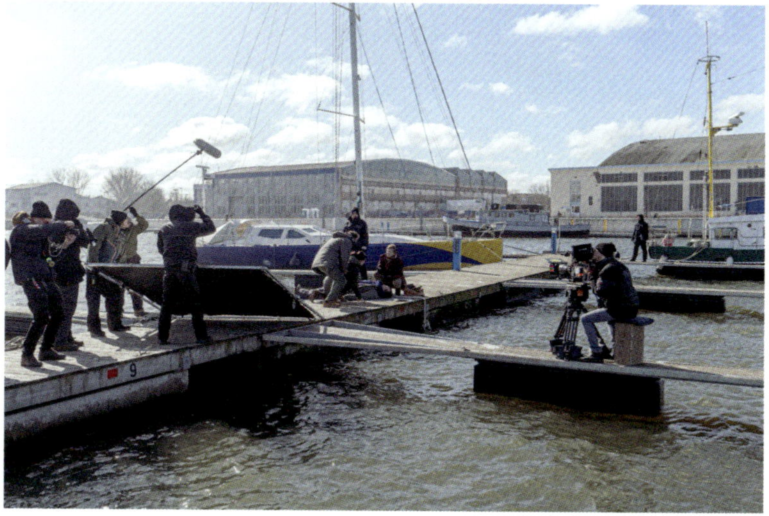

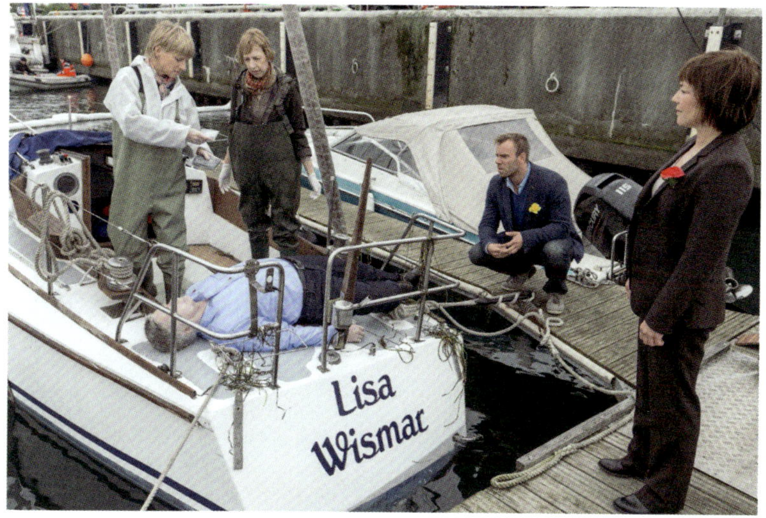

Außerdem gibt es in der Nähe gastronomische Einrichtungen oder fußläufig erreichbare Einkaufsmöglichkeiten. Ein weiterer Pluspunkt für alle Segler: Direkt am Westhafen sind verschiedene Werften und Sportbootservices beheimatet.

Und auch für Nicht-Segler von Interesse: Anbei starten verschiedene Schiffe zu Angeltörns. Weiterführende Informationen und Telefonnummern sind im Internet zu finden. ●

ZDF MEDIATHEK

Staffel 09 Folge 05 **VOLLES RISIKO**
Staffel 12 Folge 08 **GRAS DRÜBER**
Staffel 12 Folge 15 **NUMERUS CLAUSUS**
Staffel 13 Folge 01 **STILLE WASSER**
Staffel 13 Folge 13 **KLUB DER AUFREISSER**
Staffel 14 Folge 02 **LASS DAS MAL DIE OMA MACHEN**
Staffel 15 Folge 11 **HAFEN DER EHE**
Staffel 17 Folge 13 **AUSGESORGT**
Staffel 20 Folge 07 **HAUKES DINNER**
Staffel 20 Folge 24 **KNUTS LETZTES WERK**

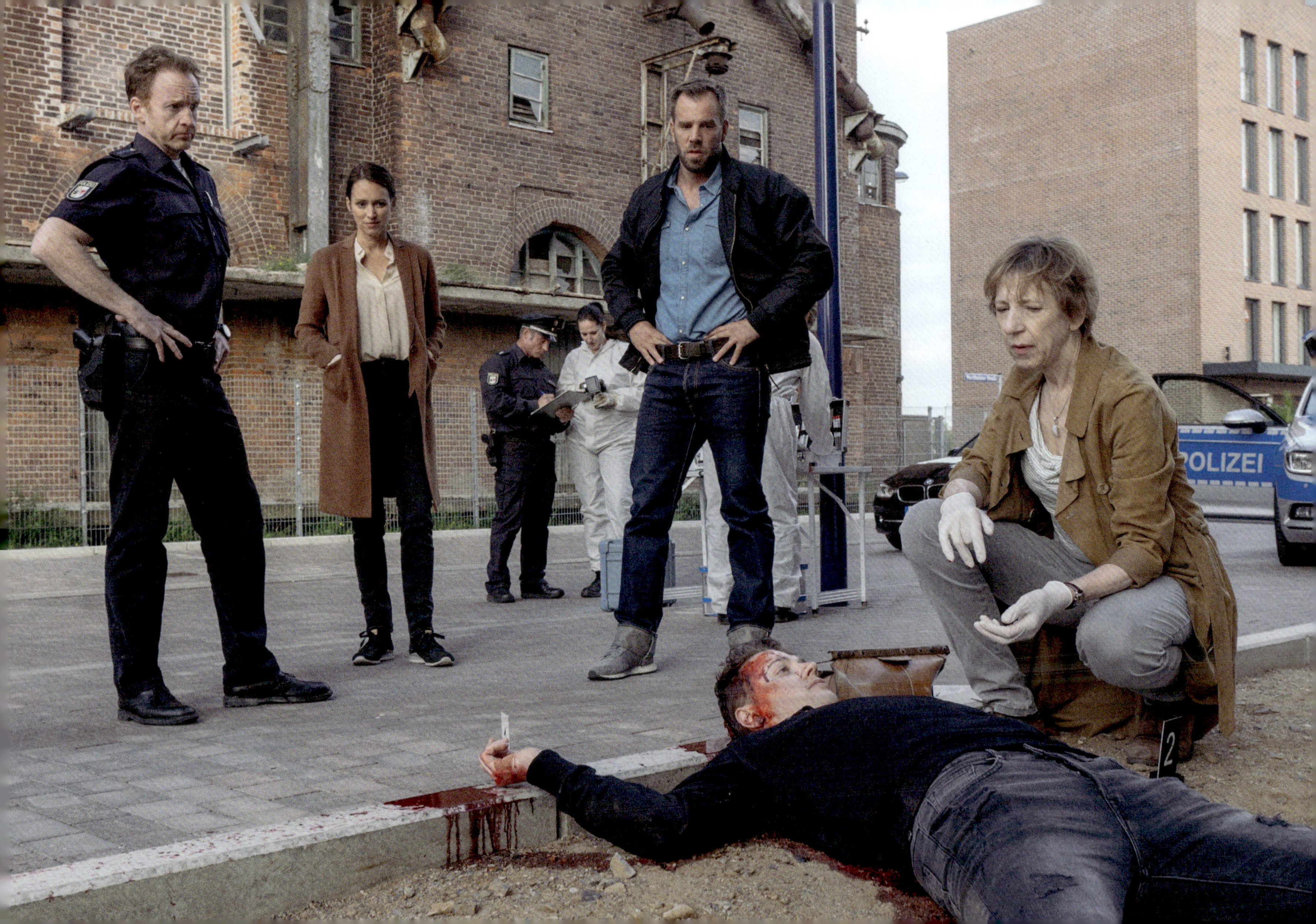
POLIZEI

㉘ SPEICHER AM HAFEN

Ein erschlagener Sternekoch, eine Leiche im Wäschesack und ein junger Mann, der in den Tod stürzt: Am Fuße der Speicher im Hafen hat die SOKO Wismar schon den einen oder anderen Leichenfund machen müssen. Die meisten von ihnen um den Thormann-Speicher.

Der Hafen wird durch die großen Getreidespeicher des 19. Jahrhunderts und der 1930er Jahre sowie durch die damit verbundene Infrastruktur wie Gleise und Förderanlagen geprägt. Von Südost nach Nordwest gesehen trifft man zuerst auf einen 1862 für die Firma J. C. Thormann errichteten Bodenspeicher und dann auf einen 1935 dahinter gebauten Silospeicher für die Firma G. W. Löwe. In den Jahren 1936 bis 1938 entstanden zwei weitere Großsilos: einer für die Firma P. Kruse und einer, der vielen Wismarern als „Ohlerich-Speicher" bekannt ist. Doch das historische Hafengebäude trägt diesen Namen zu Unrecht. Die jüdische Firma „Löwenthal, Nord & Co" hatte seit Ende des 19. Jahrhunderts einen nichtjüdischen Teilhaber, mit 25 Prozent. Sein Name war Paul Ohlerich. Dieser ließ 1933 den Getreidehandel und den Speicher vom damaligen Ministerpräsidenten der NSDAP arisieren und sich selbst als Besitzer der Firma eintragen. Die Familie des letzten Erben, Otto Löwenthal, wurde 1943 in Ausschwitz ermordet. Den Namen Ohlerich trägt der private Speicher trotz dieser Vorgeschichte bemerkenswerterweise bis heute.

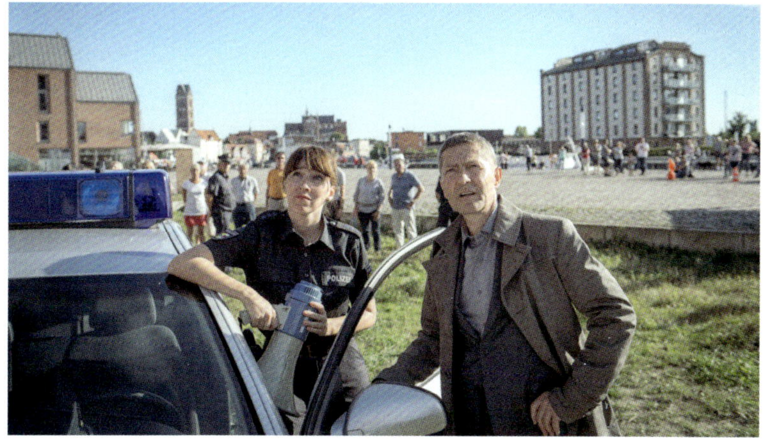

Aus der letzten Blütezeit des Hafens, als er Großumschlagplatz der DDR für Getreide war, stammen ein Transformatorenhaus aus den 1950er Jahren und das 1967 erbaute Werkstatt- und Sozialgebäude des VEB Getreidewirtschaft. Seit der Eröffnung im Jahr 2022 laden auf dem Areal um die Speicher ein wunderbarer Spielplatz und Freiflächen für Groß und Klein zum Verweilen ein.

Die meisten Leichenfunde der SOKO Wismar sind in und um den Thormann-Speicher zu verzeichnen. Das Gebäude wechselte nach dem Zweiten Weltkrieg in das Volkseigentum der DDR und verlor mehr und mehr seine originale Funktion. Erst 2004 begann mit dem Erwerb durch die Hansestadt Wismar ein neues Kapitel.

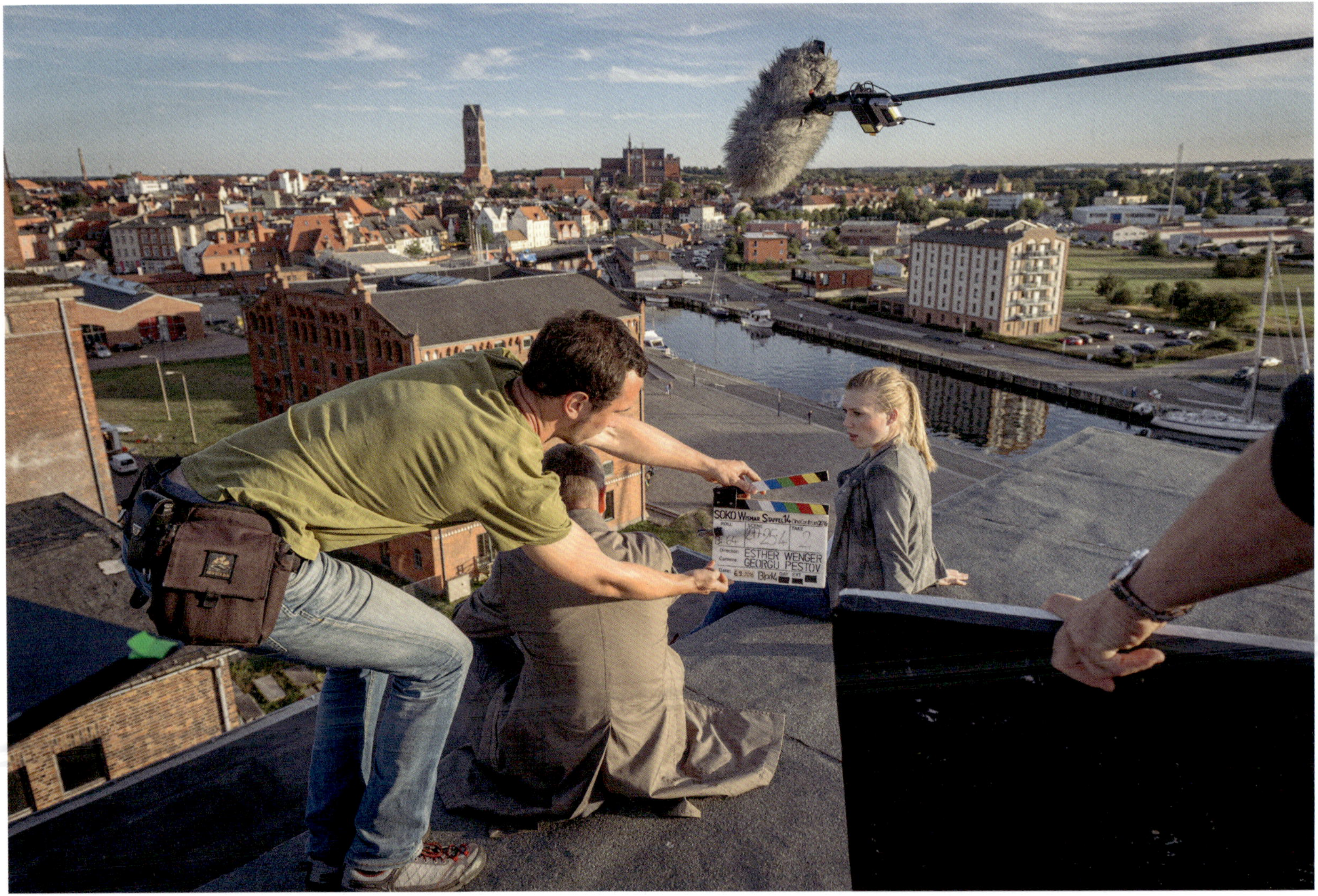
SOKO WISMAR STAFFEL 14
ESTHER WENGER
GEORGIJ PESTOV

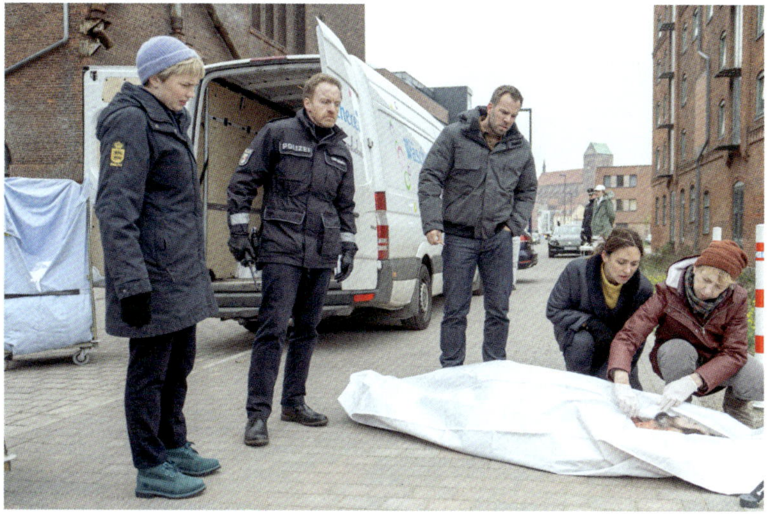

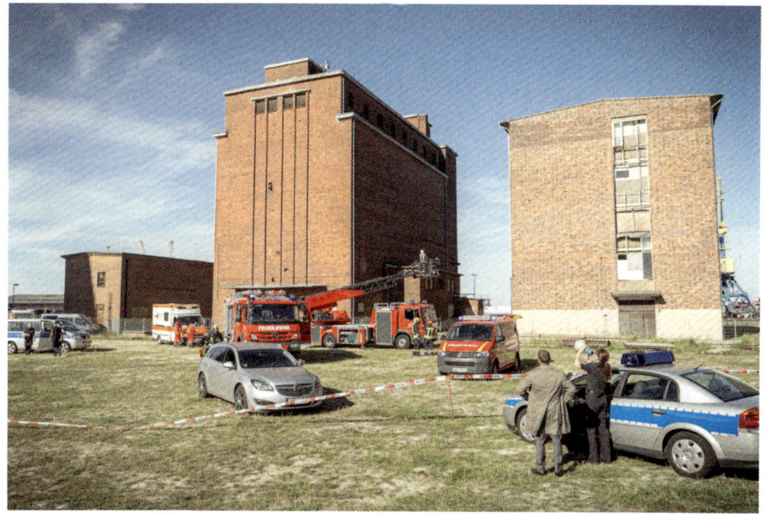

Unabhängig von der künftigen Nutzung wurden das Dach und die Fassade saniert und konnte der Bau so gesichert werden. Die Maßnahmen berücksichtigten die historische Substanz des Gebäudes. Jeder Ziegelstein wurde sorgfältig restauriert. Außerdem ergänzte man mit 17.000 handgefertigten Steinen aus Dänemark die Lücken im Altbestand. Die charakteristischen roten Backsteinfassaden, durch umlaufende Gesimse gegliedert werden, blieben in ihrer schlichten Eleganz erhalten.

Um spätere Nutzungen zu erleichtern, wurden allerdings großzügige Dachfenster im Mittelteil des Daches eingebaut. Die Planung für den Speicher sieht Büros in den Obergeschossen und Geschäfte mit einer kleinen Einkaufspassage vor. Die Umsetzung lässt jedoch noch auf sich warten.

Durch die teilweise zu geringen Deckenhöhen und das fehlende Tageslicht im Innenbereich mussten Kompromisse zwischen dem Nutzungsbedürfnis und dem Denkmalschutz gefunden werden, die Umsetzung ist auf dem Papier jedoch schon gelungen. Bis zur Vollendung des Projekts gibt es gelegentlich künstlerische Veranstaltungen im Erdgeschoss. ●

ZDF MEDIATHEK

Staffel 10 Folge 19 **DER GOURMETKOCH**
Staffel 15 Folge 22 **ZU TODE ERSCHRECKT**
Staffel 17 Folge 03 **ABGETAUCHT**

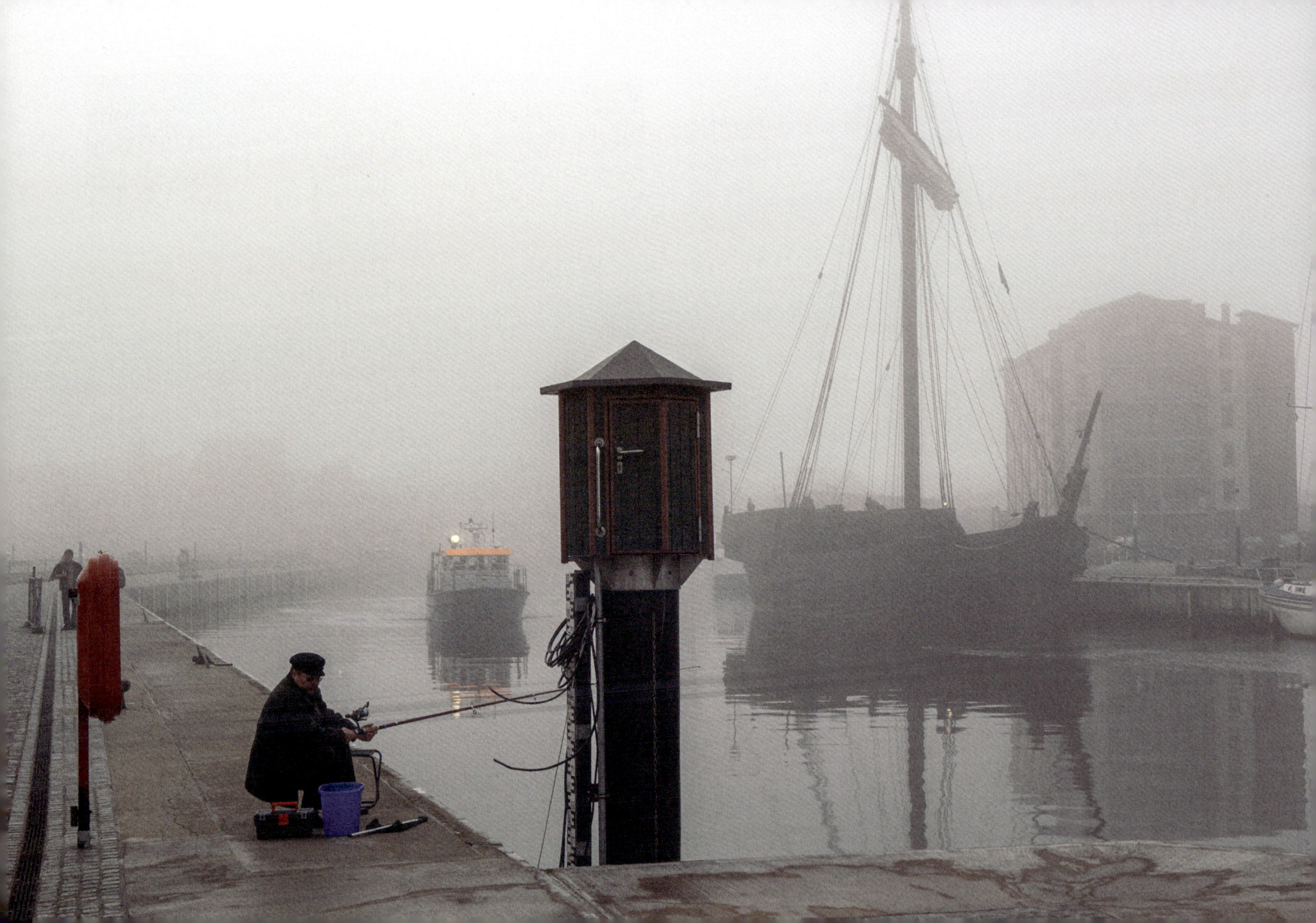

29 KOGGE AM BAUMHAUS

Die Poeler Kogge „Wissemara“ diente bei der SOKO Wismar bereits in vielen Folgen als Schauplatz. Eine besondere Episode für die Hansestadt war dabei „Kampf der Vampire“. Hier drehte sich alles um Nosferatu, Wismars wohl berühmtesten Blutsauger (siehe Kapitel 24 „Wassertor“ ab Seite 143). Für den Krimi wurde die Kogge kurzerhand zur Theaterbühne umfunktioniert.

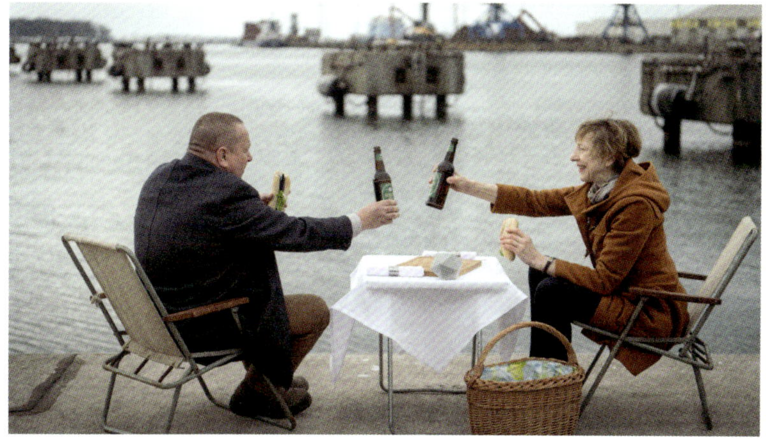

Bei der „Wissemara“ handelt es sich um den Nachbau einer mittelalterlichen Kogge, die man aufgrund eines Wrackfundes Ende der 1990er Jahre innerhalb von fünf Jahren in Handarbeit herstellte.

Währenddessen kam heraus, dass die Überreste des Schiffs nicht, wie angenommen, aus dem 14., sondern eher vom Ende des 18. Jahrhunderts stammen. Der Nachbau jedoch ist eine Kogge, der klassische Schiffstyp der aufstrebenden Hanse im 13. und 14. Jahrhundert.

Die Crew der „Wissemara“ unternimmt in den warmen Monaten oft und gern Ausfahrten mit Gästen oder ist Kulisse für Kino- und Fernsehproduktionen. ●

DAS BAUMHAUS

Das Baumhaus ist ein prächtiger Barockbau. Errichtet in der ersten Hälfte des 18. Jahrhunderts, fungierte es einst als Wacht- und Zollstätte am Rande des Alten Hafens.

Sein Name suggeriert irrtümlich eine Verbindung zu Bäumen. Schon der ursprünglich hier stehende Fachwerkbau diente den sogenannten „Bohmschlütern" als Unterkunft. Bohmschlüter waren die Angestellten der Hafenverwaltung, die früher in dem Haus wohnten und nachts sowie im Kriegsfall einen schwimmenden (Schlag)baum vor die Hafeneinfahrt zogen. Später verwendete man eine Kette, die man vor die Einfahrt spannte.

Der Eingang des Baumhauses wird heute von zwei Schwedenköpfen bewacht. Gegen Ende des 18. Jahrhunderts hatte man auf einer Werft im Hafen zwei „Herkulesbüsten" gefunden, die ehemals wohl als Ruderköpfe für schwedische Kriegsschiffe gedient hatten. Wer auf die Idee kam, diese Köpfe auf die Dalben an der Hafeneinfahrt zu setzen, ist nicht bekannt.

Mehrfach wurden die Köpfe beschädigt, etwa 1902 durch ein Schiff. Deshalb ersetze man die hölzernen Originale, die heute im Stadtgeschichtlichen Museum Schabbell bestaunt werden können, durch gusseiserne Replikate, die nun das Baumhaus zieren.

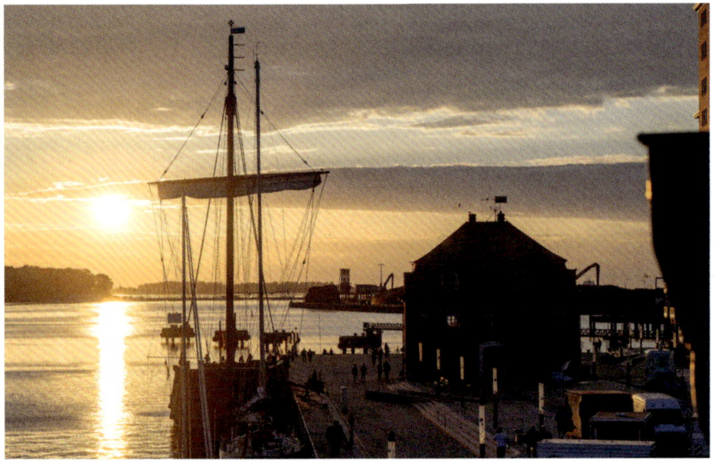

Seit dem 1. Januar 2018 liegt die Verwaltung des Baumhauses in den Händen des Fördervereins „Poeler Kogge" e. V., der es im Erbbaurecht übernommen hat und hier mit Partnern das Maritime Traditionszentrum schuf. Es ist seit April 2019 geöffnet und beherbergt als Kernstück eine faszinierende Dauerausstellung, die tiefe Einblicke in die hanseatische Vergangenheit Wismars gewährt.

Vor Ort wird über den Bau der Poeler Kogge „Wissemara", die aufwendige Restaurierung des Lotsenschoners „Atalanta", des Fischkutters „Marlen" sowie über den Schiffbau auf der Wismarer Werft von 1946 bis heute informiert.

www.poeler-kogge.de

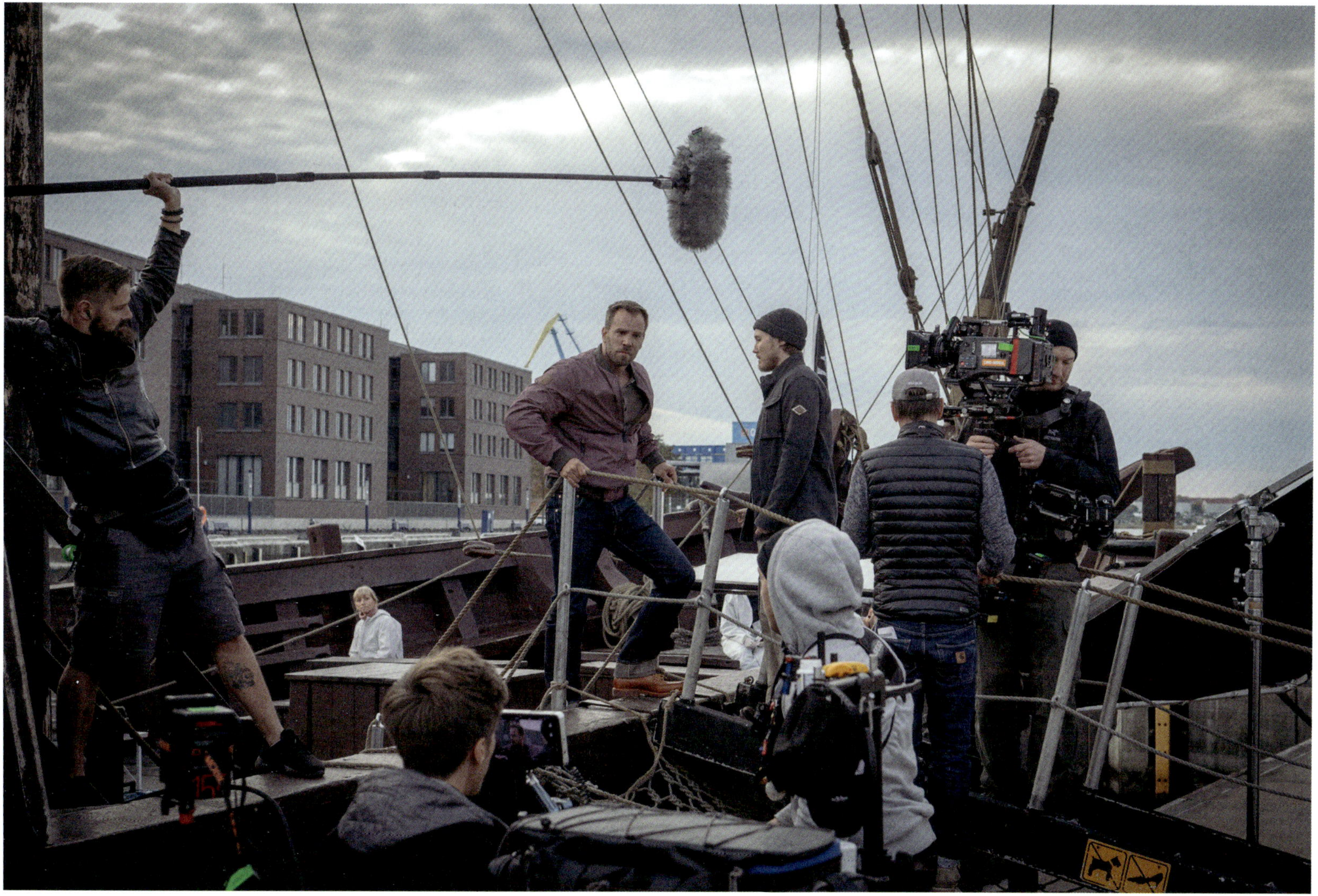

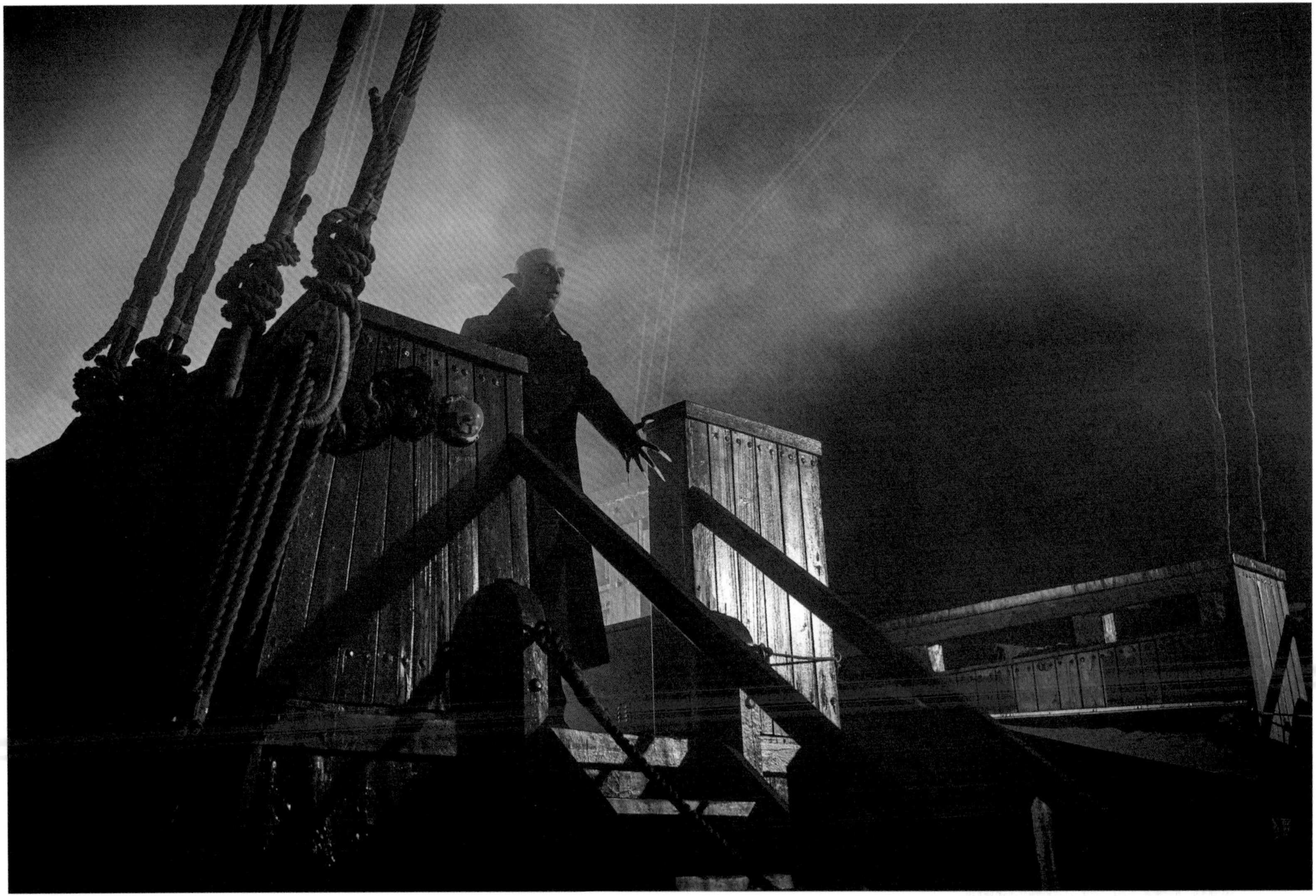

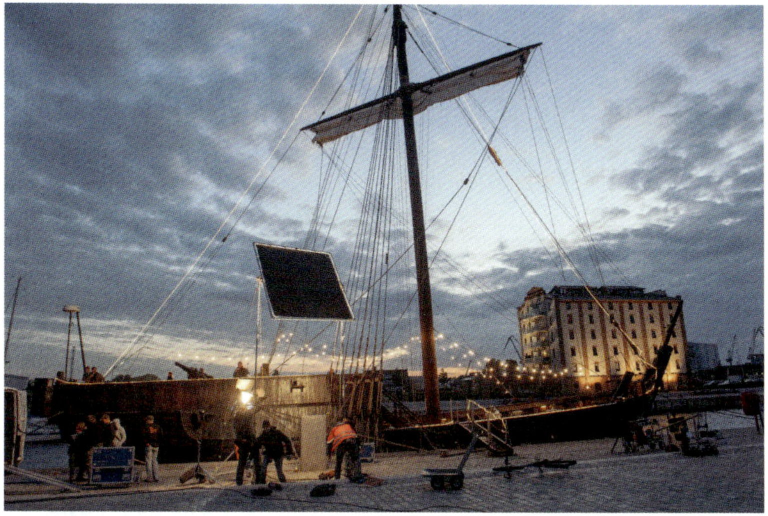

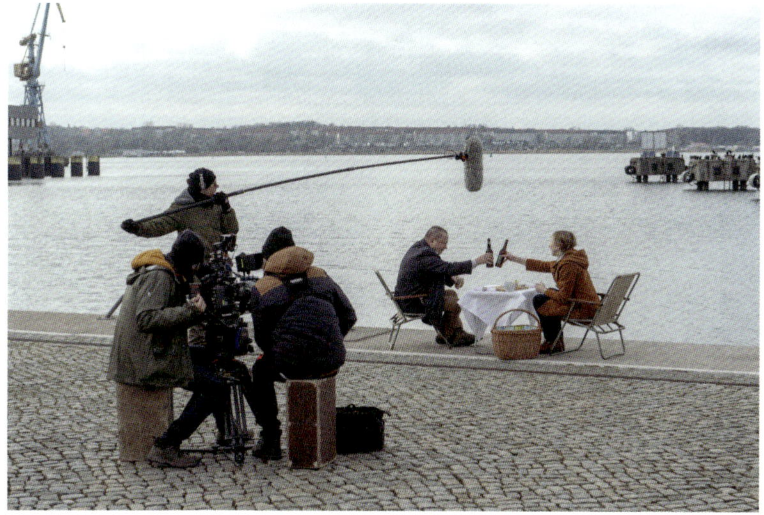

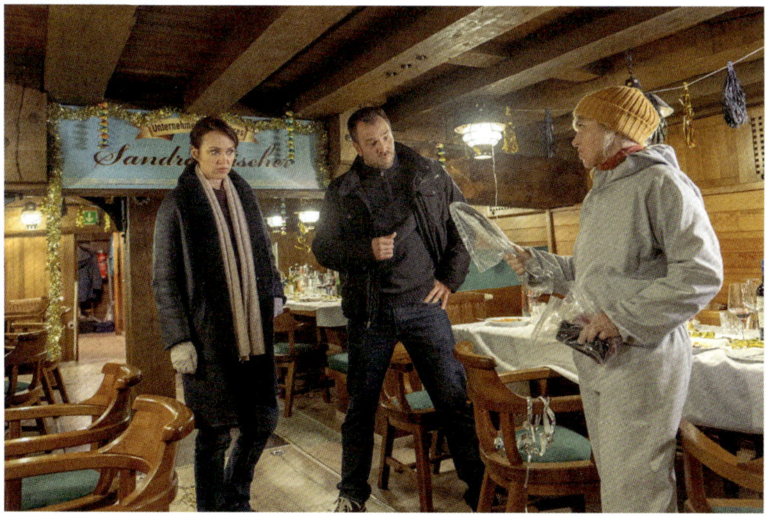

ZDF MEDIATHEK

Staffel 09	Folge 25	**STUMMER ZEUGE**
Staffel 15	Folge 27	**ÜBER DIE PLANKE**
Staffel 18	Folge 04	**LÜTTE DEERN**
Staffel 18	Folge 14	**SPORT IST MORD**
Staffel 19	Folge 01	**KAMPF DER VAMPIRE**

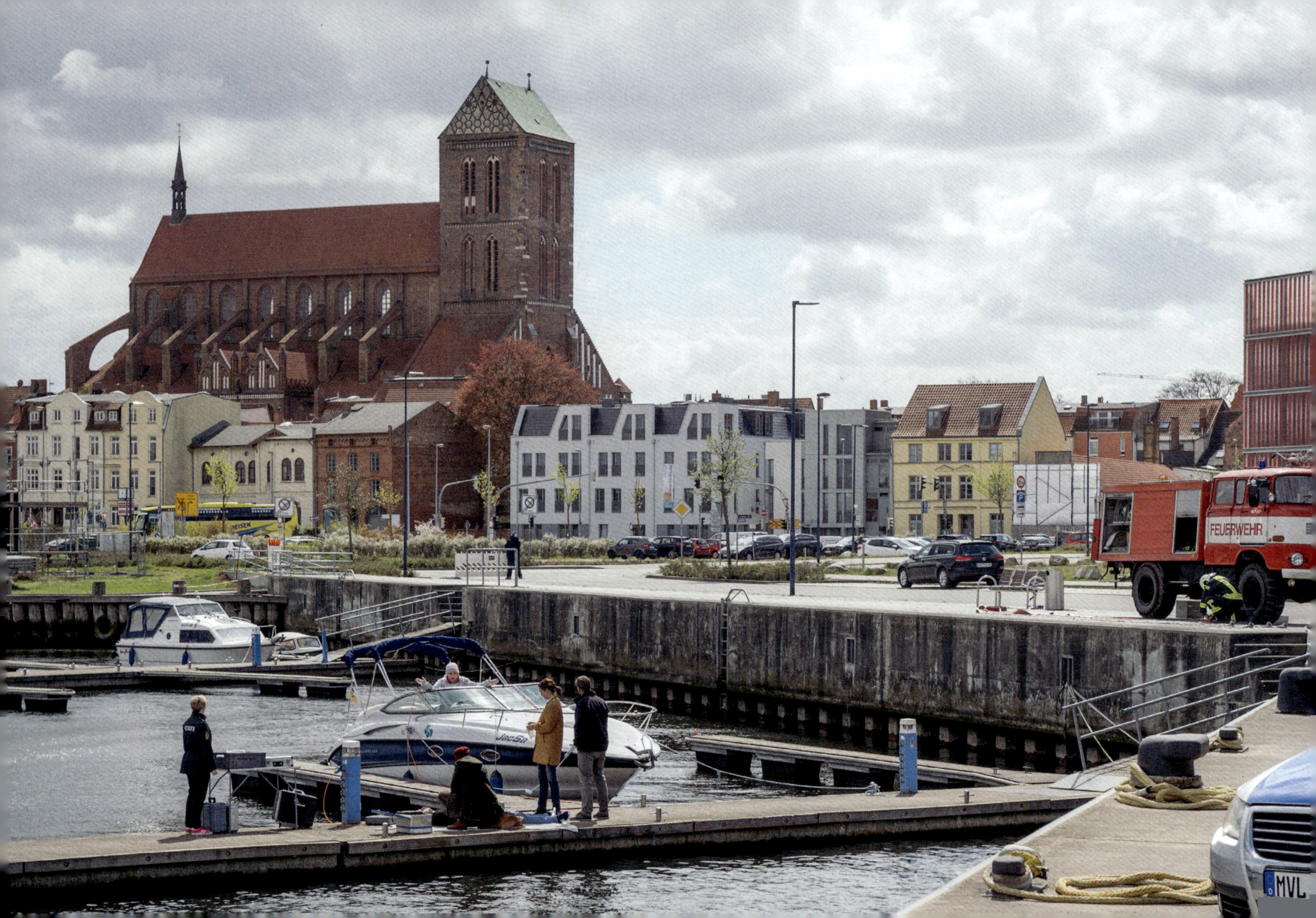
FEUERWEHR

30 ÜBERSEEHAFEN BRUNKOWKAI

In der Episode „Die Yacht-Jäger" erhält man seltene Einblicke in das Gelände des Überseehafens und der „Seehafen Wismar GmbH". Das ist nicht nur für Gäste spannend, sondern auch für Einheimische, weil selbst sie kaum wissen, wie es dort ausschaut. Ein Luxus, den die Crew gerade an solchen Schauplätzen besonders zu schätzen weiß. Als Filmteam darf man manchmal an Orten sein, die nur für wenige Personen zugänglich sind.

Der Überseehafen mit dem Brunkowkai beginnt neben dem Alten Hafen. Es handelt sich um das dritte Hafenbecken, wenn man diese aus südlicher Richtung von links nach rechts betrachtet, und entstand von 1848 bis 1895. Der Kalihafen, der vierte Finger der Wismarer Hafenbecken, kam 1913/14 hinzu. Als die DDR Jahrzehnte später die begehrten Kalidüngemittel in die ganze Welt exportierte, wurde zusätzlich zur Kaianlage ein gutes Schienennetz gebraucht. Den ersten Eisenbahnanschluss hatte Wismar bereits 1848 erhalten.

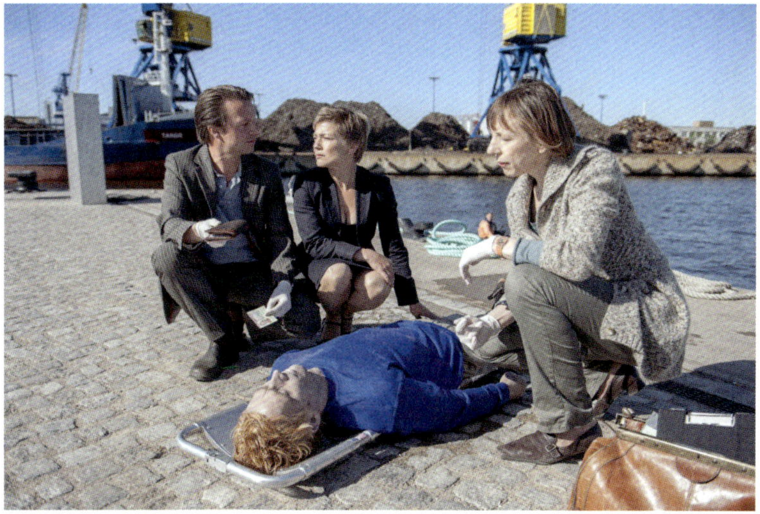

Spuren der alten Verbindungen sind zum Teil noch am Alten Hafen und vor dem Zeughaus, das die Stadtbibliothek beherbergt, zu entdecken. Heute sind die Gleise der Hafenbahn auf dem Gelände des Überseehafens 27 Kilometer lang.

Dieser wird mittlerweile von der „Seehafen Wismar GmbH" bewirtschaftet, die 1990 aus dem „VEB Seehafen Wismar" entstand. Die ersten Jahre nach der Wende waren schwierig, es galt durch unstete Gewässer zu navigieren.

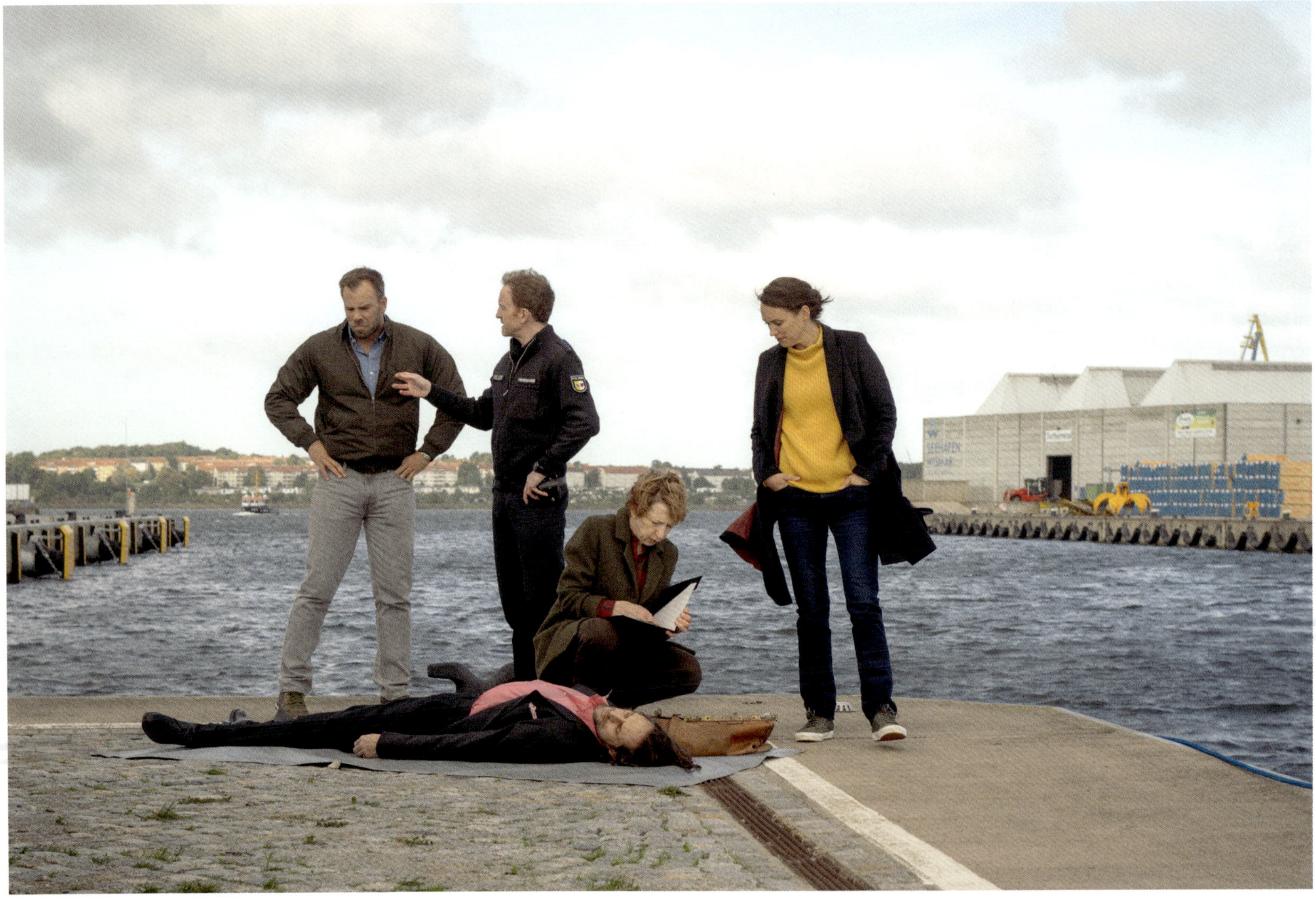

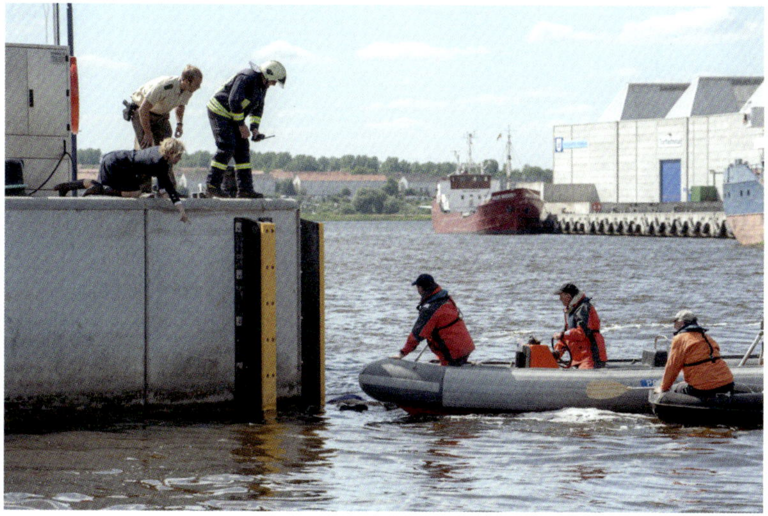

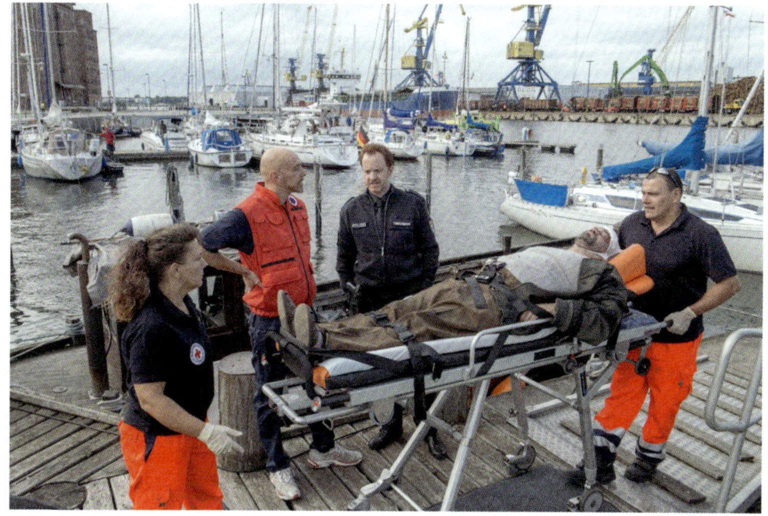

Ab Mitte der 90er Jahre ging es dann jedoch langsam bergauf und der Güterumschlag wuchs wieder kontinuierlich. Heute ist der Überseehafen der zweitgrößte Ostseehafen in Mecklenburg-Vorpommern und ein modernes Logistikunternehmen.

An seinem südlichen Ufer befindet sich der Brunkowkai mit einem Wasserwanderplatz. Ein Spot, den man sich gerade im Sommer unbedingt anschauen sollte. In direkter Nachbarschaft hat die Wasserschutzpolizei ihre Anlegestelle. ●

ZDF MEDIATHEK

Staffel 09 Folge 14 **LOCKVOGEL**
Staffel 09 Folge 17 **TOD AUF SEE**
Staffel 10 Folge 02 **MEINE BESTE FREUNDIN**
Staffel 13 Folge 09 **DER LEGIONÄR**
Staffel 14 Folge 28 **DER YACHT-JÄGER**
Staffel 15 Folge 21 **LETZTER TANGO**
Staffel 18 Folge 11 **AUSGEBOOTET**

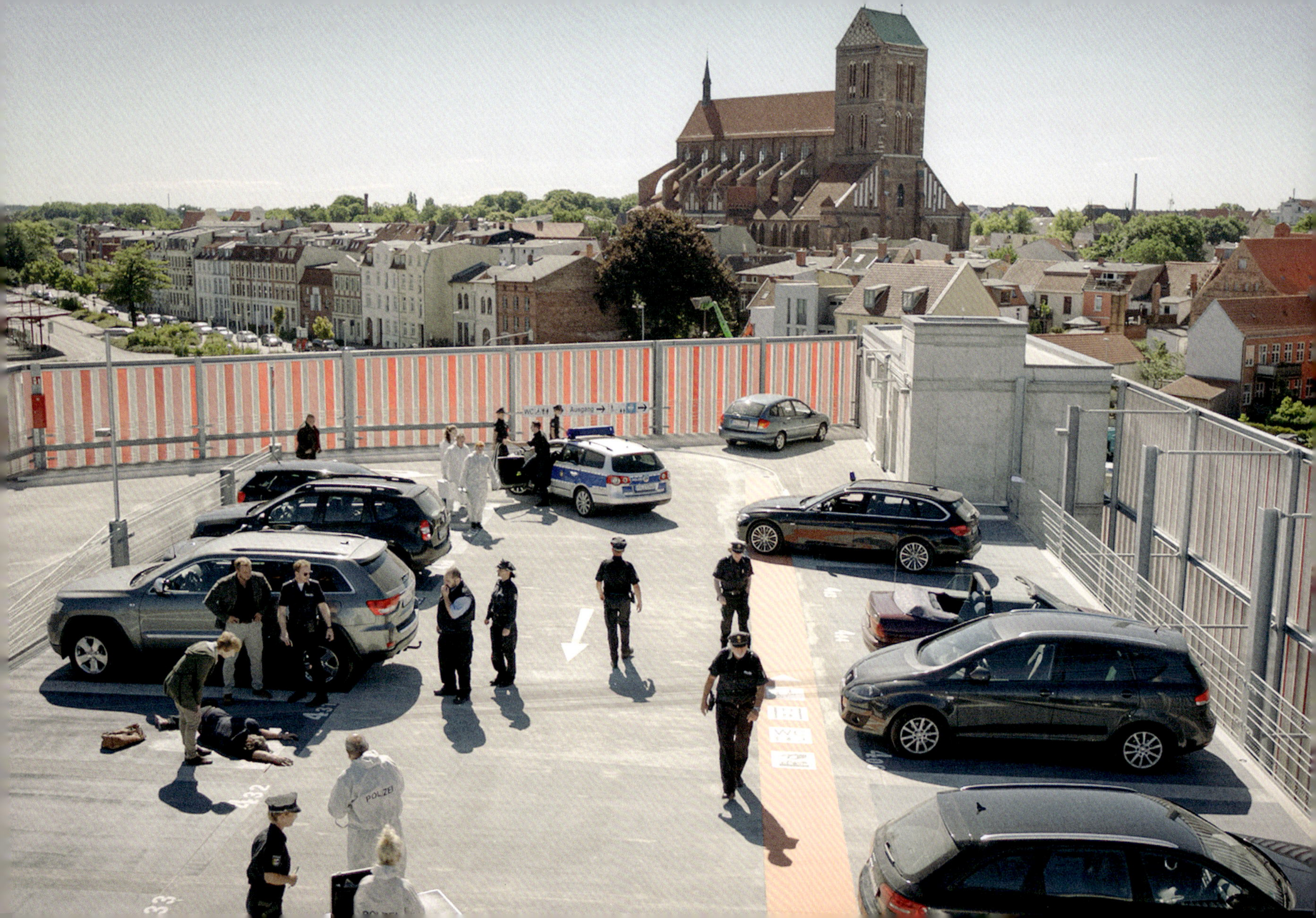
WC
Ausgang
POLIZEI

31 PARKHAUS ALTSTADT-HAFEN

Toter mit Aussicht. Paartherapeut Gunnar Wittrock wird am Morgen auf dem Dach eines Parkhauses brutal erschlagen aufgefunden. Im Hintergrund die Dächer Wismars. Die Macher der SOKO Wismar sind immer auf der Suche nach neuen Motiven. So ist es nicht verwunderlich, dass das Team das Parkhaus „Altstadt-Hafen" kurz nach dessen Inbetriebnahme sofort in Beschlag nahm, um dort die Folge „Zweiter Frühling" zu drehen.

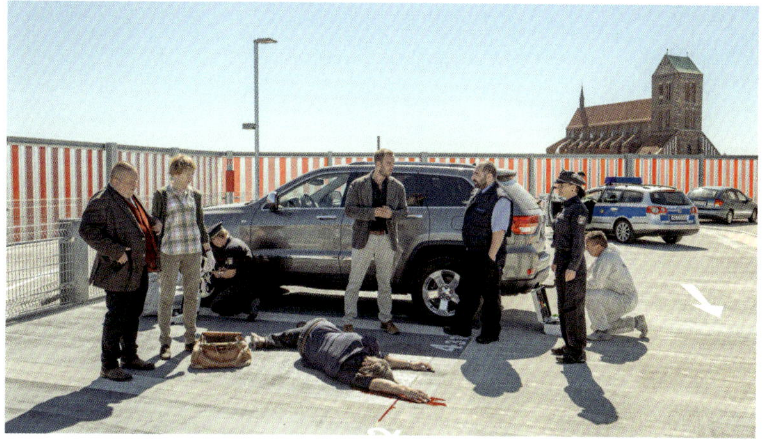

Das 2018 fertiggestellte Gebäude liegt inmitten des historisch geprägten Gebiets Alter Hafen und somit in unmittelbarer Nähe zum Hafenbecken, dem Wassertor und der Nikolaikirche. Es ist vorrangig umgeben von Zeugnissen der Backsteingotik beziehungsweise steht in deren Sichtachsen.

Der Entawurf musste berücksichtigen, dass sich das Parkhaus in das Umfeld mit den Sehenswürdigkeiten ebenso einfügt wie in das der historischen Speicher. Die moderne Funktionsarchitektur interpretiert das Althergebrachte neu. Die gerundeten Außenkanten setzen sich deutlich von der klaren, kubischen Backsteinarchitektur früherer Zeit ab, Materialität wird in Form von emailliertem Profilglas neu interpretiert, welches wiederum die markanten Rotbrauntöne der Backsteine aufnimmt.

Die weitgehend blickdichte Konstruktion ist mit geschosshohen, großflächigen „Fenstern" aus Klarglas aufgelockert, um Blicke in die Stadt, zum Hafenbecken und auf die umliegenden Gebäude zu gewährleisten. Zur Einfahrtsseite hin reckt sich das asymmetrisch geformte Gebäude abgerundet in die Straßenflucht hinein, um ein klares Zeichen im Straßenraum zu setzen. Ein Parkhaus und zugleich ein gutes Beispiel moderner Architektur, das sich einerseits von der Umgebung absetzt und anderseits in das Gesamtbild der Hansestadt eingefügt ist. ●

ZDF MEDIATHEK

Staffel 15 Folge 15 **ZWEITER FRÜHLING**

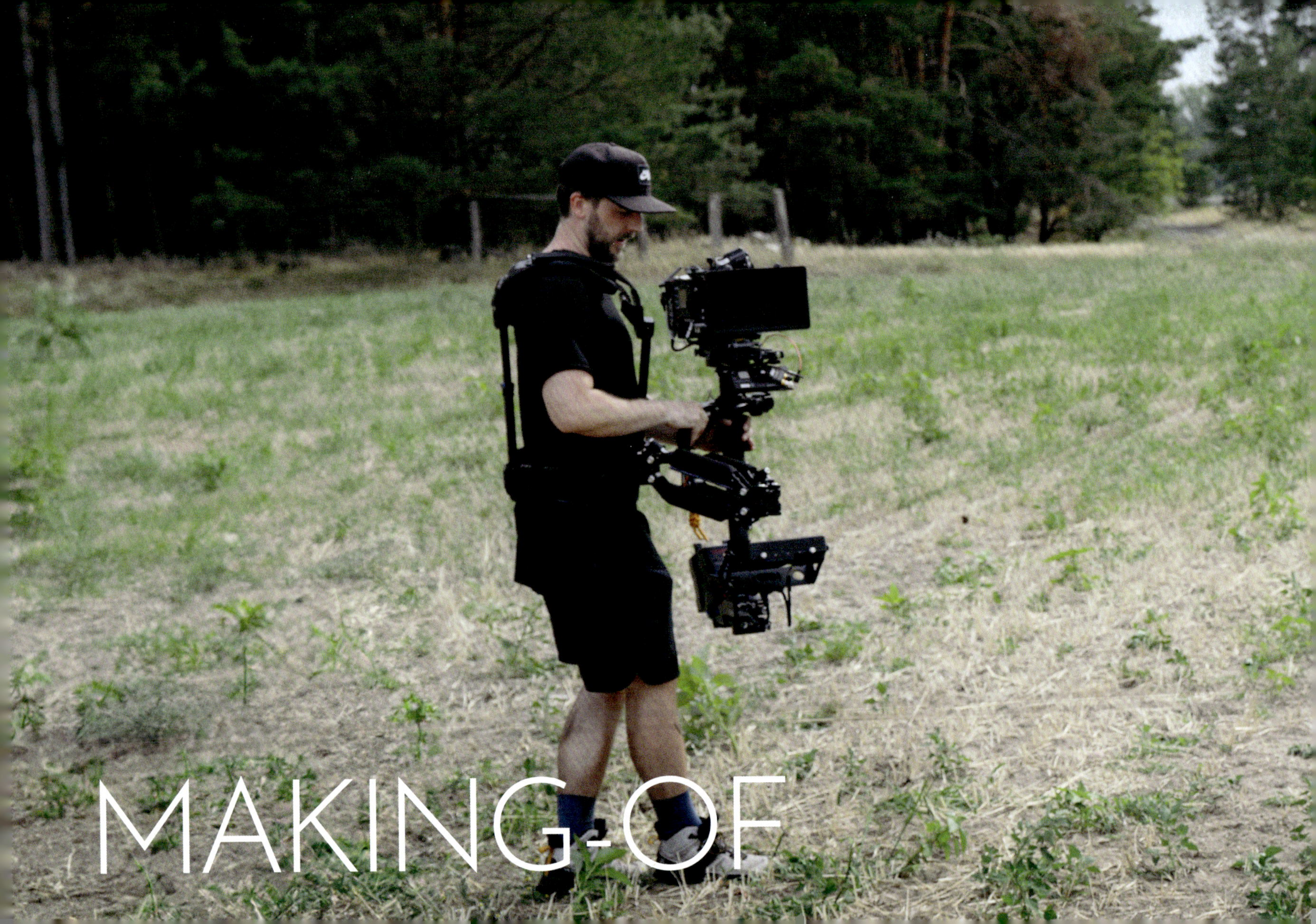
MAKING-OF

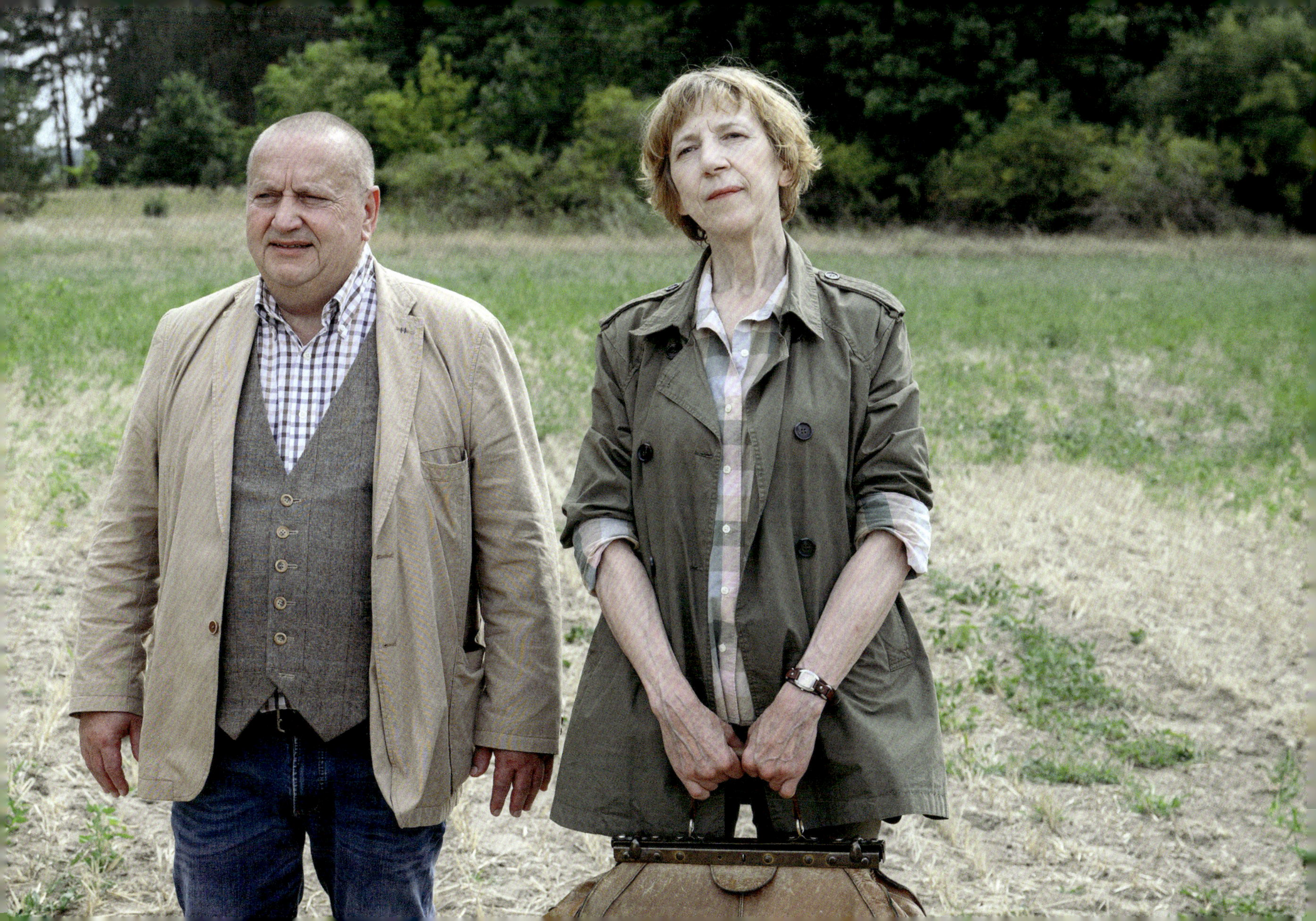

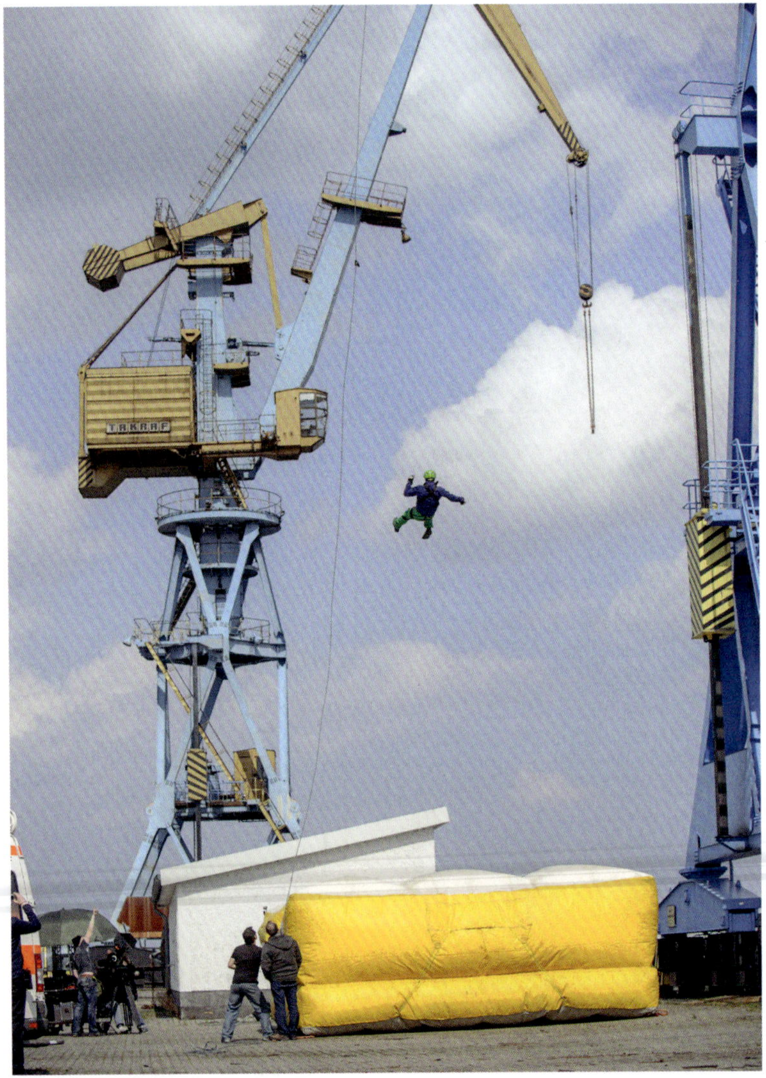

MAKING-OF

Die SOKO Wismar bietet seit über 20 Jahren Unterhaltung, komplizierte Fälle, überraschende Lösungen, Spannung, Schmerz, Liebe und viel frische Seeluft. Was passiert jedoch, bevor der Titelsong von Udo Lindenberg auf eine neue Episode einstimmt? Auf den nachfolgenden Seiten können Sie einen Blick hinter die Kulissen der Produktion der SOKO Wismar erhaschen. Ehe eine Folge im Fernsehen ausgestrahlt werden kann, braucht es im Durchschnitt ein Jahr. Alles beginnt mit einem Autor und einer Idee, aus der sich dann eine ganze Geschichte entwickeln muss. Dabei ist darauf zu achten, Handlung, Charaktere und Dialoge aufeinander abzustimmen.

Nun erfolgen – nach Prüfung durch die ZDF-Redaktion, die Produktionsfirma REAL FILM Berlin, deren Dramaturgie und die Regie – Überarbeitungen. Die Produzentin sucht anschließend mit Unterstützung der Produktionsleitung das Drehteam aus, das für die Umsetzung des Stoffes, die sogenannte Produktion, gebraucht wird. Dazu gehören die Departments Regie, Kamera, Szenenbild, Kostümbild, Maske, Ton, Licht, Drehbühne, Set-Aufnahmeleitung, Requisite, Stunt, Spezial-Effekte und in seltenen Fällen Tiere.

Nach der Auswahl der Handlungsorte für eine Folge und der Besetzung der Schauspieler wird ein Drehplan festgelegt. Die Regie und die Kamera konzipieren die Umsetzung der einzelnen Szenen. Jetzt beginnen die Dreharbeiten. Unter Leitung der Regie erweckt das Produktionsteam die Handlungen gemäß dem Drehbuch zum Leben. Für eine Staffel mit 24 Folgen SOKO Wismar dauert dies in der Regel neun Monate. Gefilmt wird an verschiedenen Orten, in Wismar und dem Umland, in Brandenburg und in den Studios in Berlin-Adlershof.

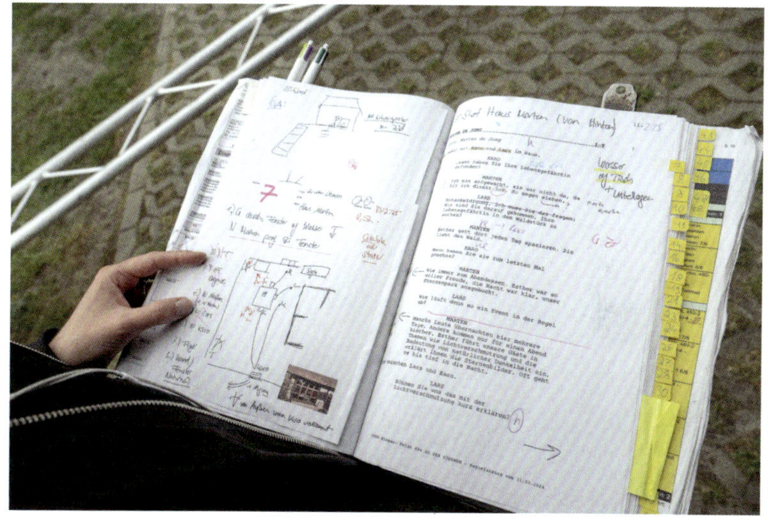

Nachdem alles „im Kasten" ist, beginnt die Postproduktion. Diese umfasst als Erstes den Schnitt des gedrehten Materials. Der ist besonders wichtig, da eine Folge hier ihr endgültiges „Gesicht" erhält, Struktur, den richtigen Rhythmus. Der nächste Schritt: die Abnahme durch die Redaktion. Farbkorrektur, Nachbearbeitung der beim Dreh entstandenen Tonspur und die weitere Vertonung einschließlich der Musikkomposition bilden den Abschluss der Postproduktion.

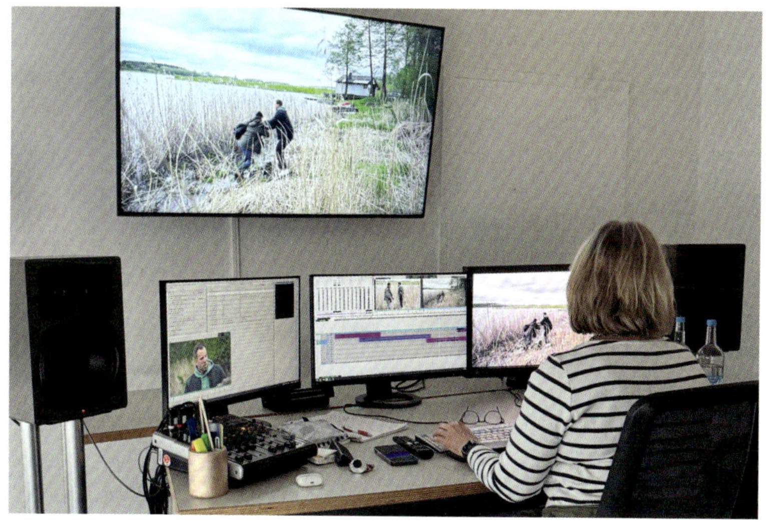

Und dann kommt die SOKO Wismar zu den Zuschauerinnen und Zuschauern, zu den Fans von Jan-Hinrich Reuter, Helene Sturbeck, Karoline Joost, Lars Pöhlmann, Paula Moorkamp, Eddi Jansons und Roswitha Prinzler – immer am Mittwoch, abends um 18 Uhr im ZDF.

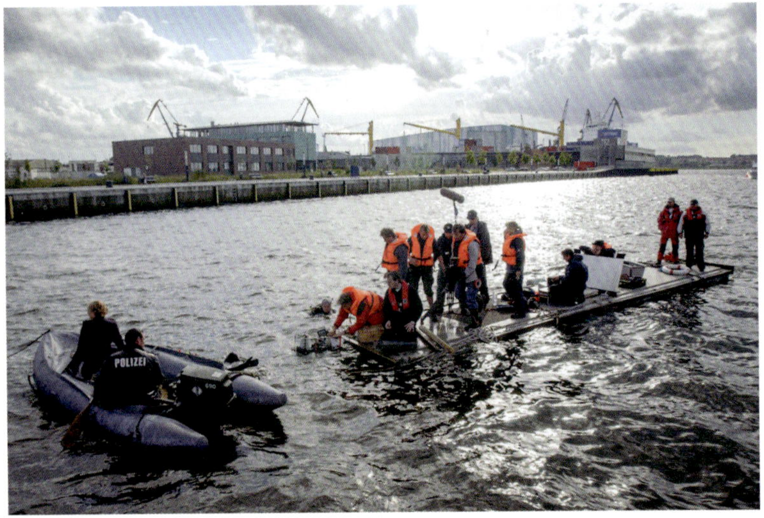
POLIZEI

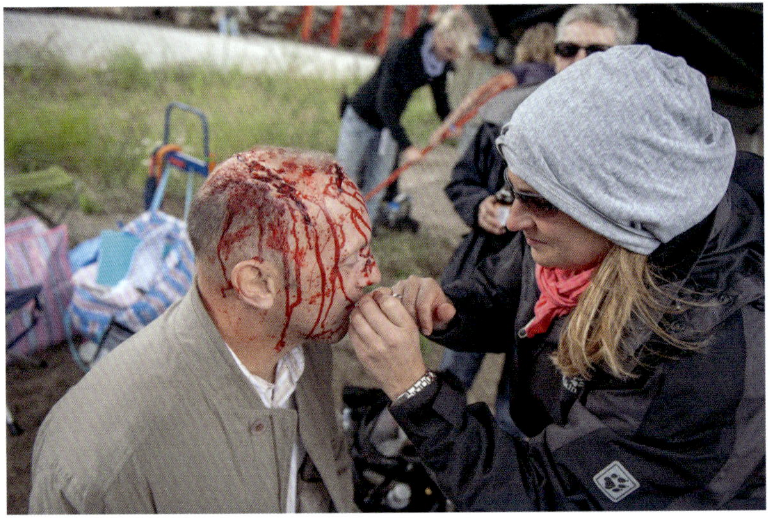

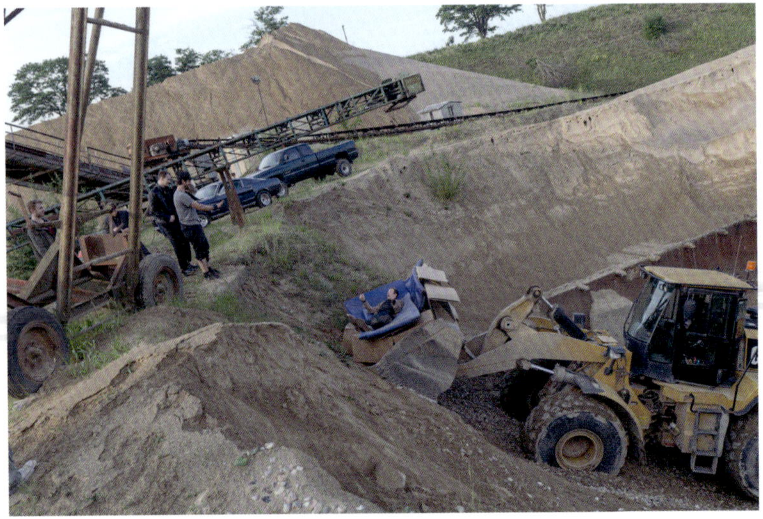

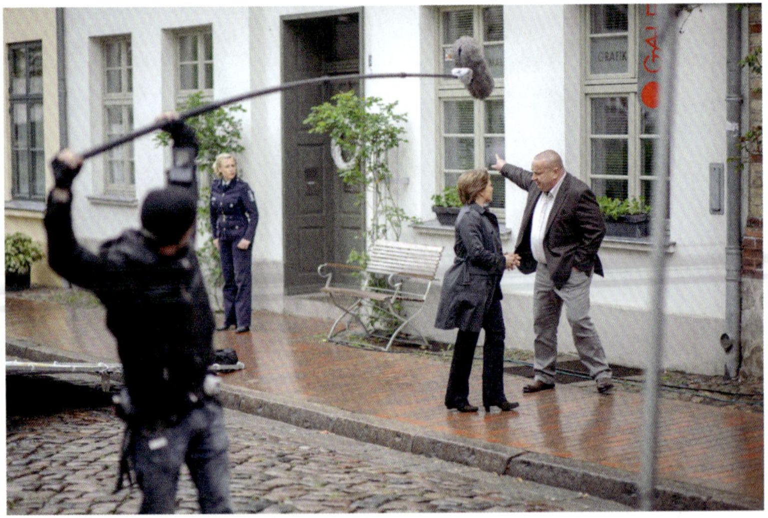

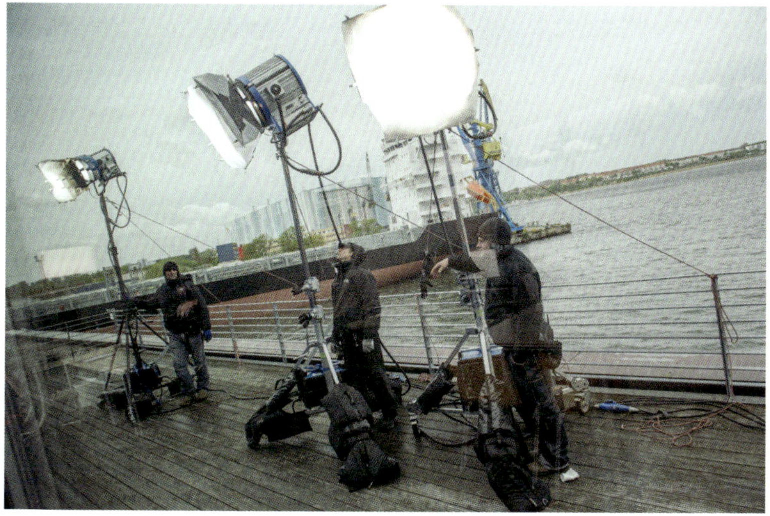
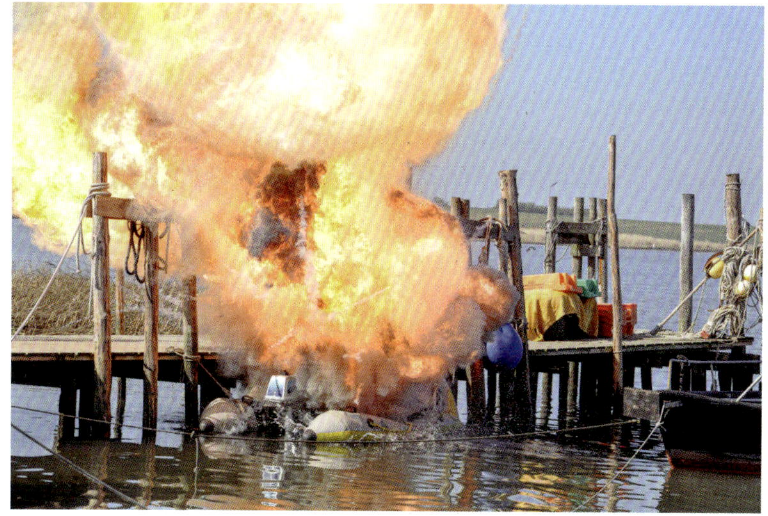
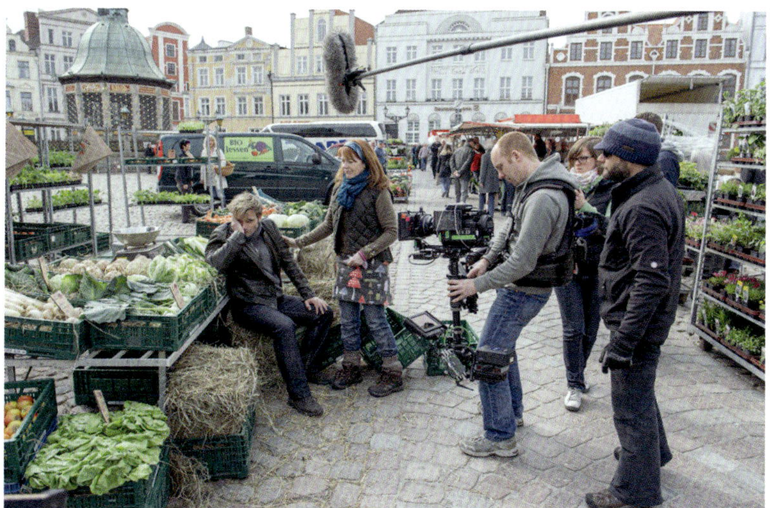
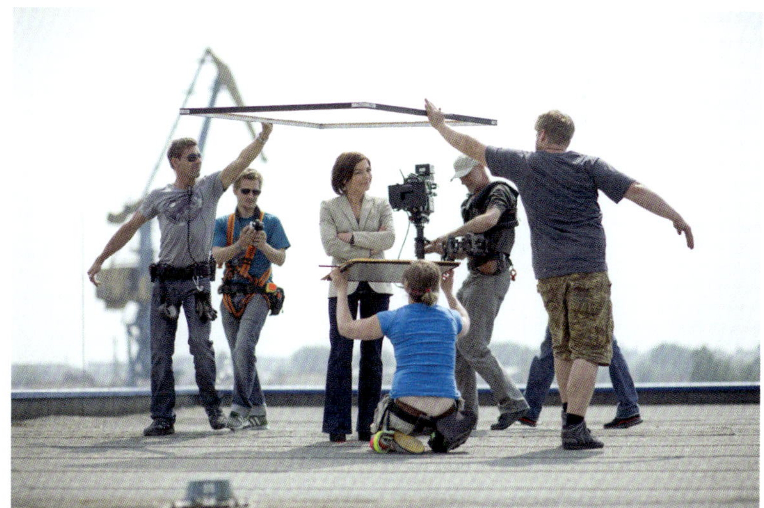

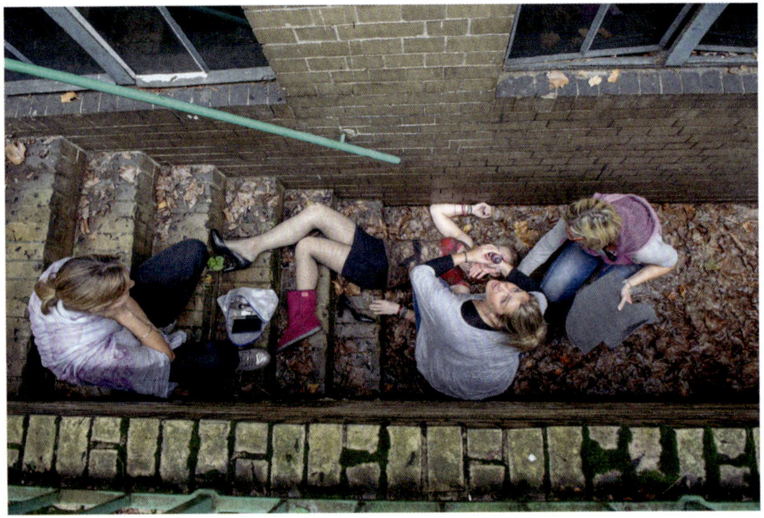

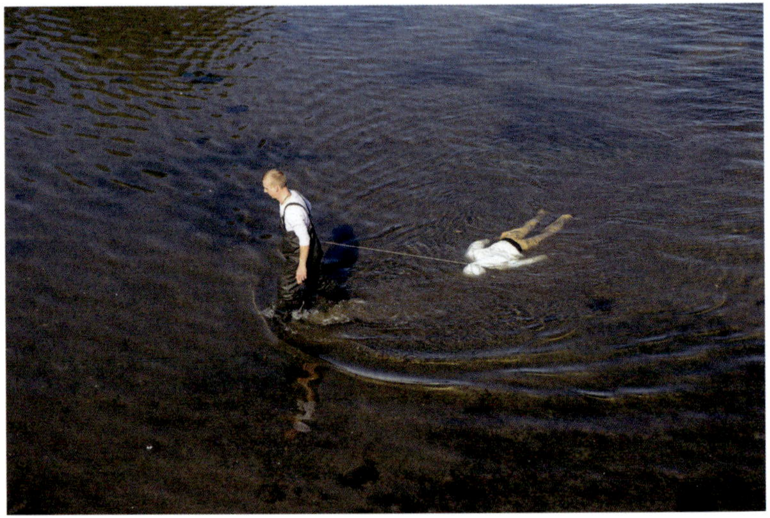

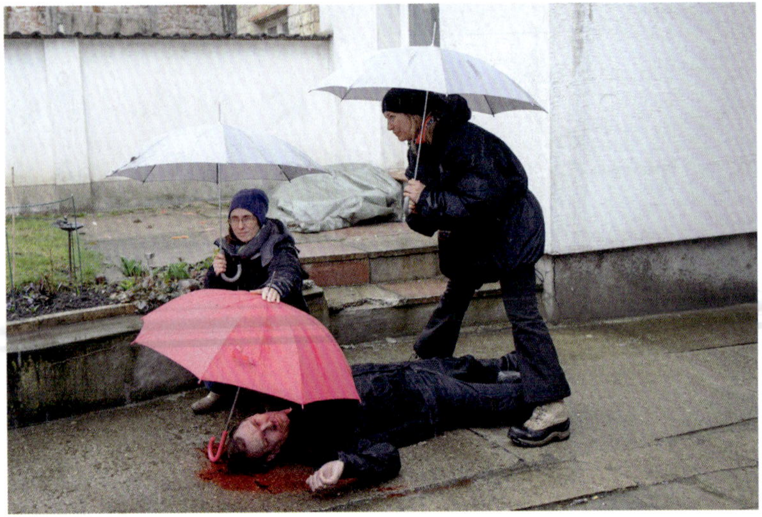

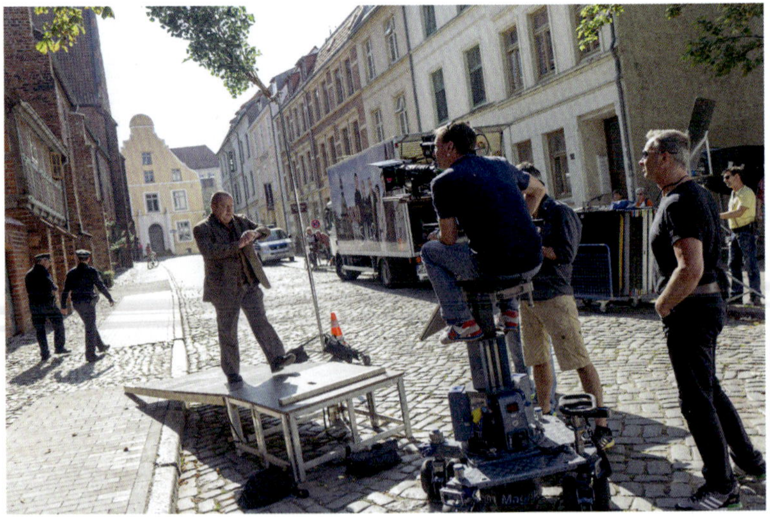

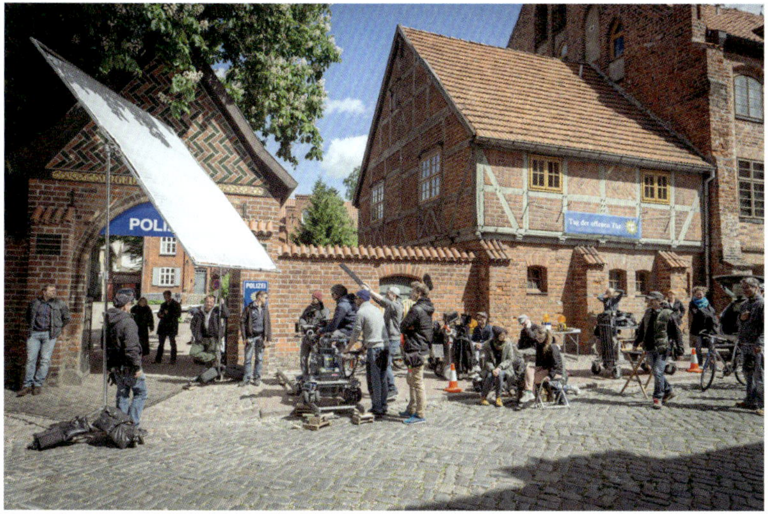
POLI

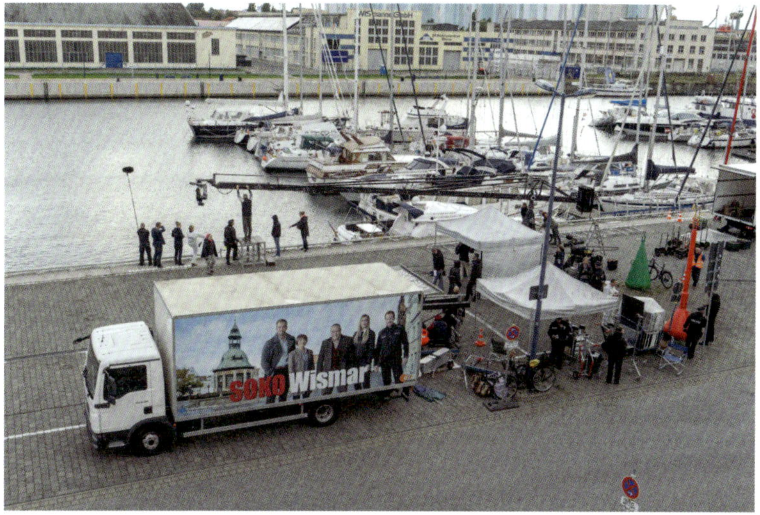
SOKO Wismar

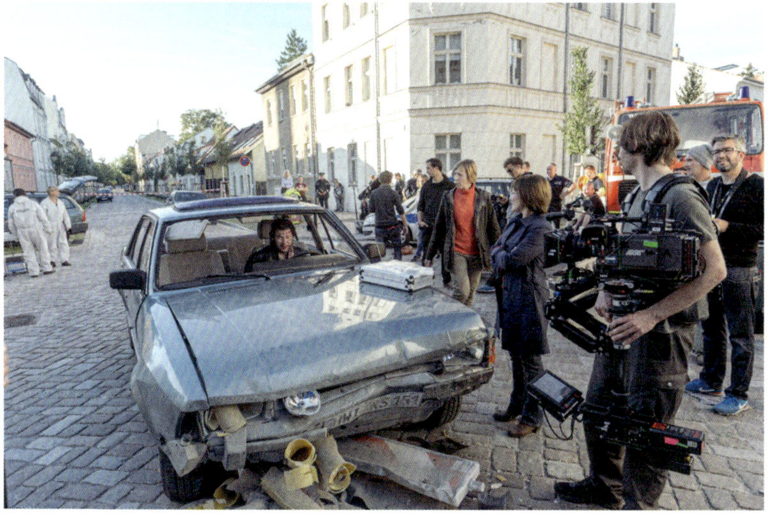

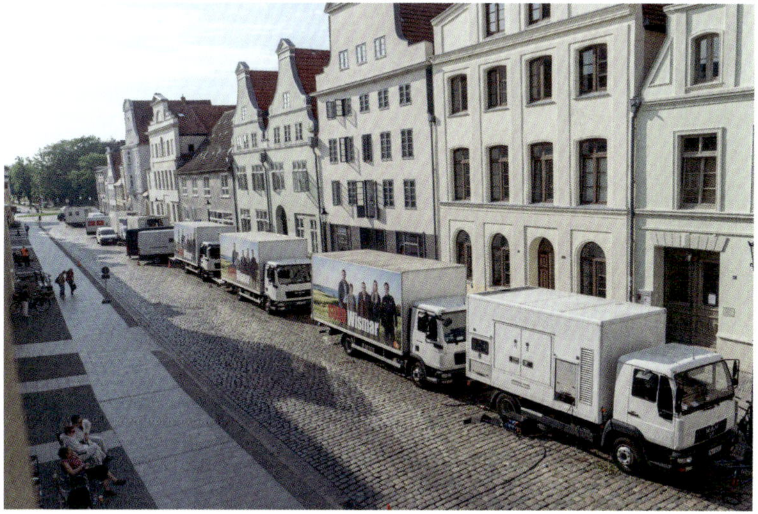

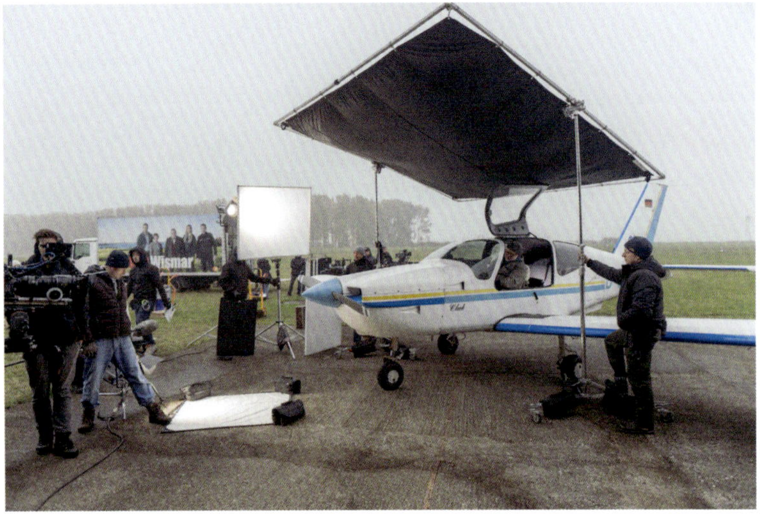
Wismar

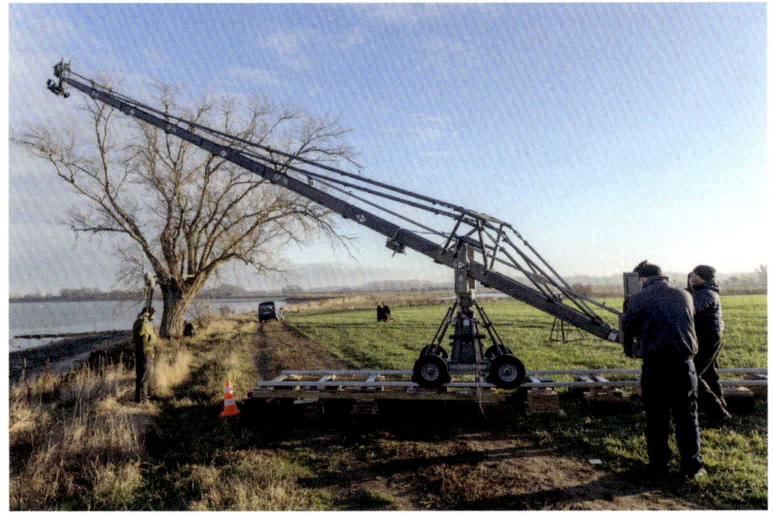

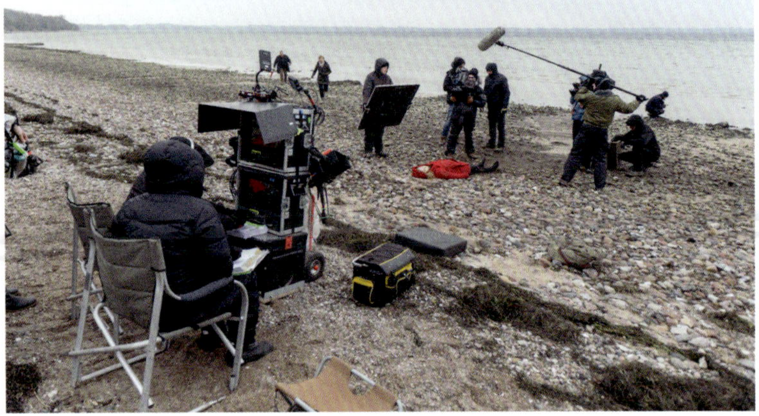

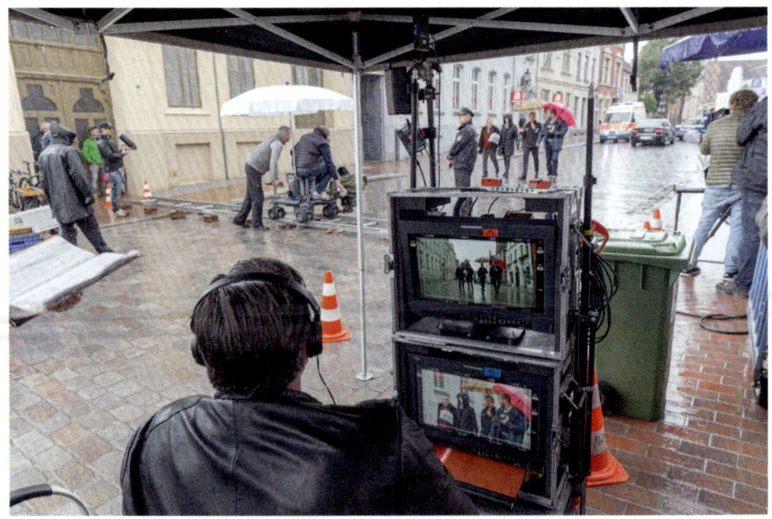

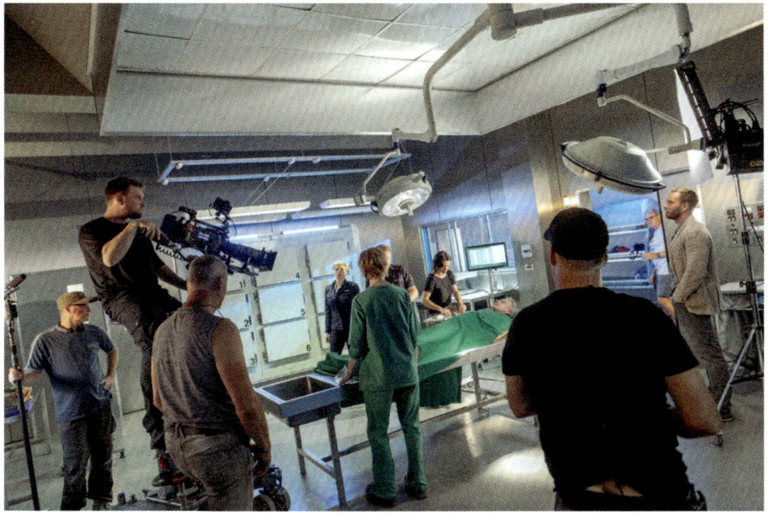
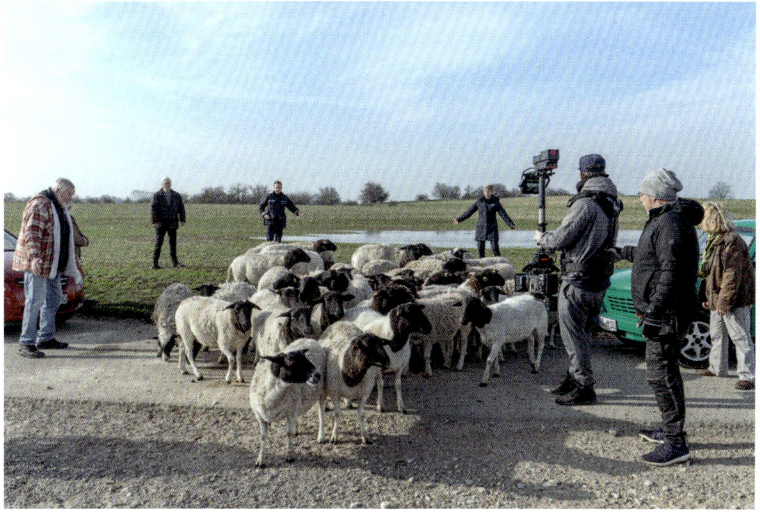
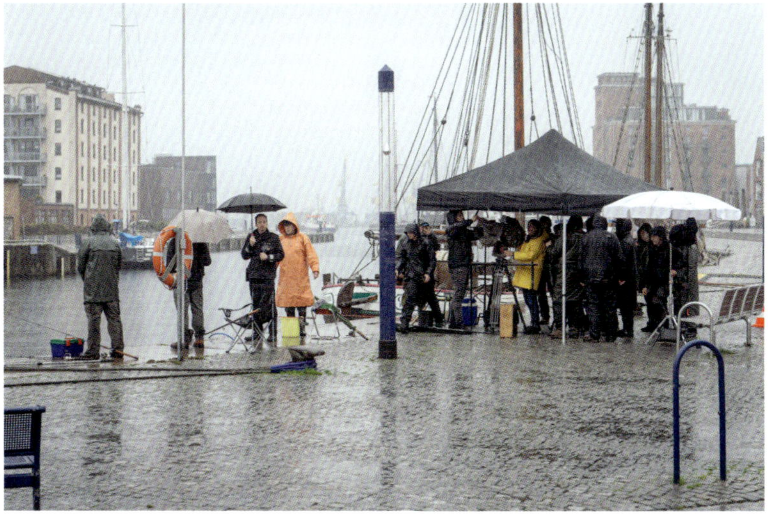
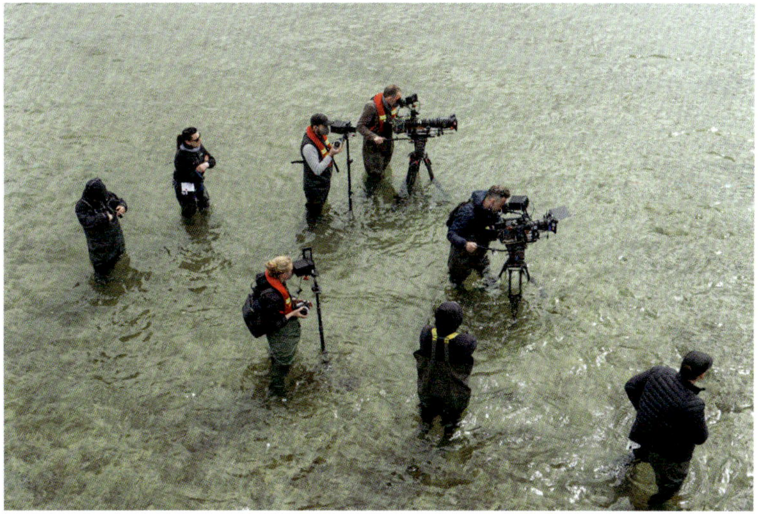

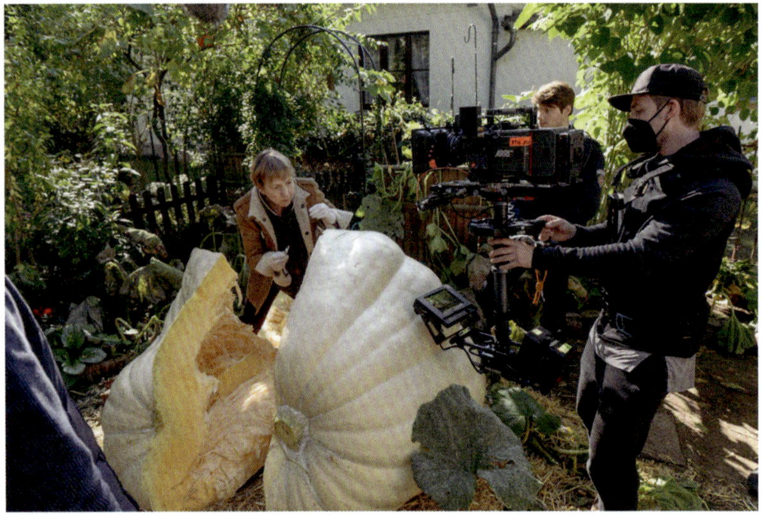

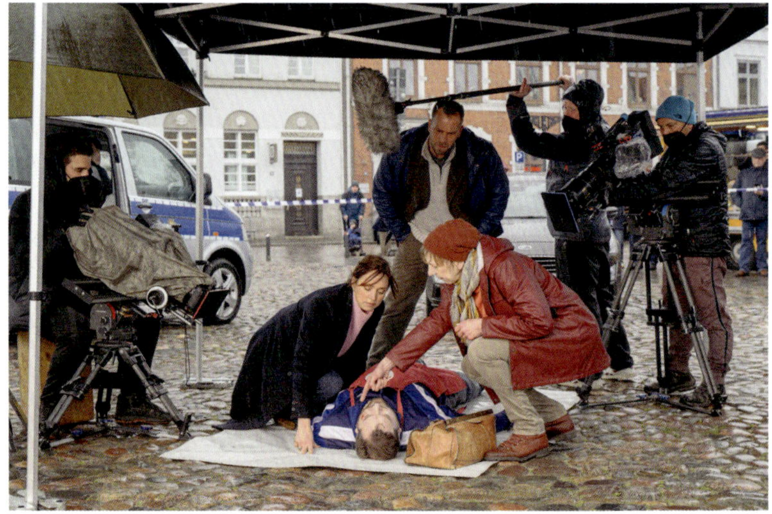

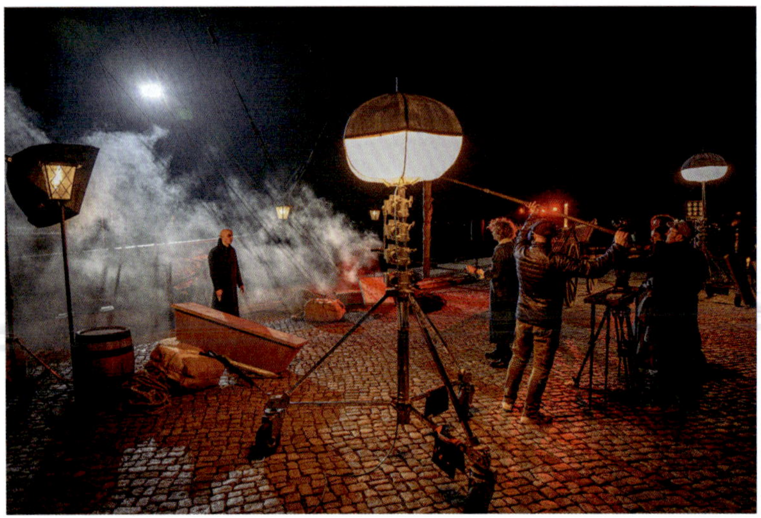

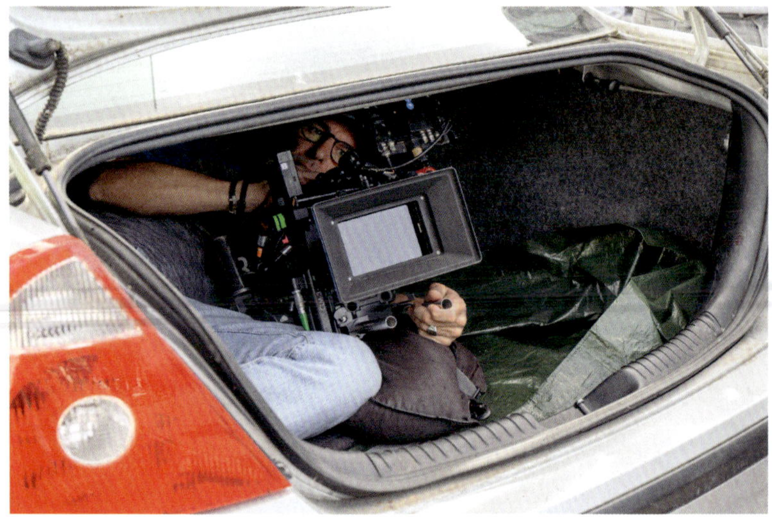

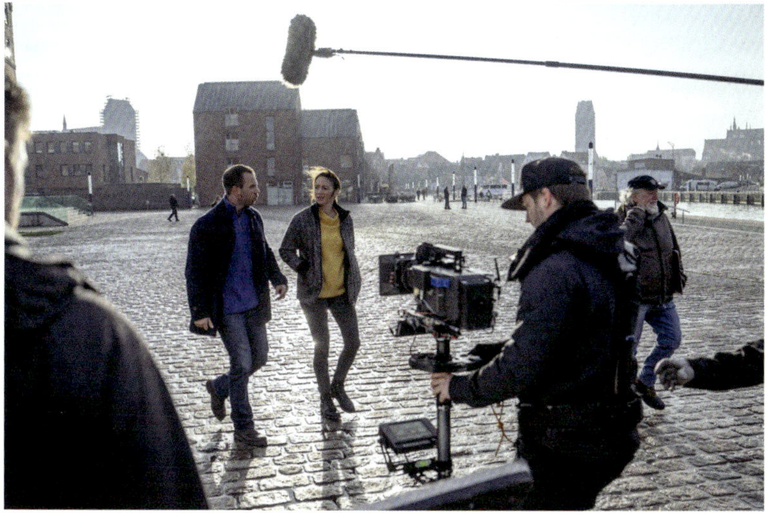

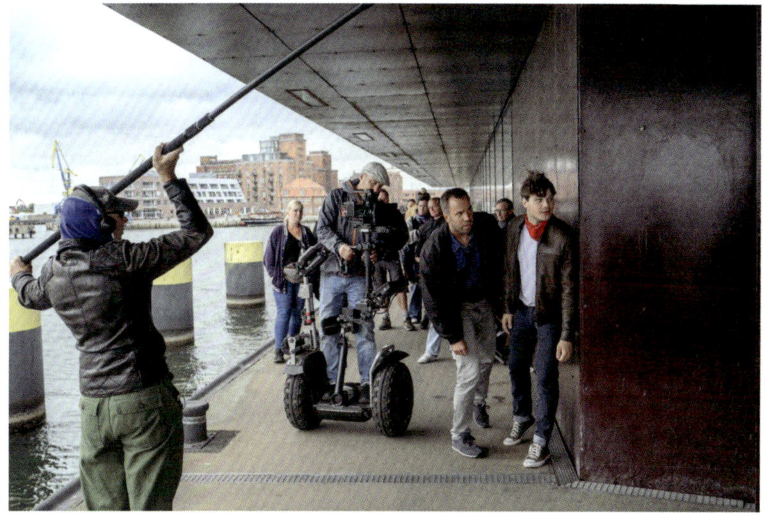

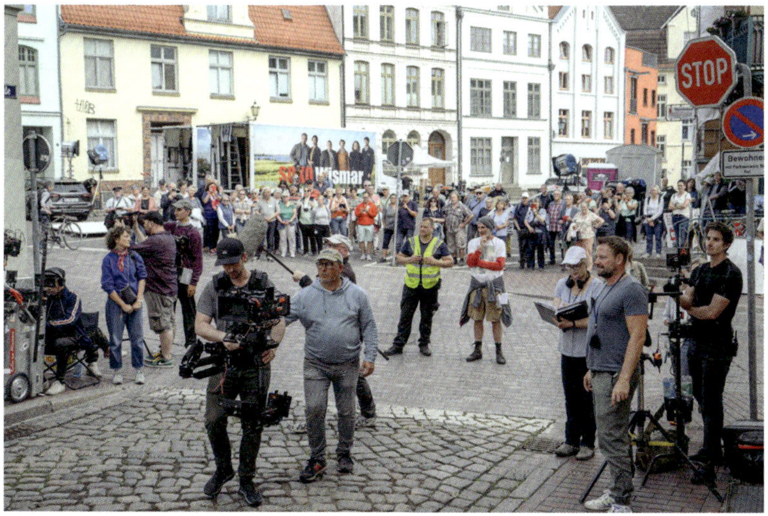

STOP

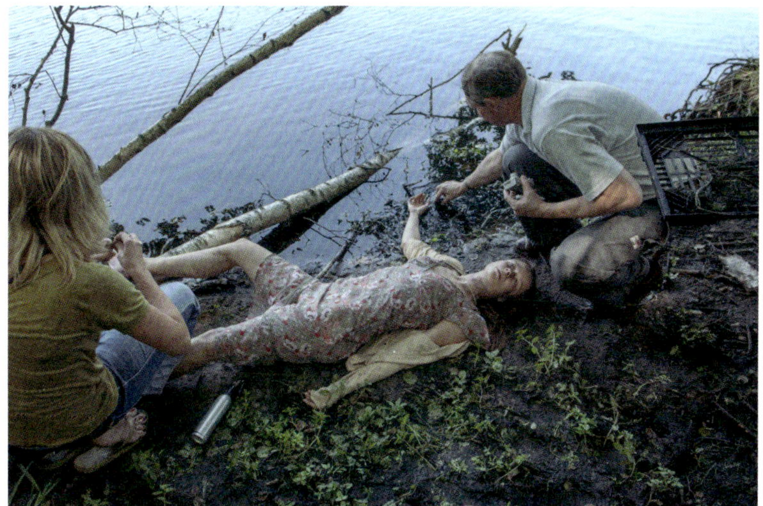

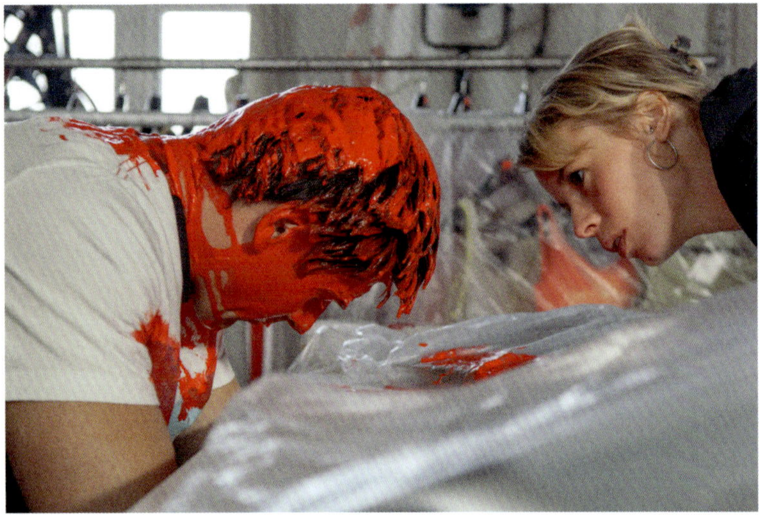

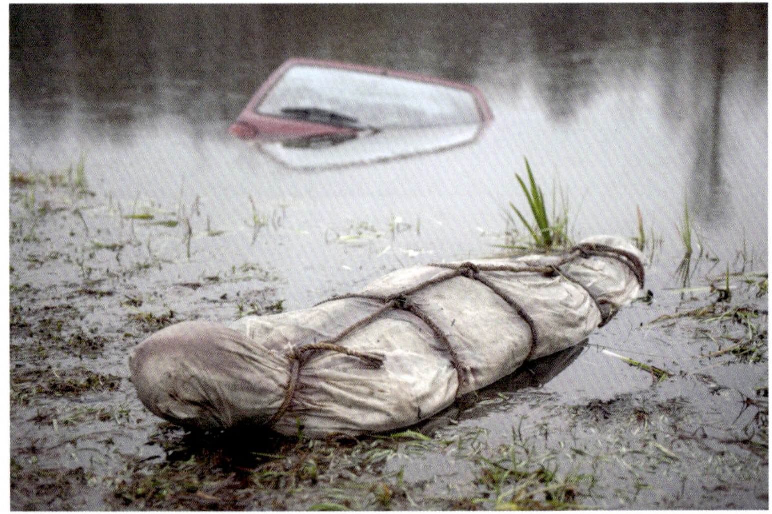

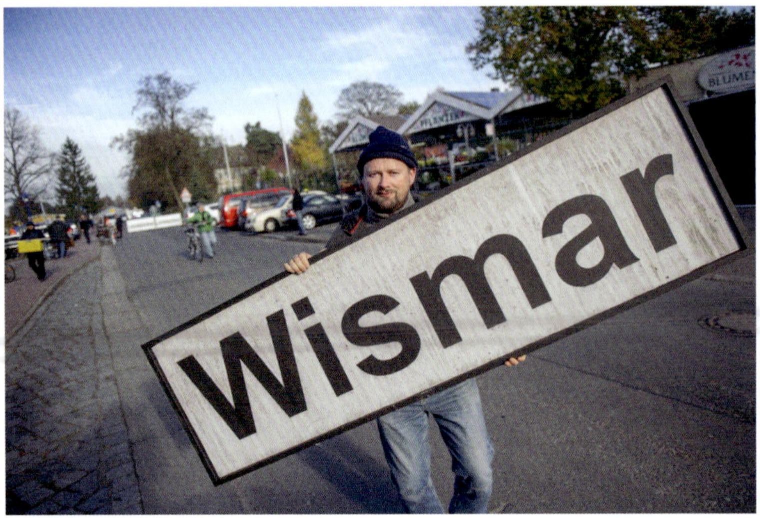
Wismar

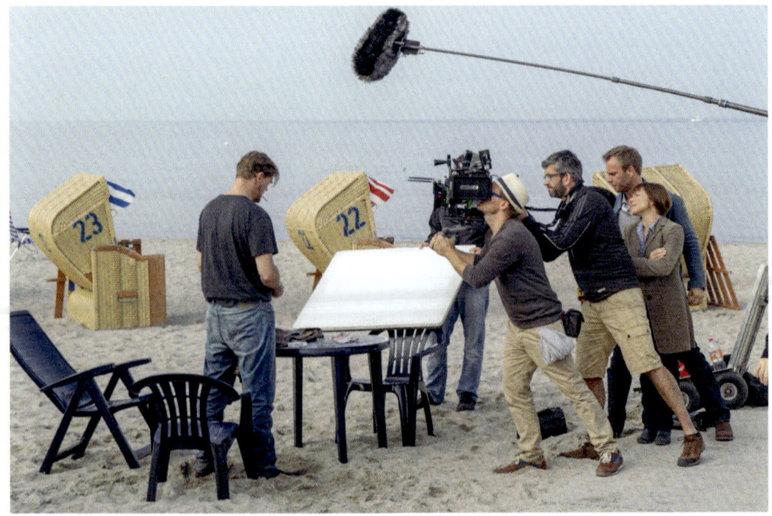
23
22

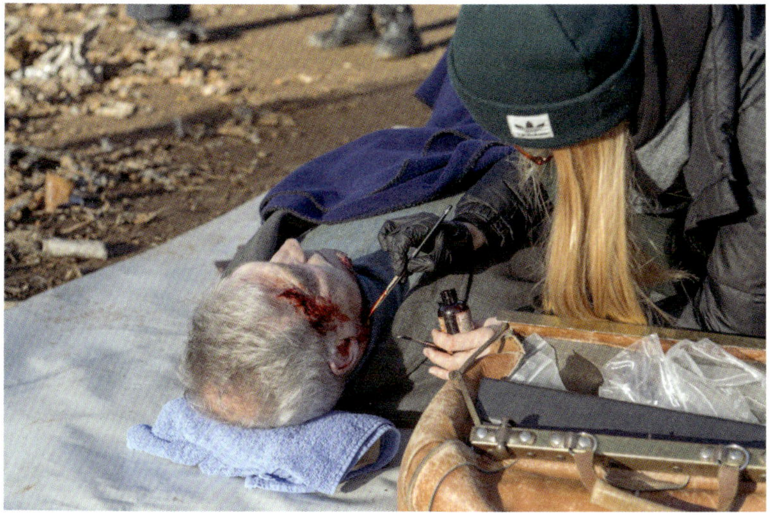

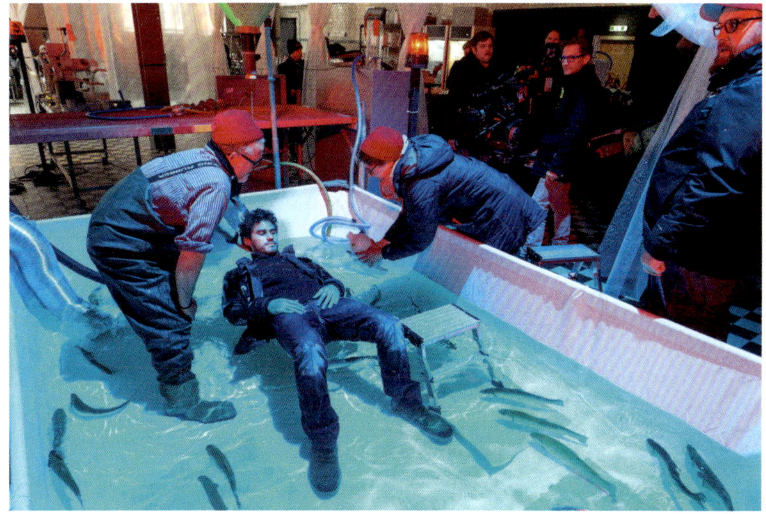

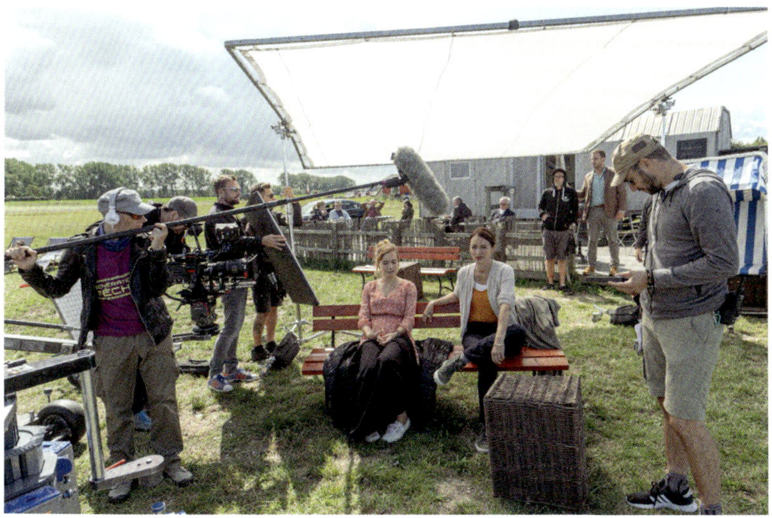

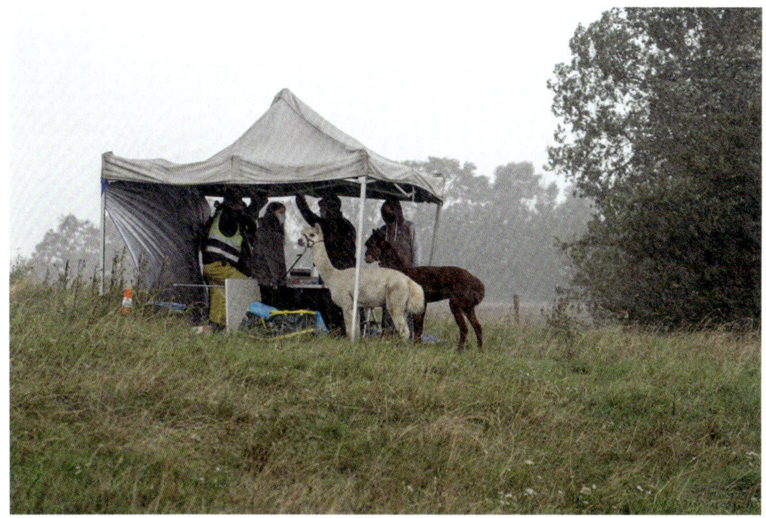

ABSPANN

SOKO Wismar – Ein Reiseführer zu den Tatorten
Idee, Konzept und Redaktion: Das Autorenteam
Fotos: Marc Meyerbröker
Texte: Moni Mück
Gestaltung und Layout: Anna Pfau
Projektleitung: Erik Rüffler

Marken-/Titelnutzung
Logo lizenziert durch ZDF Studios GmbH

Die Deutsche Bibliothek verzeichnet diese Publikation in der Deutschen Nationalbibliografie; detaillierte bibliografische Daten sind im Internet über www.dnb.de abrufbar.

© Hinstorff Verlag GmbH, Rostock 2024
Lagerstraße 7, 18055 Rostock
Telefon +49 381 4969-0
www.hinstorff.de

1. Auflage 2024
Herstellung: Hinstorff Verlag GmbH
Lektorat: Thomas Gallien
Historischer Ratgeber: Micha Glockemann
Kartografie: Paperheroes Wismar
Druck und Bindung: optimal media GmbH
Printed in Germany
ISBN 978-3-356-02525-5

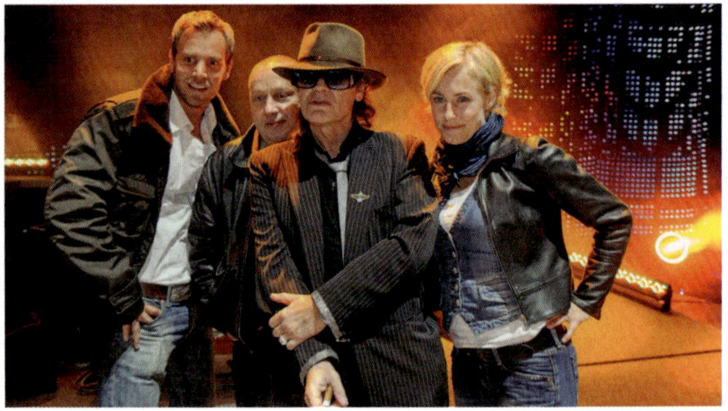

... DIE SOKO WISMAR POWERT LOS!

Wir bedanken uns beim ZDF, Dirk Rademacher sowie Uli Lenze, Dagmar Rosenbauer und Andreas Knoblauch, der REAL FILM Berlin und dem gesamten Produktionsteam der SOKO Wismar. Ein besonderer Dank geht an Wilma Harzenetter, Thomas Dierks und Lena Filthuth.